Fernando Pessoa
Vida e obras de Ricardo Reis

Fernando Pessoa
Vida e obras de Ricardo Reis

EDIÇÃO **TERESA RITA LOPES**

global
editora

ITINERÁRIO – ÍNDICE GERAL

Agradecimentos **7**

Símbolos, abreviaturas e outras convenções **11**

Roteiro para uma nova leitura de Ricardo Reis **13**

Prefácios de Fernando Pessoa, Frederico Reis e Ricardo Reis **41**

Posfácio **267**

Notas finais e Índices **271**

LIVRO PRIMEIRO

POEMAS DA LISTA 48G-20ʳ E 21ʳ
53

POEMAS PUBLICADOS NA REVISTA ATHENA
93

POEMAS PUBLICADOS NA REVISTA PRESENÇA
105

LIVRO SEGUNDO

POEMAS DATADOS, DATÁVEIS E SEM DATA
113

APÊNDICE

Poemas variantes **213**

Poemas incipientes, incompletos ou fragmentários **229**

Poemas na Fronteira **241**

Prosas elucidativas de Ricardo Reis **245**

ANEXOS

Poemas excluídos do cânone ricardiano **253**

Poemas ortónimos de igual inspiração pagã **261**

AGRADECIMENTOS

Muito em especial à Clarinha (Maria Clara Seabra), meu anjo da guarda informático – e não só: dá opinião, aconselha, cuida da apresentação de tudo, da nitidez das ilustrações mas também das ideias. Grato abracíssimo por me ajudar a dar à luz todos estes livros (já vamos no terceiro!).

Quero agradecer também a todos os que me precederam nesta ingente tarefa de trocar por livros a, muitas vezes informe, papelada do baú pessoano.

Os editores da Ática tiveram a parte mais fácil: serviram-se do que Pessoa já preparara para editar e dos textos mais legíveis. (Devem, aliás, ter-se extraviado alguns.)

Mergulhei nesse baú em 1969, ainda em casa da família, e desde então não mais parei de tentar dar forma impressa às avulsas papeladas, embora sem a intenção de publicar sistematicamente as obras pessoanas. Só as deficiências e abusos dos volumes da Edição Crítica nacional me impuseram a tarefa reparadora de restituir os desfigurados textos à sua verdade. (Planeio acabar de o fazer em relação à poesia e ficção, pelo menos – o que dependerá do tempo que a vida me conceder.). Não esqueço, contudo, que beneficio de todas as anteriores publicações feitas a partir dos originais: até os erros são esclarecedores, quando nos apercebemos de que são erros. Agradeço, por isso, a todos os autores dessas edições – em particular a Luís Fagundes Duarte, autor da Edição Crítica (EC) e a Manuela Parreira da Silva (MPS), a quem devemos as edições que tomei como referência ao longo deste livro. (Considero esta última a mais fiável de todas as existentes, tendo-se abstido de aplicar o método desfigurador da EC.)

Agradecimentos particulares quero fazê-los ainda a Alexandra Lima, que nos secundou na impressão dos numerosos textos que precederam a versão final deste livro, tal como foi enviado para a Global brasileira.

SÍMBOLOS, ABREVIATURAS E OUTRAS CONVENÇÕES

☐   espaço em branco deixado pelo autor
[ ]   intervenção do editor
[?]   leitura duvidosa
[.]   palavra não lida — um ponto para cada palavra
(...)   omissão de texto
Dact.   dactiloscrito
Ms.   manuscrito
BN-E3   Biblioteca Nacional – Espólio Fernando Pessoa
AC   *Vida e Obras de Alberto Caeiro* — Ed. Teresa Rita Lopes. São Paulo, Global Editora, 2017
EC   *Poemas de Ricardo Reis* — Ed. Luiz Fagundes Duarte, Edição Crítica de F. Pessoa, vol. III. Lisboa, Imprensa Nacional — Casa da Moeda, 1994
MPS   Ricardo Reis, *Poesia* — Ed. Manuela Parreira da Silva. Lisboa, Assírio & Alvim, 2000
PPC   *Pessoa por Conhecer* (vol. I e II), Teresa Rita Lopes. Lisboa, Ed. Estampa, 1990
PI   *Pessoa Inédito* — Orientação, coordenação e prefácio de Teresa Rita Lopes. Lisboa, Livros Horizonte, 1993
HC   *Fernando Pessoa et le Drame Symboliste: Heritage et Creation* — Maria Teresa Rita Lopes. Paris, Centro Cultural Português. Fundação Calouste Gulbenkian, 1977

Nas notas finais indico, entre parênteses rectos, as cotas do Espólio 3 da Biblioteca Nacional em que estão depositados os originais, a partir dos quais fixei estes textos; as indicações abreviadas de «recto» (^{r}) e «verso» (^{v}) visam encaminhar o leitor para essa localização na folha original.

    A data do poema, explícita ou deduzida, figura no canto inferior direito, uma espécie de notação diarística que permitirá ao leitor acompanhar o desenvolvimento orgânico da obra (entre parênteses rectos, as deduzidas).

    Abstenho-me de assinalar a atribuição a Ricardo Reis quando é expressa; quando não, apresento as minhas razões.

    Coloco em rodapé as variantes – alternativas que o autor sugere a si próprio, entre parênteses, por cima, por baixo, ao lado da(s) palavra(s) na linha corrida, sem as riscar – e, em itálico, as palavras do texto a que correspondem.

Como nos volumes anteriores desta série pessoana, actualizei a ortografia, mantendo, embora, alguns traços classicizantes que Reis faz questão de usar, assim como a supressão de algumas vogais, normalmente por motivos rítmicos, assinalada ou não por apóstrofe. Procurei uniformizar a disposição estrófica e dos versos, mesmo quando descurada por Pessoa nos poemas não publicados. Acrescento, entre parênteses rectos, alguma(s) palavra(s) ou pontuação, por lapso, ausentes.

ROTEIRO PARA UMA NOVA LEITURA DE RICARDO REIS

POR TERESA RITA LOPES

1. BIOGRAFIA E GÉNESE

Pessoa teria gostado de saber (quem sabe se sabe!) que o seu túmulo, nos Jerónimos, recebe os passantes com um dos mais belos poemas de Ricardo Reis:

> *Para ser grande, sê inteiro: nada*
> *Teu exagera ou exclui.*
> *Sê todo em cada cousa. Põe quanto és*
> *No mínimo que fazes.*
> *Assim em cada lago a lua toda*
> *Brilha porque alta vive.*

O título deste livro, assim enunciado no prefácio de Pessoa adiante apresentado, é do seu próprio punho: limito-me a segui-lo, espantada que ainda ninguém se tenha lembrado de o fazer. Devem ter pensado que Pessoa não nos contou a vida de Reis, o que vou mostrar não ser verdade.

Poderíamos evocar o que Pessoa escreveu numa carta (de 10-01-1930) a João Gaspar Simões sobre Sá-Carneiro: «não teve biografia: teve só génio. O que disse foi o que viveu». Reis da mesma forma se manifestou sobre Caeiro: «na vida de Caeiro nada se passou, a não ser os versos que escreveu».[1] Mas a verdade verdadinha é que Pessoa sentiu necessidade de biografar os seus heterónimos – o que fez, dispersamente, em vários textos, e deles traçando mesmo o retrato físico e moral numa célebre carta a Adolfo Casais Monteiro, de 13 de Janeiro de 1935, o ano em que morreu.

Previu também o título «Vida e Obras» para Álvaro de Campos, no esquema em que planeou a encenação do romance-drama da sua obra toda, repartida por três palcos, por assim dizer: um para Campos, outro para o *Livro do Desassossego*, então assumido por Vicente Guedes, e outro ainda para uma ampla ficção, «Na Casa de Saúde de Cascais», um hospital psiquiátrico, onde estão internados os três neopagãos Caeiro, Reis e António Mora.[2]

Precisou ainda, noutro texto, que a «evolução» de cada um dos seus heterónimos tinha sido miudamente «prevista» e que planeava publicar cada livro dos três heterónimos com uma biografia, acompanhada do horóscopo por ele estabelecido (outra forma de os biografar) e até de fotografias!

Tentei realizar o melhor possível o seu plano.

No horóscopo aqui apresentado (p. 38), Pessoa fez nascer Reis em Lisboa mas depois mudou de ideias: decidiu que seria um homem do Norte, nascido no Porto.

---

1 *Vida e Obras de Alberto Caeiro* – Ed. Teresa Rita Lopes. São Paulo, Global Editora, 2017, p. 230.
2 Teresa Rita Lopes, *Pessoa por Conhecer*, vol.II. Lisboa, Ed. Estampa, 1990, pp. 268-270.

É natural que a sua contenção, disciplina e aparente secura tanto contraste com a meridional extroversão que Campos foi feito ter, nascido e crescido no Algarve, em Tavira. Tendo Caeiro nascido no Centro de Portugal, Lisboa (como Pessoa), dir-se-ia que Pessoa quis abranger todo o País fazendo nascer as suas três criaturas heterónimas no Sul, no Centro e no Norte.

No romance-drama que de Reis compôs, em prosa e verso, Pessoa encarregou--o, apesar de o fazer médico de sua profissão, de ser professor de latim «num importante colégio americano». (É o que informa a carta dos herdeiros de Caeiro, que publiquei introdutoriamente à *Vida e Obras de Alberto Caeiro*, p. 29 – o volume precedente desta série.) Lembro que, num plano para a revista *Athena*, em tempos modernistas de *Orpheu*, Reis foi feito colaborar, não só com poemas mas ainda com uma tradução de Ésquilo, *Prometeu Preso* (PPC, II, p. 284).

O pendor de Reis para os estudos clássicos também se explica por ter sido educado num colégio de jesuítas. Na biografia que dele faz, na citada carta a Casais Monteiro, Pessoa diz ainda que «é um latinista por educação alheia, e um semi-helenista por educação própria». (Também Pessoa o foi, só que inferior em cultura helenística.)

Depois do golpe monárquico fracassado de 1919, Reis exilou-se. (Quem sabe se nele colaborou!) Estava no Brasil em Janeiro de 1935, diz Pessoa na citada carta a Casais. Também terá permanecido no Peru: encontrei, no espólio pessoano, um seu endereço peruano – que reproduzo no início deste livro (p. 39).

Gosto de apelidar de romance-drama a ficção que cada heterónimo representa, não esquecendo que ela exige a colaboração do conhecedor da obra pessoana, juntando, de cabeça ou no papel, informações dispersas: as que os poemas fornecem e as que foram sendo distribuídas, por Pessoa e seus «outros», em prosa, pelo imenso romance-drama que é a obra toda. É preciso, pois, estar atento a todas as pequenas informações que, até através dos poemas, Pessoa nos vai dando. Reparar, por exemplo, que Pessoa localizou um poema de Reis, aparentemente preparado para publicação, num dos sítios por onde terá passado, no seu desterro: a cidade francesa em que Almeida Garrett esteve exilado e por onde ele – ficamos informados – também passou: «Le Havre» (ver nota final ao poema 28, p. 279).

Também os seus poemas nos dão a saber que praticava o amor à grega: num deles dirige-se a um «mancebo» como seu parceiro amoroso (p. 228) e noutro justifica-se: «Por igual amo, como a ave pousa / Onde pode pousar» (p. 91). Campos mete-se com ele, em prosa, lembra que essas beldades que baptizou Lídia, Neera e Cloe são máscaras dos rapazes que o inspiram... (PPC, II, p. 475).

É «um pagão da Decadência» assumido, entregue a abundantes e frequentes libações. Ao contrário do seu criador, não tem qualquer fervor patriótico: «Prefiro rosas, meu amor, à pátria»... (p. 121).

A poesia de Ricardo Reis mereceu, a Pessoa, a maior aplicação – tanta como a de Caeiro. Reescreveu longamente os seus poemas, à mão e à máquina, o que não fez com a sua própria produção nem com a do último Campos. Foi o único dos três heterónimos a dispor de um carimbo, que Pessoa apunha aos poemas que lhe atribuía – tal como Charles Robert Anon, a primeira «personalidade literária» de vulto, que cedeu lugar a Alexander Search.

No citado endereço no Peru, somos postos ao corrente do nome completo do Poeta, Ricardo Sequeira Reis – que nunca encontrei em mais lado nenhum. Já que Pessoa não deixava ao acaso a escolha do nome e da biografia dos seus heterónimos, ocorre-me que o apelido Sequeira terá sido escolhido para condizer com a secura de seu feitio e estilo. E também com a sua figura: no retrato físico e moral que dele faz, na referida carta a Casais Monteiro, escreve que «é um pouco, mas muito pouco, mais baixo, mais forte [que Caeiro], mas *seco*».

Quanto à sua maneira de escrever, Pessoa informa, nessa carta, que é «depois de uma deliberação abstracta que subitamente se concretiza numa ode». E diz ainda que Reis escreve melhor que ele próprio, mas – faz notar – «com um purismo que considero exagerado-». Tudo submete à disciplina que, acima de tudo, preza – e escasseava em Pessoa: por isso este dotou a sua criatura de tão enérgico domínio de si. Especifica: «Pus em Ricardo Reis toda a minha disciplina mental, vestida da música que lhe é própria». (Exagera no que lhe diz respeito, já que não tinha toda essa disciplina que se atribui...)

António Mora, pensando seguramente em Ricardo Reis, afirma num dos seus textos: «Só quando de vez nos despirmos do cristianismo poderemos apresentar poetas que saibam construir poemas» (BN-E3, 12^1-37).

2. VIDAS SOBREPOSTAS – PESSOA E REIS

Há razões de ordem biográfica para Pessoa ter manifestado desde a puberdade tanta atracção pelos estudos clássicos.

Teve uma excelente formação nesse domínio, no liceu de Durban: um dos seus professores, de nome W. H. Nicholas, ficou célebre pelo seu saber e competência (p. 36). Esse conhecimento está presente nos primeiros poemas em inglês do jovem Pessoa.

Numas férias de um ano em Portugal (1901-1902), em contacto com a família paterna de Tavira, cristãos novos, maçons (não baptizavam os filhos) e militantemente republicanos, o jovem Pessoa conheceu e dir-se-ia que assumiu a sua identidade de judeu ibérico (a aristocracia dos judeus, segundo escreve) – o que o terá definitivamente incompatibilizado com o catolicismo anteriormente professado. Mais tarde fará Campos nascer em Tavira e até proclamar, a um jornalista, «o futuro império de Israel». Pessoa fora, na infância, católico baptizado e ensinado pela Mãe a rezar: em Durban fez o ensino primário e a Primeira Comunhão num colégio católico de freiras irlandesas (p. 34).

De regresso a Portugal, manteve-se em estreita relação com a família de Tavira, e empreendeu uma verdadeira «cruzada» contra a Igreja de Roma, por ele assim chamada. Escreveu mesmo, em 1907, uma carta ao prior da Igreja dos Mártires (alto dignitário no estertor da monarquia), que o tinha baptizado, insurgindo-se contra o seu abuso de ter feito entrar na religião católica um ser ainda irracional (PPC, I, pp. 70-71). Começou então um longo ajuste de contas que vai durar até ao fim da vida. O facto dessa Igreja ser aliada da monarquia decrépita, que também começou a combater, acirrou a sua sanha contra o «cristismo», como lhe começou a chamar, em jornais inventados (que não saíram das suas gavetas, claro!) com títulos sugestivos: *Fósforo*, *Iconoclasta* (PPC, II, pp. 108-111). Segundo declarou, foi a ditadura de João Franco, em 1907, que lhe suscitou o ardente desejo de escrever em português – o que então começou a acontecer, pois até aí era em inglês que compunha os seus poemas, contos, peças e outros escritos. Alguns biógrafos (João Gaspar Simões e Jorge de Sena), ao lerem esta declaração, entenderam que tal decisão súbita provava que era monárquico! Claro que foi o contrário que se passou: desejou exprimir-se em português para combater, patrioticamente, a monarquia e a Igreja – sua odiada aliada –, que considerava responsáveis pela decadência do país.

Confessa então que se sente investido do «mandato subjectivo» (PPC, I, p. 59) de erguer bem alto o nome de Portugal com tudo o que conseguir realizar.

O Novo Paganismo tinha não só um alcance civilizacional mas também religioso – já que, como Pessoa afirmava, o povo precisa de religião. Na sua própria pessoa, acumulava vários rancores contra a Igreja de Roma: além dos hediondos crimes da Inquisição (um quinto avô seu, Sancho Pessoa, estivera mesmo à beira de ser queimado, tendo-se finalmente contentado a santa instituição com o confisco dos seus bens), não lhe perdoava ter mandado queimar o grão-meste dos Templários, no século XIV, em conluio com o Rei francês Filipe o Belo, interessada, sobretudo, nos bens dessa riquíssima instituição. Recordemos que, no final da vida, Pessoa se declarava templário (que assume poeticamente ser no belo poema «cavaleiro monge»). Averiguara mesmo que um templário antepassado seu teria ajudado Afonso Henriques a conquistar Lisboa aos mouros.

Reis poderá encarnar a metade de Pessoa que era monárquica, por isso o seu anseio de fazer de Portugal uma «República Aristocrática»: chamou a Sidónio, no poema que lhe dedicou depois da sua morte, «Presidente-Rei». Também não foi por acaso que escolheu chamar Reis a Ricardo: não o teria feito se ele fosse republicano… Pessoa gostava de lidar assim, ludicamente, com os nomes dos seus «outros»… Também chamou Rey a um projectado pré-heterónimo monárquico, Torquato Mendes Fonseca da Cunha Rey (PPC, I, p. 111).

Curiosamente, Pessoa usou a pena de Reis para exprimir, na segunda fase do namoro com Ophelia, a sua rejeição de todos os laços amorosos por serem isso mesmo: laços, entrave à pessoal liberdade que ser amado sempre causa (p. 170), entre outros. Diga-se, de passagem, que Caeiro, sempre o oposto de Pessoa em tudo – *et pour cause* –, exprimiu também o encontro e desencontro amoroso, traduzido por alguns poemas do dito «Pastor Amoroso», escritos na precisa altura desses factos.

3. ATHENA E ORPHEU

Não podemos perder de vista que o projecto neopagão precede o de *Orpheu,* embora as turbulências modernistas o tenham totalmente ocultado. E continua, muito para além dele, até ao fim da vida de Pessoa – como o atestam essas deliciosas «Notas para a Recordação do Meu Mestre Caeiro», assinadas Álvaro de Campos, em que encena a sua «entre-acção» com todos os neopagãos.

«Poema do Paganismo» (BN-E3, 144E-4^r) se intitula um dos primeiros poemas escritos em português por Pessoa. Outros poemas revelam essa inclinação do jovem Poeta: «Auto das Bacantes», por exemplo, uma peça projectada e esboçada desde o início da escrita em português, mas longamente prosseguida depois (PPC, II, pp. 90-91), assim como os dramas que dão vida a personagens da mitologia grega, os gigantes Briareu, Encelado e Livor.[1]

O prefácio de Pessoa à obra de Reis, seguidamente apresentado, está datado de 01-02-1914, muito antes não só do chamado «Dia Triunfal» (08-03-1914, assim considerado por Pessoa, na carta a Casais) como dos poemas por ele assinados, apenas a partir de Junho: 12-06-1914. (Podemos, sim, falar, em relação a Reis, de um «mês triunfal», Junho de 1914, aquele em que mais obra produziu.)

Na carta citada a Casais, Pessoa refere que «aí por 1912» esboçou «umas coisas em verso irregular não no estilo de Álvaro de Campos, mas num estilo de meia regularidade, e abandonei o caso. Esboçara-se-me, contudo, numa penumbra mal urdida, um vago retrato da pessoa que estava a fazer aquilo. (Tinha nascido, sem que eu soubesse, o Ricardo Reis.)».

Almada poderia ter sido – se o tivesse sido, mas não foi – uma forte influência no campo do Neopaganismo. O seu culto da alegria – «a coisa mais séria do mundo», escreveu ele – a um deus qualquer, retoiçando pela superfície da terra, como esses que Ricardo Reis, no auge do Novo Paganismo, referiu mas não soube representar. Almada, apesar de não se ter aplicado a representar divindades pagãs, é mais convincente a exprimir esse «espectáculo do mundo» (primeiro verso de uma das odes de Reis), chamando a atenção para a raiz latina do termo «espectáculo», relacionada com «ver», título de obras suas e acto fulcral em toda a sua arte. Tão próximo nisso esteve Almada dos neopagãos Reis e Caeiro, mas tão mais convincente do que eles! Porque o Neopaganismo foi, para Pessoa & C^a, um fundo anseio, uma teoria, mas não passou das suas mentes, enquanto que Almada viveu a sua arte com o corpo todo. Pessoa cultuou sempre a arte pagã anterior ao «morbo cristista» – o adoecimento das almas, dizia ele, que a Igreja de Roma tinha provocado no Ocidente. Não terá sido por acaso que fez Ricardo Reis médico, e Caeiro nos aparece como uma espécie de curandeiro das almas.

---

[1] Teresa Rita Lopes, «Homens e Deuses, Deuses e homens – e o teatro inédito de Pessoa», Revista da Faculdade de Ciências Sociais e Humanas, n.º 1, Lisboa, 1980.

Num plano estabelecido de obras a produzir em torno do Neopaganismo, Pessoa intitula «Os doentes», os que enfileiravam nos ismos seguintes: Saudosismo, Interseccionismo, Sensacionismo (PPC, II, p. 464). Almada era então muito jovem e não deve ter conhecido esses planos. O seu convívio com Pessoa foi sobretudo no âmbito de *Orpheu,* em que proliferavam «os doentes» dos dois últimos ismos. Imagino, contudo, que Almada se teria sentido irmanado com o Novo Paganismo Português pessoano se o tivesse verdadeiramente conhecido. Creio que não conheceu: este ismo foi anterior a *Orpheu* mas desconhecido do público até a revista *Athena* revelar os seus poetas, em 1924: Alberto Caeiro e Ricardo Reis. Como Almada teria sentido sua a «ciência de ver» proclamada por Caeiro, e feito seu o verso de Reis: «Sábio é o que se contenta com o espectáculo do mundo»! (p. 61).

Convém desde já frisar que o Neopaganismo, ao contrário dos ismos cultivados em tempos de *Orpheu* (Paulismo, Interseccionismo e Sensacionismo, sobretudo), corresponde não a um mero ismo literário mas a um projecto civilizacional, como António Mora não se cansa de acentuar. Em carta ao amigo Armando Côrtes-Rodrigues, de 19 de Janeiro de 1915, dois meses antes de *Orpheu,* Pessoa batia no peito *mea culpa* por estar a trair o seu «mandato subjectivo» – compromisso para com a humanidade, em geral, e a lusa pátria, em particular – com os escandalosos projectos modernistas, inclusive o «manifesto» planeado: «o Interseccionismo explicado aos inferiores». Diz então que a criação dos heterónimos vai nesse alto sentido civilizacional mas não «o manifesto escandaloso».

Vemo-lo, contudo, dois meses depois, a ceder a esse «plebeísmo» (expressão sua na dita carta), empurrado para a Modernidade pelo entusiasmo de Mário de Sá-Carneiro (que, diga-se de passagem, conseguiu fazer poemas escandalosos que não foram sorvidos pela voracidade das modas – talvez porque algo nele sabia que não podia esbanjar o seu tempo, prestes a acabar…).

A verdade é que a revista *Athena*, concebida, a sós, por Pessoa, paralela e mesmo anteriormente a *Orpheu* – ele percebeu com certeza que os seus parceiros o não acompanhariam nessa aventura – não teve, em Lisboa, quando aí apareceu, nove anos depois, uma única reacção da crítica. E foi, contudo, só aí e então que os dois poetas do Novo Paganismo, Alberto Caeiro e Ricardo Reis, foram dados à estampa, nesse templo que, com nome apropriado, Pessoa para eles escolhera antes de *Orpheu* e fielmente manteve. O prosador António Mora, sociólogo-filósofo seu teórico, indigitado director de *Athena* nesses primeiros tempos, permaneceu na sombra, inédito até bastante depois da morte de Pessoa – embora a sua obra tenha excedido, em número de caracteres (como hoje se diz), as de Caeiro e Reis juntas.

4. ANÁLISE DA OBRA

Encarei, tal como Pessoa, reunir a obra de Caeiro e Reis num só volume. Desisti porque, apesar da confessada tarefa comum, a «reconstrução do paganismo», achei, afinal, preferível considerá-los separadamente, tão diferentes são em tanta coisa.

Tomam a peito, de facto, o mesmo projecto: o do Novo Paganismo Português, assim chamado, que tem um teórico, o prosador António Mora, sociólogo e filósofo, que lhe chama «Metafísica nova/religião velha» (PPC, II, p. 445).

Ricardo Reis, esse, é poeta *tout court* mas também se manifestou longamente em prosa sobre essa metafísica/religião (lembra que «a religião é uma metafísica recreativa» – PPC, II, p. 457).

Caeiro é apresentado, por Mora, como filósofo do Neopaganismo – apesar de ele próprio recusar qualquer rótulo, até o de poeta. Campos define-o como «a consubstanciação do Paganismo». Convém que o leitor leia o meu «preâmbulo» ao volume anterior, *Vida e Obras de Alberto Caeiro*, e também a carta de Reis a Caeiro (aqui, em Apêndice), sobre a tarefa comum da implantação do Neopaganismo, assim como, nesse livro, os prefácios que Reis fez à obra do que dizia seu «Mestre» (pp. 225-235), com informações e reflexões aplicáveis a este livro. Entenderá melhor o objectivo civilizacional do Neopaganismo pessoano.

Num dos seus prefácios ao livro de Caeiro, Reis escreve: «Na poesia dele, (...) amanheceu uma nova civilização, um pouco aparentada com certas vozes europeias e americanas, mas agora, nesta obra, pela primeira vez coordenadas, feitas sentido, e unas.» (p. 233).

António Mora, por seu turno, fala de Caeiro messianicamente (adivinha-o anunciado por uma profecia de Nostradamus: «Au plus profond de l'Occident d'Europe»), como uma espécie de novo Cristo: «Grande cousa é, e magna obra, revelar ao mundo, não como Cristo, o que se não vê nem se pode ver mas, como este homem, o que se viu sempre e sempre poderá ser visto.» (PPC, II, p. 408). Ricardo Reis refere-se a ele, num poema, como um «deus inconsciente» (p. 201) que não sabe que o é.

Caeiro apresenta-se, a um entrevistador, como «ateu e materialista», de um «materialismo espontâneo» (*Vida e Obras de Alberto Caeiro*, p. 219). Tanto ele como António Mora opõem-se frontalmente a Kant, representante máximo dos idealistas, sobretudo através da sua *Crítica da Razão Pura*. A obra de Mora, teórico do Neopaganismo, foi concebida, no próprio dizer de Pessoa, como «contratese» à *Crítica da Razão Pura* de Kant, e «tentativa de reconstruir o Objectivismo pagão» (PPC, II, p. 267). Ricardo Reis, a quem, neste mesmo plano, é distribuída a ingente tarefa da «reconstrução da estética pagã» (a Caeiro, a da «sensibilidade pagã»), é braço direito de Mora nestes textos teóricos a que também meteu ombros: a obra «Regresso dos Deuses» é atribuída por Pessoa, alternadamente, a Reis e a Mora.

Repito que essas «contrateses» se opunham não só às teses do filósofo Kant, idealista, como às da religião cristista.

No primeiro dos «Poemas Inconjuntos», Caeiro declara o seu propósito de «Passar a limpo a matéria» (*Vida e Obras de Alberto Caeiro*, p. 103). Materialista na ideia e na forma, é, consequentemente, um cultor do prosaico: a trovoada é um pedregulho, o pôr-do-sol um borrão no céu, e diz que o que quer é «Desencaixotar as [suas] emoções verdadeiras / Raspar a tinta com que [lhe] pintaram os sentidos»... (pp. 78-79).

Recusa-se a enfeitar com metáforas as coisas que «simplesmente existem»: «O luar através dos altos ramos» não é «mais do que o luar através dos altos ramos». Jamais Reis se exprimiria de tão redundante maneira: ele que tão afincadamente se aplica a despojar os seus versos de toda a ganga que lhes oculte o cristalino fulgor.

Ricardo Reis, apesar de não ter recebido de Pessoa a incumbência de contrariar as teses do filósofo idealista Kant, vai no mesmo sentido ao repudiar o cristismo e defender o objectivismo, privilegiando o lado de Fora em relação ao de Dentro, o objectivismo pagão contra o subjectivismo cristista. «Quanto sei do Universo é que ele / Está fora de mim», escreve (p. 208). Caeiro, por seu turno, afirma: «A Natureza não tem dentro, senão não era a Natureza» (AC, p. 63). E ainda: «Antes de sermos interior, somos exterior» (p. 128). Por isso, ambos privilegiam o corpo em detrimento da alma. Caeiro escreve: «Só quis ver como se não tivesse alma» (p. 158). E, noutro poema: «Por isso os deuses não têm corpo e alma / Mas só corpo e são perfeitos.» (p. 168). Também Reis privilegia o corpo: «Aprende o que te ensina / teu corpo, teu limite.» (p. 157).

Reis comporta-se como um objectivista na construção dos seus poemas, que deseja ocupem o mundo exterior como se fossem um objecto («um animal», recomendava Aristóteles).

Não esquecer também que o Neopaganismo é uma terapia não só civilizacional mas pessoal. Os seus cultores foram criados para contrariar não só as doutrinas idealistas e crististas mas as próprias tendências de Pessoa, que com eles quer aprender, sobretudo, a ter corpo e a deitá-lo na realidade, tendo Caeiro como exemplo: «Sinto todo o meu corpo deitado na realidade, / Sei a verdade e sou feliz.» (p. 51).

Ricardo Reis é «um epicurista triste», como o apresenta um seu irmão, Frederico Reis, no segundo prefácio deste livro (p. 46). Num dos mais belos poemas a Lídia («Vem sentar-te comigo, Lídia, à beira do rio.»), Reis chama-lhe «pagã triste e com flores no regaço» e retrata-se com ela como «pagãos inocentes da decadência.» (p. 64).

Reis é, como Mora, contra todo e qualquer excesso – próprio, segundo eles, das artes inspiradas pelo cristismo, nomeadamente a romântica e a moderna. «Prazer mas devagar» – aconselha. Assim também no que respeita ao desejo e ao amor. E diz, num poema, que só são felizes os que têm apenas «em cousas mínimas seu prazer posto» (p. 182). E até em relação à maneira e sítio onde se vive há que ser mediano: evitar «irrespiráveis píncaros / perenes sem ter flores.» (p. 83). O ideal é cada um manter-se à «superfície da vida», não desejar qualquer espécie de elevação: «elevar é desumanizar» – escreveu Pessoa. Caeiro é um pagão da alvorada do paganismo, mas sem deuses, materialista assumido: não sofre com o mistério da vida, que nega. Reis, pagão do seu crepúsculo, bebe e canta (isto é, faz versos) para esquecê-lo, mas põe em música a mágoa de tudo ser breve e de tudo ignorar: «há noite antes e após / O pouco que duramos.» (p. 84).

Ao contrário de Caeiro, que compara o incómodo de pensar ao de ter um pé dormente (AC, p. 67), Reis preconiza que o verso seja sempre regido pelo pensamento – e que o ritmo, e a consequente música, dele decorram. Caeiro, por seu turno, insurge-se contra essa construção do poema, que deve brotar como uma flor da terra. Escreve: «Que triste não saber florir!». E toma distância dos poetas, como Reis, que trabalham os seus poemas «como um carpinteiro nas tábuas!» (AC, p. 68). Dir-se-ia que reivindica a espontaneidade de se exprimir como uma planta dá flor, sem constrangimentos métricos ou de rima: «Escrevo a prosa dos meus versos» (p. 63). Não convence Reis que, apesar de profundamente venerar o seu mestre, não se coíbe de lhe censurar o desatado da expressão poética.

Todos os neopagãos privilegiam o «Ver» (como Almada, nisso é seu discípulo, talvez involuntário!). «Ver sempre claro / Até deixar de ver.» – é aspiração máxima de Reis (p. 88), e, para Caeiro, «a ciência de ver, que não é nenhuma.» (AC, p. 159).

No fim do seu Livro, Caeiro faz-nos assistir à serena agonia da sua morte, como o dia morre – como a terra se recolhe no inverno, sob um sudário de neve: «A neve pôs uma toalha calada sobre tudo.» (AC, p. 173). Ricardo Reis, que sobrevive a Pessoa, exclama, num poema em que exorciza a morte (que, como a Pessoa, o apavora): «Lídia, a vida mais vil antes que a morte, / que desconheço, quero» (p. 158).

O corpo de tudo o que contempla, coisas ou gente, faz-lhe sempre doer por senti-lo condenado à morte. Os versos que lhe dedica funcionam como seu epitáfio.

Depois de um primeiro período obsessivamente programático, sobrecarregado de referências mitológicas, a obra de Reis aproxima-se, no final, no que respeita a temas e atitudes, da de Pessoa: a de ver de alto a vida, «à distância a que está», e de exprimir, em decantados e desencantados versos, a sabedoria adquirida ao longo dos anos. Liberta-se, então, dos condicionamentos da sua anterior circunstância, deixando que a poesia resplandeça na nudez do despojado corpo.

Poderá dizer-se que, na sua última fase, Reis, como Campos, exprime, a seu modo – isto é, cada um com seu estilo próprio – o que Pessoa «deveras sente».

A liberdade sempre foi, para Pessoa, valor principal: assim também para Reis, que permanentemente a cultua nos últimos tempos: «Quer nada: serás livre.» (p. 171). Noutro poema, afirma: «A quem deuses concedem / Nada, tem liberdade.» (p. 197). Reis ensina a nada querer, nada ter, em nada crer, para lá da imediata presença dos seus visíveis deuses.

Sempre associada a «nada», a imagem da cantada liberdade é «a fria liberdade / dos píncaros sem nada.» (p. 171).

Repare-se, contudo, que é «fria» essa liberdade – e uma das Veladoras do drama estático (e extático) «O Marinheiro» lembra: «Aquece ser pequeno». Elevar

desumaniza, Pessoa *dixit*. Nisso, Reis afasta-se de Caeiro, que se quer no rés-do-
-chão da vida, quentinho, gozando o sol, como «um animal humano que a Natureza
produziu.» (AC, pp. 78-79).

Dir-se-ia que nesta última fase da sua vida, Reis se consagra a pôr em música,
por meio da palavra, o Nada de tudo.

É então que Reis enuncia os seus preceitos para uma arte de viver – livre: de
ambições e desejos, não só de ter mas até de amar e ser amado. Declara: «Quem nos
ama / não menos nos limita.» (p. 171).

Ser dono de si é o seu principal fito: «Sê o dono de ti» (p. 125); «Sê teu. Não
dês nem speres.» (p. 158); «Senta-te ao Sol. Abdica / E sê rei de ti próprio.» (p. 58).

Até perante a morte, que, *malgré lui,* o apavora, quer afirmar a liberdade de
transpor os seus umbrais pelo próprio pé: «Por nosso pé entremos.» (p. 68).

5. DO NOVO PAGANISMO AO SEBASTIANISMO PORTUGUÊS, A NÍVEL RELIGIOSO E CIVILIZACIONAL

Pessoa e os seus neopagãos visam reconstruir o paganismo a nível sobretudo
civilizacional: repor o espírito clássico, de justo equilíbrio e disciplina, repudiado, na
cultura, pelo Romantismo e suas correntes derivadas, todas de inspiração cristiana.

Convém nunca perder de vista que o Novo Paganismo quis ser declarada-
mente uma terapia, contra o Ocidente adoecido pelo «morbo cristista», «a maior
das doenças da História», diz Reis (AC, p. 34), mas também uma «metafísica re-
creativa» (expressão de Reis), para Pessoa e os seus «outros», e uma religião para
o povo, que, segundo ele, dela não pode prescindir. Às elites bastam-lhes as artes e
a ciência. António Mora previu que a religião do futuro seria a ciência. O modelo é,
sempre e em tudo, o paganismo helénico – cujo respeito pela ciência e pelo «livre
exame» Pessoa tinha sempre em mente. Escreveu que o espírito da Grécia deveria
ser ressuscitado na Europa e que, geograficamente, somos o povo destinado a her-
dar o facho helénico: Atenas fica à mesma latitude que Lisboa.

Contrariamente ao intolerante internacionalismo católico, para os pagãos
helénicos cada nação devia ter – e tinha – os seus deuses próprios: modelo que de-
veríamos seguir, propunham Pessoa e os neopagãos Mora e Reis.

Não esquecer que, para os pagãos helénicos, os deuses eram apenas homens
mais perfeitos. Píndaro disse: «A raça dos deuses e dos homens é só uma». Entre ho-
mens e deuses haveria uma gradação contínua. O próprio Reis anseia ser um deles:
«E agora quisera / Que um deus existisse / de mim.» (p. 117). Nessa pose, se insta-
la no seu modesto Olimpo privado, «Sereno e vendo a vida / À distância a que está.»

(p. 67). E, num poema citado, dedicado a Caeiro, diz dele que é «deus inconsciente» por não ter consciência de o ser.

As divindades assim cultuadas eram conviviais. Reis declara, em vários poemas, que admite Cristo como um deus entre outros.

Pessoa e Mora consideram que o imaginário do povo português é politeísta: os seus santos não são mais que deuses. Os três poemas que Pessoa compôs no ano da morte, inspirados pelos três santos ditos populares (António, João e Pedro), tríptico intitulado «Praça da Figueira», traduzem esse sentimento. Não quereria ele também fazer entrar Alberto Caeiro na galeria dos homens santos do Novo Paganismo Português? Afirma Caeiro, num poema, que «no fim (não sei que fim)», Deus fará dele «uma nova espécie de santo» (AC, p. 104). Direi mesmo que Pessoa concebeu Caeiro como um deus pagão, solar, que opõe ao Cristo chagado e triste dos católicos. Repare-se que Caeiro até tem expressões, moldadas sobre gestos, de um santo pregador: «Assim é e assim seja», «Bendito seja eu que não sou bom / E tenho o egoísmo natural das flores» – pregando, contudo, uma moral contrária à «cristista». António Mora chegou mesmo a chamar-lhe «o São Francisco de Assis do Novo Paganismo». Recordemos que Ricardo Reis, num já referido poema, o trata como se já pertencesse ao plano dos deuses, embora disso não tivesse consciência.

Na sua assumida função de criador de mitos, Pessoa aplicou-se a fabricar uma nova religião. Reis fez equivaler religião a «metafísica recreativa» – inteiramente oposta ao Cristismo – para que se pôs a recrutar alguns «santos populares», com lugar já assegurado no imaginário português, um profeta já existente, Bandarra (o que o faz exclamar «Troquemos Fátima por Trancoso!»), um São Francisco de Assis pagão e um Cristo Português, assim por ele chamado e considerado: D. Sebastião! Ricardo Reis, no prefácio que apus a *Vida e Obras de Alberto Caeiro*, atribui-lhe «uma intuição sobre-humana, como aquelas que fundam religiões» (p. 34).

Vale a pena reler *Mensagem* desta perspectiva: o Padre António Vieira, profeta, anuncia, do alto do segundo poema de «Avisos», o regresso de D. Sebastião e o advento do Quinto Império. Outro santo, assim canonizado em *Mensagem*, é «S. Portugal», como chama a Nun'Álvares Pereira, no poema que tem o seu nome como título. E o que são senão heróis, ou semideuses, colocados no pedestal do poema, o Infante D. Henrique, D. João II, Afonso de Albuquerque, Bartolomeu Dias, Vasco da Gama e outros agentes do grande milagre que foram, de facto, as Descobertas? Na parte «Os Avisos», junta três profetas: Bandarra, Padre António Vieira e ele próprio, no poema «Terceiro», embora se não nomeie nem como tal se assuma. Mais do que uma profecia, este poema é uma invocação desse Encoberto – tão Desejado! – a quem chama Cristo, noutros textos – o Novo Cristo português.

É assim que ouso afirmar que o mito do Neopaganismo Português anda de mãos dadas com o sebástico: Pessoa, que declarou querer ser «um criador de mitos», proclamou D. Sebastião o Cristo Português, em torno do qual tentava construir a lusa religião de inspiração pagã, a opor ao catolicismo! Esse, afinal, o seu sebastianismo. Escreveu, num dos poemas que abre *Mensagem*, «o mito é o nada que é tudo». Acreditar torna realidade aquilo em que se acredita. E todo esse livro é uma tentativa de estremunhar a Raça Bela Adormecida «que está dormindo / E foi outrora Senhor do Mar», como escreve no penúltimo poema de *Mensagem*, datado de 08-07-1933.

Que D. Sebastião se chamasse, para alguns, Cristo ou Alberto Caeiro, era tudo, para Pessoa, o mesmo agrado!

É oportuno também lembrar a existência de uma «personagem literária» que revelei em 1977, e é mais do que literária, Raphael Baldaya.[1] É mais um para a família neopagã! Astrólogo de formação e até de profissão (Pessoa tentou montar banca através dele), em seu nome Pessoa aplicou-se a longamente estudar e escrever sobre as profecias de Bandarra. Mais um anunciador do Quinto Império – neopagão, claro!

E convém também não esquecer que o «Quinto Império da Ciência» profetizado por Álvaro de Campos, num rascunho que publiquei do seu «Ultimatum» (PPC, I, p. 259), seria igualmente neopagão! Que o «Anti-Cristo» aí assim anunciado fosse Caeiro ou Sebastião, pouco lhe importava! – o que contava é que destruísse a abominada Igreja de Roma: «Anuncio-vos o Anti-Cristo! / Anuncio-vos o Destruidor da Obra Cristã!».

Se calhar o Salvador era o mesmo: Caeiro para as elites, D. Sebastião para o povo!

Já que convinha inventar um mito nacional para a religião, que o povo não dispensa, Pessoa pôs-se a soprar a brasa do único mito vivo no imaginário português, o do Desejado, o Encoberto!

Pessoa reagiu com blasfema ironia ao milagre de Fátima, em 1917, e propôs: «Troquemos Fátima por Trancoso!» – terra de Bandarra, cujas profecias se aplicou longamente a estudar através dessa sua pouco conhecida criatura, Raphael Baldaya. Seriam ambos profetas desse Quinto Império, mito por excelência do Novo Paganismo Português, por Pessoa criado, que aparece em *Mensagem*: o Padre Vieira é o primeiro, Bandarra o segundo, e ele próprio, Pessoa, o terceiro, embora assim se não declare abertamente.

Já em tempos de Grande Guerra, Pessoa, provavelmente pela pena do teórico do Novo Paganismo, António Mora, anunciava messianicamente «o regresso de D. Sebastião», nestes termos: «Reconstruir o Paganismo! O Quinto Império! O Quinto Império! O Regresso de D. Sebastião!» (BN-E3,55a-79r).

É, de facto, extremamente curioso (espanta-me que esta aproximação – que eu saiba – não tenha ainda sido explorada) que o Novo Paganismo Português esteja intimamente associado à criação do Sebastianismo como religião da lusa gente! E não esquecer que o Desejo era mais importante que o Desejado – que poderia chamar-se Sebastião ou Sidónio, por exemplo.

Pessoa viveu com exaltação o curto «reinado de Sidónio Pais, o «Presidente-Rei». Assumiu ser uma espécie de seu *maître à penser* – sem nunca o ter, imagino,

---

[1] Maria Teresa Rita Lopes, *Fernando Pessoa et le Drame Symboliste: Heritage et Creation*, Paris, Centro Cultural Português. Fundação Calouste Gulbenkian, 1977, pp. 279-280.

para isso, contactado… – e inventou mesmo uma personalidade literária, o periodista João Craveiro, para o incensar e alimentar o mito nos jornais. Mas o mais curioso, em relação com o que acabámos de considerar, é que, depois de Sidónio ter sido assassinado, em 1918, Pessoa quis dar-lhe uma dimensão sebástica. Fez mesmo um longo poema, em quadras ao jeito bandarrista, em que um cego canta messianicamente o seu regresso: «Um dia o Sidónio torna».[1]

6. REIS NO ROMANCE-DRAMA

Como qualquer outro dos heterónimos, só integrada no romance-drama a personagem de Ricardo Reis ganha o seu verdadeiro recorte e alcance. Continua a ser permanente o grosseiro erro comum de atribuir a Pessoa opiniões dos seus «outros», por um lado, e, por outro, de ignorar que são personagens de um romance-drama em que interagem.

6.1 CAEIRO E REIS

Não podemos perder de vista, ao ler a poesia de Reis, o seu papel na reconstrução do paganismo helénico (não nórdico, Pessoa faz questão de o sublinhar, para se não confundir com o paganismo dos alemães, demarcando-se também do francês Charles Maurras). Mas Reis encara diferentemente de Caeiro o Novo Paganismo Português, que o apetece sem a presença de deuses, apenas a da Natureza, divina sem o ser: «Só a Natureza é divina / E ela não é divina.» (AC, p. 62).

Ambos combatem o Cristismo mas não Cristo: Reis diz dele que é «um deus a mais, / Talvez um que faltava.» Mas opõe «Cristo e a sua cruz / e Maria chorando» aos deuses pagãos, «tranquilos e imediatos» (p. 72). Por isso exalta «a visível presença / dos [seus] próximos deuses», manifestando-se abertamente na Natureza, contrastando com o oculto deus cristista, agonizando eternamente.

É indispensável compreender que a terapia civilizacional que o Neopaganismo representa, de que são agentes Reis e Caeiro, em verso, e Mora, em prosa, é também pessoal: Pessoa e Campos fazem parte dos «doentes» a tratar. Sá-Carneiro seria outro. Os ismos que ele e Pessoa se aplicaram a criar são manifestações do «morbo cristista» ocidental: Decadentismo, pós-simbolista, por sua vez herdeiro do Romantismo. Segundo definição de Pessoa, essa arte «buscava em tudo um além». O poema «Quase», de Sá-Carneiro, é disso boa ilustração: «Um pouco mais de azul – eu era além». Ora, a arte de viver e de escrever do Neopaganismo vai em sentido

---

[1] *Pessoa Inédito*, Orientação, coordenação e prefácio de Teresa Rita Lopes. Lisboa, Livros Horizonte, 1993, pp. 351-356.

contrário, a de fixar a tudo um limite. Reis sentencia: «Aprende o que te ensina / Teu corpo, teu limite.» (p. 157). E um poema deve ter contornos bem delimitados, como um objecto. Caeiro também não inclui a alma no seu esquema: tudo o que quer é deitar esse corpo no chão da realidade, gozosamente, como um cão ao Sol.

No cenário do Neopaganismo, Reis funciona, por assim dizer, como o elemento *Yang*, masculino, face à função *Yin*, que Caeiro detém: «Presença humana da terra materna» (como lhe chama Campos, no poema em que o evoca: «Mestre, meu Mestre querido»). Enquanto que o próprio Caeiro se diz, num poema, prosaicamente – e no feminino, repare-se –, «Uma boa dona de casa da realidade» (AC, p. 103), Ricardo Reis aparece com o papel habitualmente masculino de impor disciplina, essencialmente sobre si próprio, e domínio de si, dos seus sentimentos e desejos. Ambos têm as crianças por mestras (ver o primeiro poema deste livro) mas, enquanto que Caeiro tem como principal preceito da sua sabedoria «Não pensar», Reis não faz, compulsivamente, outra coisa. E é o pensamento que comanda a sua poesia: «quando é alto e régio o pensamento» (p. 97).

Apesar de querer contentar-se, como Caeiro, com a «realidade imediata», Reis não consegue enxotar o inquietante zumbido do Nada, ausência sempre tão presente.

Reis exprime o desejo de «viver toda a vida / Dentro dum só momento» e ser apenas um «bebedor tranquilo». Caeiro nunca nos permitiu assistir a qualquer libação sua, sozinho ou acompanhado... (Anda, aliás, sempre sozinho: «Ser poeta (...) / É a minha maneira de estar sozinho.». Ricardo bebe a esse Nada permanentemente evocado: o Nada de Tudo. Mas dá-lhe presença de absoluto, como se fosse o seu pólo negativo: «Quer pouco: terás tudo. / Quer nada: serás livre.» (p. 171). Caeiro teria dito: «Não queiras nada», adverbialmente. Reis substantiva o Nada: «De nada dono, cúmplice de nada» é preceito expresso num poema inédito (pp. 168-169). Evocando Caeiro, Reis diz dele que «nos restituiu cantando ao nada luminoso que somos» (AC, p. 19).

Reis põe em música esse nada e o passar de tudo: «Tão cedo passa tudo quanto passa!» (p. 146). Os poemas da sua idade madura, libertos da sobrecarga mitológica e programática inicial, mostram a sua mais funda vocação de fazer com que o pensamento levante voo, combinando os sons das palavras – como quem toca flauta: «Tal me alta na alma a lenta ideia voa» (p. 153). E aplica-se a ensinar os principais preceitos do que poderíamos chamar uma arte de passar, aceitando o que os deuses – e, acima deles, o destino – decidam: «Só de aceitar tenhamos a ciência».

Ouso concluir que Reis, como pensador, fica atrás de Caeiro em profundidade de pensamento – este o verdadeiro obreiro, em verso, das traves mestras do Neopaganismo, apesar do seu permanente repúdio do incómodo de pensar. Reis instala-se na sua inerte pose de pagão da decadência, coroa-se de rosas, bebe e cala. Opõe-se a Caeiro por afirmar ser verdadeiramente crente na existência dos deuses. Será mais poeta que Caeiro? A cada um deles o seu diferente modo de o ser.

As fontes poéticas de Reis são detectáveis: além de Horácio (Reis foi dito por Pessoa «um Horácio grego escrevendo em português»), Omar Khayyam, poeta persa dos séculos XI-XII, de que Pessoa longamente imitou, ortonimamente, os seus Rubayat. Omar inspira seguramente a Reis o seu epicurismo triste, entregue a constantes libações, cantando o nada de tudo.

No que Ricardo Reis é incomparável é na especial capacidade de reduzir o pensamento à sua mais simples expressão e de arrancar às entranhas das palavras a sua oculta música.

Apesar do apreço e respeito pelo Mestre Caeiro, Reis não deixa de lhe censurar a indisciplina da escrita. Opõe-se também frontalmente às turbulências de Campos sensacionista – embora Pessoa tentasse, inicialmente, alistar Álvaro no Novo Paganismo, como mostram vários escritos e planos existentes no Espólio. Concluiu, contudo, que a sua turbulência interior reflectia o «produto romântico» que era. O próprio Campos o reconhece, num verso: «Produtos românticos, nós todos!» – crististas, portanto.

6.2 RICARDO REIS CONTEMPORÂNEO DE VICENTE GUEDES, PRIMEIRO AUTOR DO *LIVRO(S) DO DESASSOSSEGO*

Reis coexiste, no tempo e até na folha escrita, com o autor do que considero o primeiro do *Livro(s) do Desassossego*:[1] textos de ambos figuram na mesma folha, um no recto, outro no verso – como oportunamente faço notar.

O estilo desse primeiro autor é decadentista, como o dos contemporâneos textos com título (de que Pessoa publicou, na revista *Águia*, em 1913, «Na Floresta do Alheamento»), inseridos por Pessoa no *Livro do Desassossego* – por sua vez em sintonia com «O Marinheiro», drama por Pessoa dito «estático», com o qual considerou superar Maeterlinck em «subtileza e nebulosidade» (HC, p. 183). Ricardo Reis tem o recorte dramático não só das personagens de Maeterlinck mas também de Huysmans (*À Rebours* era a bíblia dos decadentistas franceses), assim como de Villiers de l'Isle-Adam (autores que Pessoa bem conhecia e a que se refere – já tive ocasião de estudar essa relação). *Axël,* drama deste último, põe em cena um desses «decadentes» ao gosto da época, aristocrata desdenhoso da vida mesquinha do vulgar vivente, que convida a bem-amada a suicidar-se com ele: «La vie? Les serviteurs feront cela pour nous!».

---

[1] *Livro(s) do Desassossego*, Ed. Teresa Rita Lopes. Global Editora, São Paulo, 2016.

Reis, dirigindo-se a Neera, diz: «Bem sei, ó flava, que inda / Nos tolhe a vida o corpo / E não temos a mão / onde temos a alma» (p. 65). Como mal menor, instala-se com ela «longe / de homens e de cidades», num arremedo do Olimpo. Daí aconselha, noutro poema: «Vê de longe a vida. / Nunca a interrogues.». Recordemos a fala de uma das Veladoras de «O Marinheiro»: «Não rocemos pela vida nem a orla das nossas vestes».

Claro que esta atitude de Vicente Guedes nada tem a ver com a do terceiro autor do *Livro(s)*, Bernardo Soares, considerado vulgarmente como seu único autor. O Barão de Teive, segundo autor desse *Livro* (que afinal é três), está, esse sim, próximo de Axël e de Ricardo Reis. É, como este, geladamente estóico: necessitando ser amputado de uma perna, escolhe sê-lo a sangue frio (mudando, depois, para anestesia local…).

7. ESTRUTURA DESTE LIVRO E OUTROS PROCEDIMENTOS

Assim como segui a sugestão de título que Pessoa encarou para a obra de Ricardo Reis, também a dividi em dois «Livros», como ele previu.

O primeiro que apresento quer funcionar como uma espécie de antologia feita pelo próprio autor. Numa primeira parte figuram 41 poemas dos primeiros tempos, destinados aparentemente a publicação, consignados por Pessoa numa lista. Numa segunda parte aparecem os 20 poemas publicados por Pessoa em *Athena* e, numa terceira, os 8 que editou na revista *presença*. Para contemplar essa função de auto-antologia, não anulei as repetições: entre os vinte poemas de *Athena*, escolhidos e articulados por Pessoa (nunca ao acaso), aparecem alguns já apresentados na parte anterior. É que a estrutura das publicações de Pessoa, livros ou partes de livro, é, para ele, importantíssima, formam um corpo inteiro de que todas as peças são inalienáveis. (Veja-se *Mensagem* e *Mad Fiddler* – preparada, esta última, para publicação mas não aceite pela editora inglesa a que Pessoa a propôs).

O «Livro Segundo», constituído por poemas não publicados por Pessoa, quer mostrar o desenvolvimento orgânico da obra ricardiana, seguindo a sua ordem cronológica. Em último lugar, vêm os não datados (pouco numerosos).

Assinalei em rodapé e em notas finais os poemas inéditos (23), para alertar o leitor para essa minha decisão. Como a atribuição é de minha inteira responsabilidade por não estarem assinados, prefiro que a sua justeza seja julgada desde a primeira leitura. Desses poemas inéditos, contei 9, no «Livro Segundo»; em «Apêndice», 1 poema «variante», 4 «incipientes» (assim considerados), todos de atribuição indiscutível a Reis, e mais 2 «Na Fronteira»; em «Anexos», não atribuídos, mas de igual «Inspiração Pagã», apresentei mais 7.

Ao «Livro Segundo» segue-se uma secção intitulada «Apêndice», com textos de Reis, em prosa e verso: além de poemas variantes e incipientes ou incompletos, uma carta de Reis a Caeiro (com a indicação de Pessoa de que devia figurar no seu livro de «Odes») e um texto em prosa, de Reis, que tem de ser compreendido como peça importante do romance-drama: nele se insurge contra a poesia dos «modernos», Pessoa e Campos incluídos, apesar de os não nomear.

Numa última parte, «Anexos», estão arrumados os poemas que excluí do cânone ricardiano – aí colocados, a meu ver erradamente, pelas duas edições que tomei como referência, EC e MPS – assim como por várias outras anteriores edições.

Esta edição inova também (não só em relação às que tomei como ponto de referência, como a todas as já realizadas) por introduzir no texto as correcções e acrescentos feitos por Pessoa no exemplar de *Athena* da sua biblioteca pessoal – hoje na Casa Fernando Pessoa – de que dou notícia em rodapé. Não consegui proceder de igual forma em relação às modificações que (seguramente, à sua boa maneira!) introduziu nos oito poemas publicados em *presença*, por esses exemplares da revista não existirem na biblioteca particular do Poeta, na Casa Fernando Pessoa.

Não incluí neste volume as prosas de Ricardo Reis. Por todas girarem em volta da ficção do Neopaganismo, mito a ressuscitar, reunirei essas prosas às de António Mora no volume que recolherá esse capítulo do romance-drama.

Teresa Rita Lopes

Figura 1. Pessoa surpreendido na Baixa por um fotógrafo ambulante

Figura 2. Ricardo Reis visto por Mário Botas – «Os heterónimos de Fernando Pessoa e Mário de Sá-Carneiro», 1980, desenho com aguarela (pormenor)

Figura 3. Missal da Primeira Comunhão, feita num colégio católico de freiras irlandesas

Figura 4. Durban High School, onde fez es estudos secundários

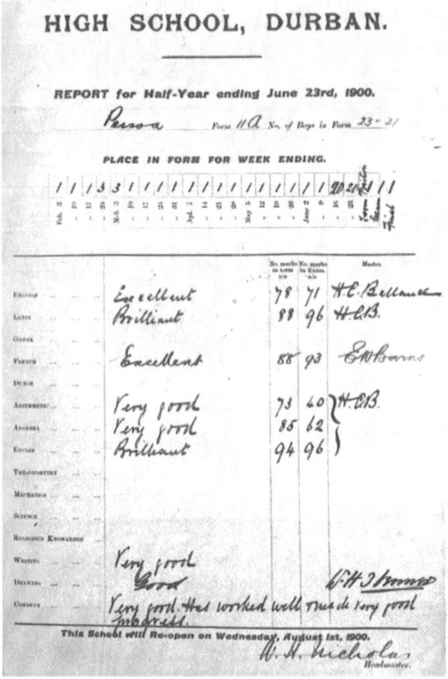
HIGH SCHOOL, DURBAN.

REPORT for Half-Year ending June 23rd, 1900.

Pessoa Form II a No. of Boys in Form 23 - 21

PLACE IN FORM FOR WEEK ENDING.

		No. marks in term	No. marks in Exam.	Master
English	Excellent	78	71	H.C.Belcher
Latin	Brilliant	88	96	H.C.B.
French	Excellent	88	93	E.W.Barns
Arithmetic	Very good	73	60	H.C.B.
Algebra	Very good	85	62	
Euclid	Brilliant	94	96	
Writing	Very good			
Drawing	Good			
Conduct	Very good. Has worked well. Made very good progress.			

This School will Re-open on Wednesday, August 1st, 1900.

W. H. Nicholas
Headmaster.

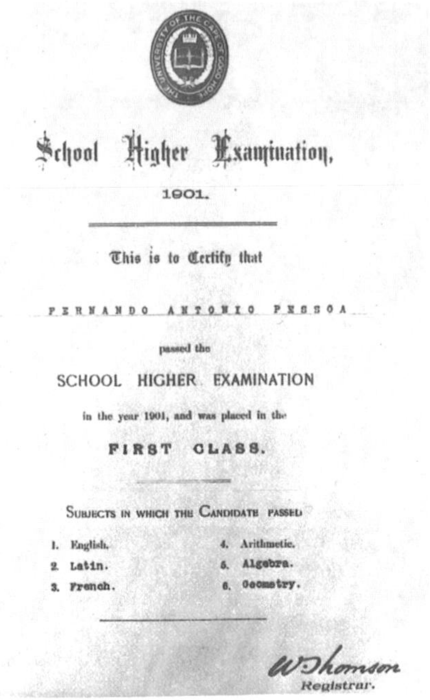
School Higher Examination,

1901.

This is to Certify that

FERNANDO ANTONIO PESSOA

passed the

SCHOOL HIGHER EXAMINATION

in the year 1901, and was placed in the

FIRST CLASS.

Subjects in which the Candidate passed

1. English.
2. Latin.
3. French.
4. Arithmetic.
5. Algebra.
6. Geometry.

W. Thomson
Registrar.

Figura 5. Boletim do aproveitamento escolar, com apreciação «brilhante», em latim, e diploma do primeiro exame, concluído com distinção

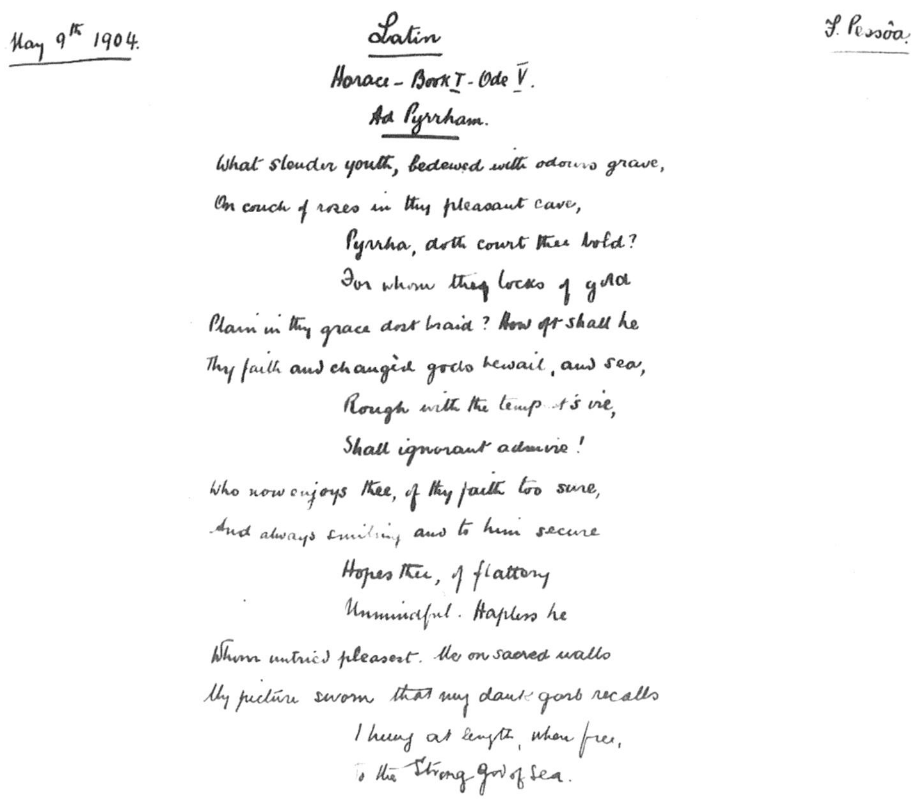

May 9th 1904.   *Latin*   F. Pessôa.
                      Horace – Book I – Ode V.
                           Ad Pyrrham.

What slender youth, bedewed with odours grave,
On couch of roses in thy pleasant cave,
            Pyrrha, doth court thee bold?
            For whom thy locks of gold
Plain in thy grace dost braid? How oft shall he
Thy faith and changed gods bewail, and sea,
            Rough with the tempest's ire,
            Shall ignorant admire!
Who now enjoys thee, of thy faith too sure,
And always smiling, and to him secure
            Hopes thee, of flattery
            Unmindful. Hapless he
Whom untried pleasest. Me on sacred walls
My picture sworn that my dank garb recalls
            I hung at length, when free,
            To the Strong god of Sea.

Figura 6. Tradução autógrafa de uma ode de Horácio feita por Pessoa durante os estudos secundários, em Durban

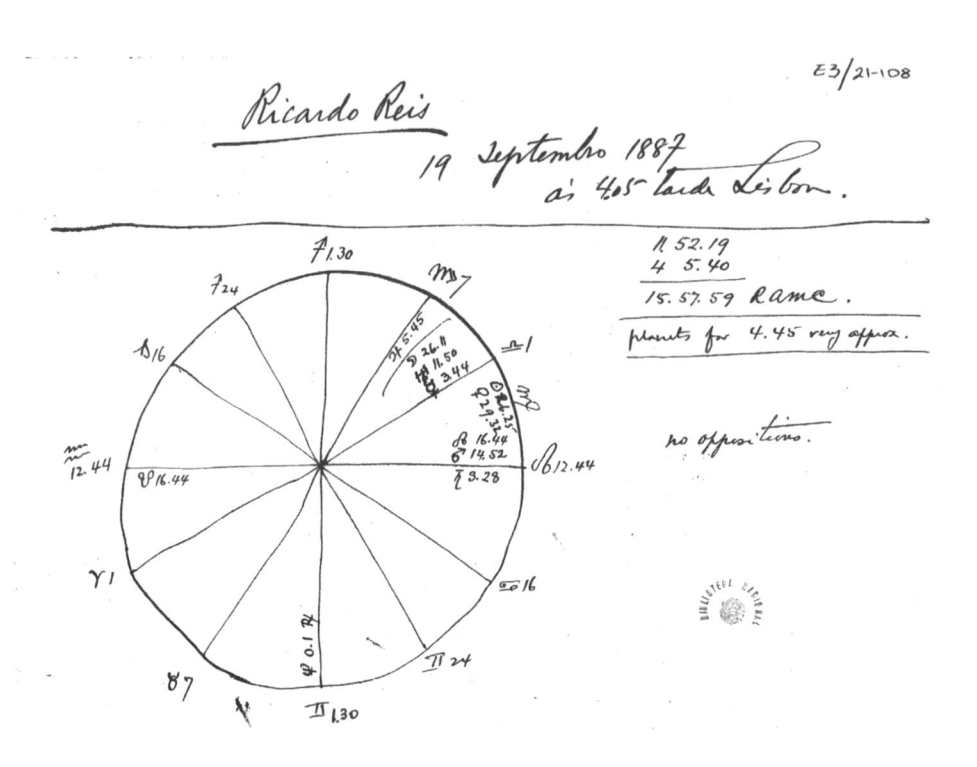

Figura 7. Horóscopo de Ricardo Reis feito por Pessoa

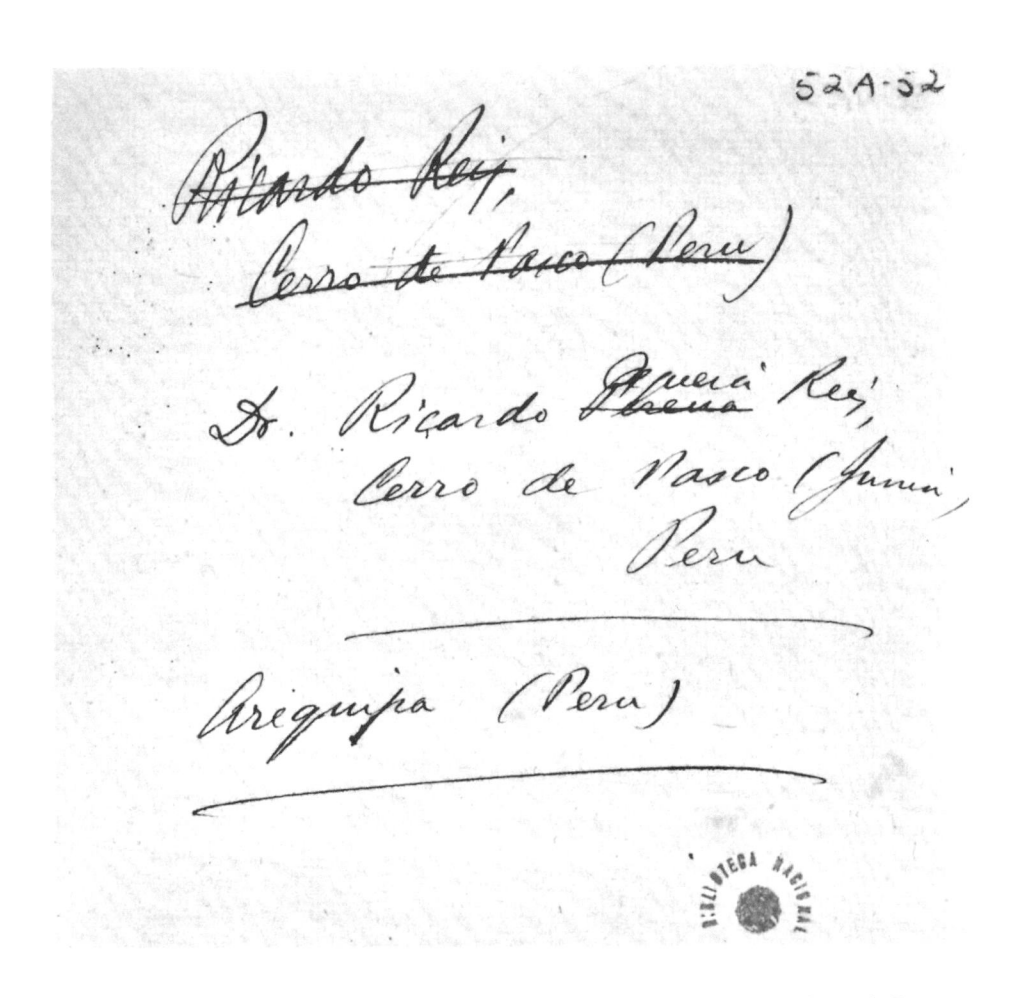

Figura 8. Nome completo e endereço de exílio: «Dr. Ricardo Sequeira Reis, Cerro de Pasco (Junin) /Ariquipa (Peru)»

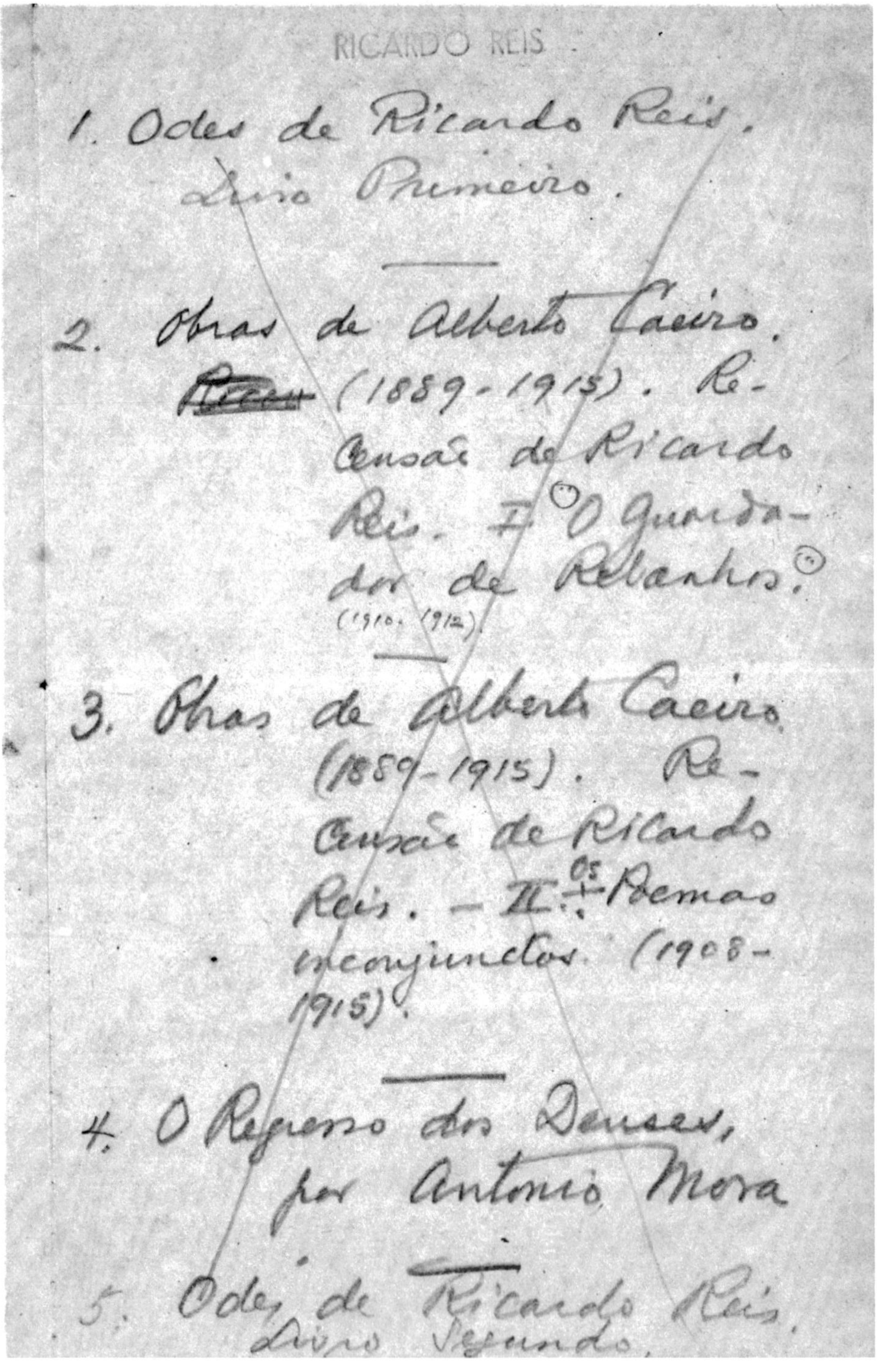

RICARDO REIS

1. Odes de Ricardo Reis.
   Livro Primeiro.

   ___

2. Obras de Alberto Caeiro.
   ~~Reis~~ (1889-1915). Re-
   censão de Ricardo
   Reis. I.º "O Guarda-
   dor de Rebanhos."
   (1910-1912)

   ___

3. Obras de Alberto Caeiro.
   (1889-1915). Re-
   censão de Ricardo
   Reis. — II.ºs Poemas
   inconjunctos. (1908-
   1915).

   ___

4. O Regresso dos Deuses,
   por Antonio Mora.

   ___

5. Odes de Ricardo Reis.
   Livro Segundo.

Figura 9. Plano das obras do Novo Paganismo Português (riscado porque, possivelmente, dactilografado), encimado pelo carimbo de Ricardo Reis

PREFÁCIOS DE FERNANDO PESSOA
FREDERICO REIS E RICARDO REIS

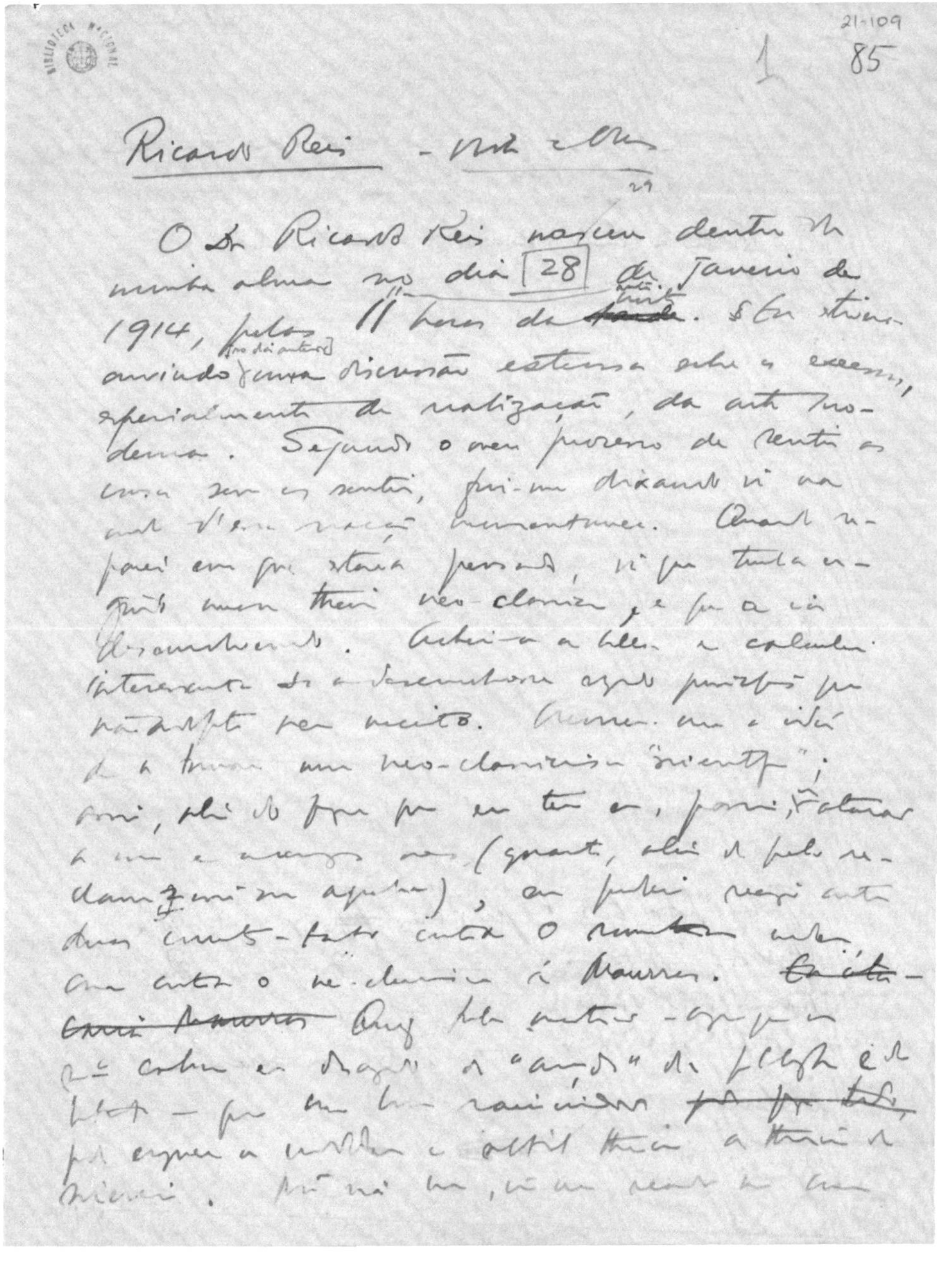
21-109
1 85
Ricardo Reis – Vida e Obras

Figura 10. Prefácio de Fernando Pessoa a «Vida e Obras» de Ricardo Reis, lado recto da folha

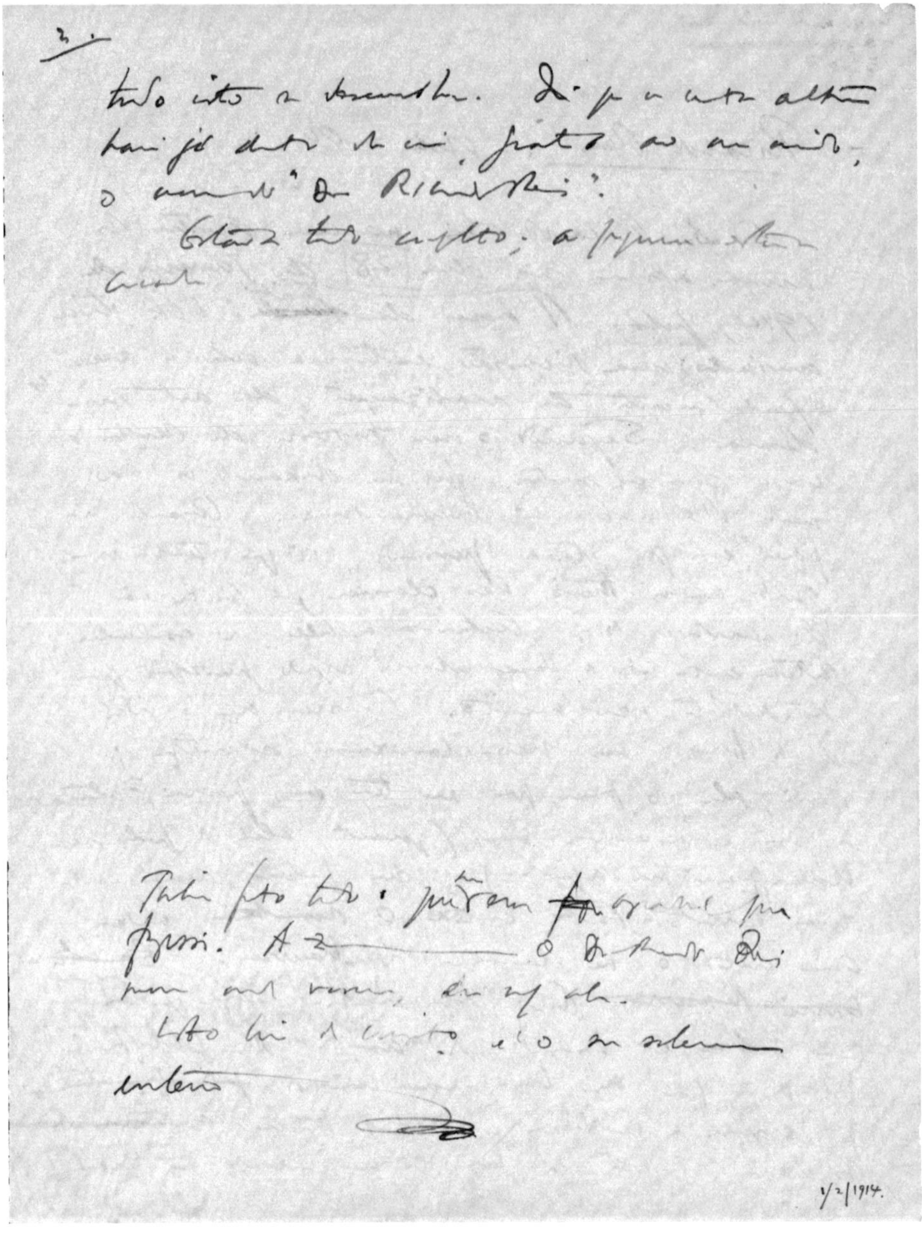

Figura 11. Verso da folha, com a continuação da página anterior

PREFÁCIO DE FERNANDO PESSOA

RICARDO REIS – VIDA E OBRAS

O Dr. Ricardo Reis nasceu dentro da minha alma no dia *28*[1] de Janeiro de 1914, pelas 11 horas da *noite*.[2]
 Eu estivera ouvindo [no dia anterior][3] uma discussão extensa sobre os excessos, especialmente de realização, da arte moderna. Segundo o meu processo de sentir as cousas sem as sentir, fui-me deixando ir na onda dessa reacção momentânea. Quando reparei em que estava pensando, vi que tinha erguido uma teoria neo-clássica, e que a ia desenvolvendo. Achei-a a calhar e calculei interessante se a desenvolvesse segundo princípios que não adopto nem aceito. Ocorreu-me a ideia de a tornar um neo-classicismo «científico»; assim, além do prazer que eu teria em, por isso, me atacar a mim e a amigos meus (quanto, além de pelo reclame isso me agradar), eu poderia reagir contra duas correntes – tanto contra o romantismo moderno, como contra o neo-classicismo à Maurras. Quis também mostrar – agora que a ciência conhece o desagrado dos cansados da filosofia e da literatura – que um bom raciocinador pode erguer a verdadeira e subtil teoria[,] a teoria da ciência. Não sei bem, não me recordo bem como tudo isto se desenrolou. Sei que a certa altura havia já dentro de mim, grato ao meu ouvido, o nome do «Dr. Ricardo Reis». Estava tudo completo; a figura estava criada.
 ☐
 Tinha feito tudo o que me era agradável que fizesse. A ☐ o Dr. Ricardo Reis morreu onde nasceu, em minha alma.
 Isto livre do cripto é o seu solene enterro.

01-02-1914

---

1 Variante sobreposta: «29».
2 Variante sobreposta: «manhã».
3 Os parênteses rectos são indicação de Pessoa de eliminável.

PREFÁCIO DE FREDERICO REIS

Resume-se num epicurismo triste toda a filosofia da obra de Ricardo Reis. Tentaremos sintetizá-la.

Cada qual de nós – opina o Poeta – deve viver a sua própria vida, isolando-se dos outros e procurando apenas, dentro de uma sobriedade individualista, o que lhe agrada e lhe apraz. Não deve procurar os prazeres violentos, e não deve fugir às sensações dolorosas que não sejam extremas.

Buscando um mínimo de dor ou pena, ☐ o homem deve procurar sobretudo a calma, a tranquilidade, abstendo-se do esforço e da actividade útil.

Esta doutrina, dá-a o poeta por temporária. É enquanto os bárbaros (os cristãos) dominam que a atitude dos pagãos deve ser esta. Uma vez desaparecido (se desaparecer) o império dos bárbaros, a atitude pode então ser outra. Por ora não pode ser senão esta.

Devemos buscar dar-nos a ilusão da calma, da liberdade e da felicidade, cousas inatingíveis porque, quanto a liberdade, os próprios deuses – sobre que pesa o Fado – a não têm; quanto a felicidade, não a pode ter quem está exilado da sua fé e do meio onde a sua alma devia viver; e quanto a calma, quem vive na angústia complexa de hoje, quem vive sempre na espera da morte, dificilmente pode fingir-se calmo. A obra de Ricardo Reis, profundamente triste, é um esforço lúcido e disciplinado para obter uma calma qualquer.

Tudo isto se apoia num fenómeno psicológico interessantíssimo: numa crença real e verdadeira nos deuses da Grécia antiga, admitindo Cristo (por vezes tido como antagónico, nem só quando repete o espírito cristão, porque esse é que é o inimigo ☐ do paganismo) como um deus a mais, mas mais nada – ideia esta de acordo com o paganismo e talvez em parte inspirada pela ideia (puramente poética) de Alberto Caeiro de que o Menino Jesus era «o deus que faltava».

PREFÁCIO DE RICARDO REIS AO SEU LIVRO *ODES*

O prefácio, que pus à obra do meu mestre Caeiro, dando-me azo a que consignasse os princípios fundamentais a que visa o esforço, a que me junto, da reconstrução pagã, dispensa-me, e isso me apraz, da operosa tarefa de pôr a estas *Odes* um intróito explicativo.

Naquele prefácio não está, porém, dito a que fins visa essa reconstrução: se busca, deveras, trazer outra vez ao mundo cristianizado o paganismo dos gregos e dos romanos, se busca outro fim qualquer, de âmbito mais humilde.

Parecendo que esta dupla hipótese contém em si a solução, não é assim. Esse movimento de reconstrução pagã apareceu, sem que os próprios em cujo espírito se revelou saibam a que fim o Destino quer que ele vise. Por isso, para nós dois em quem o fenómeno se deu, ele não tem sentido nenhum. O que sentimos verdade dentro de nós, traduzimos para a palavra, escrevendo os nossos versos sem olhar àquilo a que se destinam.

Uma reconstrução real do paganismo parece tarefa estulta em um mundo que de todo, até à medula dos seus ossos, se cristianizou e ruiu.

Depunhamo-los como oferendas, tábuas votivas, no altar dos Deuses, gratos simplesmente porque eles nos[1] hajam livrado, e posto a salvamento, daquele naufrágio universal que é o cristismo, □.[2]

Chamemos à nossa obra de «reconstrução pagã» porque ela o é, sem que o queiramos. Mas não façamos dela uma política ou uma força. Se os Deuses nos fizeram a graça de nos revelar a sua verdade antiga, contentemo-nos[3] em manter-lhes doméstico o culto impoluto. Se a oferenda,[4] que na ara doméstica lhes fazemos, for bela, basta que eles, na sua soberana ciência, a aceitem por boa. Nesse acto de culto, piamente realizado, cesse todo o intuito consciente da nossa obra religiosa.

---

1   Por lapso, Pessoa escreveu «não».
2   Pessoa projectou acrescentar uma citação de Horácio, conforme indicação na linha seguinte, em inglês: «Q. Horace».
3   Pessoa escreveu «contentemos».
4   O autor pôs a vírgula depois de «que», lapso corrigido.

LIVRO PRIMEIRO

Ricardo Reis.   Odes.

1. Este, seu escasso campo ora lavrando...   27-9-14.
2. O mar jaz. Gemem em segredo os ventos...   16-10-14.
3. Acima da verdade estão os deuses...   16-10-14.
4. Antes de nós nos mesmos arvoredos...   8-10-14.
5. Anjos ou deuses, sempre nós tínhamos...   16-10-14.
6. Deixemos, Lydia, a sciencia, que não põe...
7. É tão suave a fuga d'este dia...
8. Vós que, crentes em Christos e Marias...   29-8-14.
9. O rhythmo antigo que ha nos pés descalços...   29-8-14.
10. Só esta liberdade nos concedem...   30-7-14.
11. Aqui, Neera, longe...   2-8-14.
12. Da lampada nocturna...   2-8-14.
13. Cada cousa a seu tempo tem seu tempo...   30-7-14.
14. De uma semelhança com os deuses...   30-7-14.
15. Não p'ra mim, mas p'ra ti tece os punhados... 30-7-14.
16. As rosas amo dos jardins de Adonis...   11-7-14.
17. Quero, Neera, que os teus labios laves...   11-7-14.
18. Cuidas tu, louro Flacco, que ajuntando...   11-7-14.
19. Não consentem os deuses mais que a vida.   17-7-14.
20. Breve o inverno irá, em via branca...   17-7-14.
21. (Passando a vida em ver passar a de outros...) 11-8-14.
22. N'este dia em que os campos são de Apollo...   11-8-14.
23. (... Não como ante donzella a mulher via...)   11-8-14.
24. (... Não porque os deuses finjiram, alva Lydia, chóro...)
25. Mestre, são placidos   12-6-14.
26. Os deuses desterrados   12-6-14.
27. Coroae-me de rosas   12-6-14.
28. O deus Pan não morreu   12-6-14.
29. De Apollo o carro rodou p'ra fóra   12-6-14.
30. A pallidez do dia é levemente dourad[a]   19-6-14.
31. As longes montanhas têm neve ao sol   16-6-14.
32. Não tenhas nada nas mãos   19-6-14.
33. Vem sentar-te comigo, Lydia, á beira do rio   12-6-14.
34. Sábio é o que se contenta com o espetaculo do mundo 19-6-14.
35. Dá as tuas flores pela vista fria   16-6-14.
36. Vivem, passemos juntos   12-6-14.

Figura 12. Lista [48G-20r] de 36 poemas, incluídos em Livro Primeiro, Parte 1

ODES de Ricardo Reis.

    I. Mestre, são placidas...
   II. Da lampada nocturna...
  III. Este, seu escasso campo ora lavrando...
  IV. Não tenhas nada nas mãos...
   V. Quero, Neera, que os teus labios laves...
  VI. Ao longe os montes têem neve ao sol...
 VII. O Deus Pan não morreu...
VIII. De Apollo o carro rodou pra fóra...
  IX. Sabio é o que se contenta com o espectaculo do mundo...
   X. Os deuses desterrados...
  XI. Coroae-me de rosas...
 XII. Vem sentar-te commigo, Lydia, á beira do rio...
XIII. Breve o inverno virá com sua branca...
XIV. Aqui, Neera, longe...
 XV. A pallidez do dia é levemente doirada...
XVI. De anjos ou deuses, sempre nós tivemos...
XVII. Da nossa similhança com os deuses...
XVIII. Cuidas tu, louro Flacco, que apertando...
XIX. O mar jaz. Gemem em segredo os ventos...
XX. Neera, passeemos junctos...
XXI. Não pra mim, mas pra ti teço as grinaldas...
XXII. Vós que, crentes em Christos e Marias...
XXIII. Não como ante donzella, ou mulher viva...
XXIV. Só esta liberdade nos concedem...
XXV. O rhythmo antigo que nos pés descalços...
XXVI. Não porque os deuses findaram, alva Lydia, chóro...
XXVII. Passando a vida em ver passar a de outros...
XXVIII. Deixemos, Lydia, a sciencia, que não põe...
XXIX. Neste dia em que os campos são de Apollo...
XXX. É tão suave a fuga d'este dia...
XXXI. Acima da verdade estão os deuses...
XXXII. Não consentem os deuses mais que a vida...
XXXIII. As rosas amo dos jardins de Adonis...
XXXIV. Antes de nós nos mesmos arvoredos...
XXXV. Cada cousa a seu tempo tem seu tempo...
XXXVI. Boccas rôxas de vinho...
XXXVII. Tirem-me os deuses Em seu arbitrio...
XXXVIII. Feliz aquelle a quem a vida grata...
XXXIX. Olho os campos, Neera...
XL. Deixa passar o vento...
(ultima ode - Só o ter flores pela vista fóra...)

Figura 13. Segunda lista [48G-21r], acrescentada, no mesmo Livro Primeiro

PARTE 1
POEMAS DA LISTA 48G-21ʳ

I

Mestre, são plácidas
Todas as horas
Que nós perdemos,
Se no perdê-las,
Qual numa jarra,
Nós pomos flores.

Não há tristezas
Nem alegrias
Na nossa vida.
Assim saibamos,
Sábios incautos,
Não a viver,

Mas decorrê-la,
Tranquilos, plácidos,
Tendo as crianças
Por nossas mestras,
E os olhos cheios
De Natureza...

À beira-rio,
À beira-estrada,
Conforme calha,
Sempre no mesmo
Leve descanso
De estar vivendo.

O Tempo passa,
Não nos diz nada.
Envelhecemos.
Saibamos, quasi
Maliciosos,
Sentir-nos ir.

Não vale a pena
Fazer um gesto.
Não se resiste
Ao deus atroz
Que os próprios filhos
Devora sempre.

Colhamos flores.
Molhemos leves
As nossas mãos
Nos rios calmos,
Para aprendermos
Calma também.

Girassóis sempre
Fitando o sol,
Da vida iremos
Tranquilos, tendo
Nem o remorso
De ter vivido.

12-06-1914

II

Da lâmpada nocturna
A chama estremece
E o quarto alto ondeia.

Os deuses concedem
Aos seus calmos crentes
Que nunca lhes trema
A chama da vida
Perturbando o aspecto
Do que está em roda,
Mas firme e esguiada
Como preciosa
E antiga pedra,
Guarde a sua calma
Beleza contínua.

02-08-1914

III

Este, seu scasso campo ora lavrando,
Ora, solene, olhando-o com a vista
De quem a um filho olha, goza incerto
    A não-pensada vida.
Das fingidas fronteiras a mudança
O arado lhe não tolhe, nem o empece
Per que consílios se o destino rege
    Dos povos pacientes.
Pouco mais no presente do futuro
Que as ervas que arrancou, seguro vive
A antiga vida que não torna, e fica,[1]
    Filhos, diversa e sua.

[*Athena*]

IV

Não tenhas nada nas mãos
Nem uma memória na alma,

Que quando te puserem
Nas mãos o óbolo último,

Ao abrirem-te as mãos
Nada te cairá.

Que trono te querem dar
Que Átropos to não tire?

Que louros que não fanem
Nos arbítrios de Minos?

Que honras[2] que te não tornem
Da estatura da sombra

---

1   Vírgula acrescentada pelo autor no exemplar pessoal de *Athena*.
2   Pessoa escreveu «horas», creio que por lapso: «honras» é que está de acordo com «louros» e «trono», referidos nas estrofes 4 e 5 (apesar de as edições anteriores o perpetuarem.).

Que serás quando fores
Na noite e ao fim da estrada?[1]

Colhe as flores mas larga-as,
Das mãos mal as olhaste.

Senta-te ao sol. Abdica
E sê rei de ti próprio.

19-06-1914

V

Quero, Neera, que os teus lábios laves
    Na *piscina*[2] tranquila
Para que contra a tua febre e a triste
    Dor que pões em viver,
Sintas a fresca e calma natureza
    Da água, e reconheças
Que não têm penas nem desassossegos
    As ninfas das nascentes
Nem mais soluços do que o som da água
    Alegre e natural.

As nossas dores, não, Neera, vêm
    Das cousas naturais
Datam da alma e do infeliz ofício[3]
    Da vida com os homens.
Aprende pois, ó aprendiza jovem
    Das clássicas delícias,
A não pôr mais tristeza que um *sorriso*[4]
    No modo como vives.
Nasceste pálida, deitando a água
    Da tua vã beleza
Sobre a estólida fé das nossas mãos
    Medrosas de ter gozo

---

1   Pus o ponto de interrogação, que consta no manuscrito 51-6v[bis], a substituir o ponto final que Pessoa terá usado por lapso.
2   Variante sobreposta: «nascente».
3   EC e MPS leram «fruir», em contradição com o precedente caracterizador: «infeliz».
4   Variante sobreposta: «suspiro».

Demasiado preso à desconfiança[1]
      Que vem de teu saber,
Não para essa vã mnemónica
      Do futuro fatal.
Façamos vívidas grinaldas várias
      De sol, flores e risos
Para ocultar o fundo fiel à Noite
      D*os nossos pensamentos*[2]
Curvados[3] já em vida sob a ideia
      Do plutónico jugo
Cônscios[4] já da lívida *esperança*[5]
      Do caos redivivo.

[11-07-1914]

VI

Ao longe os montes têm neve ao sol,
Mas é suave já o frio calmo
      Que alisa e agudece
      Os dardos do sol alto.

Hoje, Neera, não nos escondamos,
Nada nos falta, porque nada somos.
      Não esperamos nada
      E temos frio ao sol.

Mas tal como é, gozemos o momento,
Solenes na alegria levemente,
      E aguardando a morte
      Como quem a conhece.

16-06-1914

---

1   Ao lado, sinal de redacção provisória deste verso e do precedente.
2   Variante sobreposta: «Do nosso pensamento».
3   Variante sobreposta: «Curvado».
4   Variante sobreposta: «Cônscia».
5   Variante sobreposta: «aguardança».

VII

O deus Pã não morreu,
Cada campo que mostra
Aos sorrisos de Apolo
Os peitos nus de Ceres –
Cedo ou tarde vereis
Por lá aparecer
O deus Pã, o imortal.

Não matou outros deuses
O triste deus cristão.
Cristo é um deus a mais,
Talvez um que faltava.

Pã continua a dar
Os sons da sua flauta
Aos ouvidos de Ceres
Recumbente nos campos.

Os deuses são os mesmos,
Sempre claros e calmos,
Cheios de eternidade
E desprezo por nós,
Trazendo o dia e a noite
E as colheitas douradas
Sem ser para nos dar
O dia e a noite e o trigo
Mas por outro e divino
Propósito casual.

12-06-1914

VIII

De Apolo o carro rodou pra fora
Da vista. A poeira que levantara
Ficou enchendo de leve névoa
    O horizonte[.]

A flauta calma de Pã, descendo
Seu tom agudo no ar pausado,
Deu mais tristezas ao moribundo
    Dia suave.

Cálida e loura, núbil e triste,
Tu, mondadeira dos prados quentes,
Ficas ouvindo, com os teus passos
    Mais arrastados,

A flauta antiga do deus durando
Com o ar que cresce pra vento leve,
E sei que pensas na deusa clara
    Nada dos mares,

E que vão ondas lá muito adentro
Do que o teu seio sente alheado
De quanto a flauta sorrindo chora
    E estás ouvindo.

                                            12-06-1914

IX

Sábio é o que se contenta com o espectáculo do mundo,
    E ao beber nem recorda
    Que já bebeu na vida,
    Para quem tudo é novo
    E imarcescível sempre.

Coroem-no pâmpanos, ou heras, ou rosas volúteis,
    Ele sabe que a vida
    Passa por ele e tanto
    Corta à flor como a ele
    De Átropos a tesoura.

Mas ele sabe fazer que a cor do vinho esconda isto,
    Que o seu sabor orgíaco
    Apague o gosto às horas,
    Como a uma voz chorando
    O passar das bacantes.

E ele espera, contente quasi e bebedor tranquilo,
    E apenas desejando
    Num desejo mal tido
    Que a abominável onda
    O não molhe tão cedo.

                              19-06-1914

X

Os deuses desterrados,
Os irmãos de Saturno,
Às vezes, no crepúsculo
Vêm espreitar a vida.

Vêm[1] então ter connosco
Remorsos e saudades
E sentimentos falsos.
É a presença deles,
Deuses que o destroná-los
Tornou espirituais,
De matéria vencida,
Longínqua e inactiva.

Vêm, inúteis forças,
Solicitar em nós
As dores e os cansaços,
Que nos tiram da mão,
Como a um bêbado mole,
A taça da alegria.

Vêm fazer-nos crer,
Despeitadas ruínas
De primitivas forças,
Que o mundo é mais extenso
Que o que se vê e palpa,
Para que ofendamos
A Júpiter e a Apolo.

---

1   Pessoa escreveu «Vem», por aparente lapso.

Assim até à beira
Terrena do horizonte
Hipérion no crepúsculo
Vem chorar pelo carro
Que Apolo lhe roubou.

E o poente tem cores
Da dor d'um deus longínquo,
E ouve-se soluçar
Para além das esferas...

Assim choram os deuses.[1]

12-06-1914

XI

Coroai-me de rosas,
Coroai-me em verdade
    De rosas –
Rosas que se apagam
Em fronte a apagar-se
    Tão cedo!
Coroai-me de rosas
E de folhas breves.[2]
    E basta.[3]

[*Athena*]

XII

Vem sentar-te comigo, Lídia, à beira do rio.
Sossegadamente fitemos o seu curso e aprendamos
Que a vida passa, e não estamos de mãos enlaçadas.
    (Enlacemos as mãos).

---

1   Ver, na página 70, o manuscrito do poema.
2   Pessoa substituiu, no seu exemplar de *Athena*, o ponto final por vírgula.
3   Esta é a versão publicada na *Athena*, existindo dois outros testemunhos: 51-10r, misto, com poucas variantes pontuais; 51-3r, misto, com variantes para as três últimas estrofes: «Coroai-me de rosas! / Coroai-me em verdade / De rosas! // Quero toda a vida / Feita desta hora / Breve. // Coroai-me de rosas / E de folhas de hera, / E basta!».

Depois pensemos, crianças adultas, que a vida
Passa e não fica, nada deixa e nunca regressa,
Vai para um mar muito longe, para ao pé do Fado,
      Mais longe que os deuses.

Desenlacemos as mãos, porque não vale a pena cansarmo-nos.
Quer gozemos, quer não gozemos, passamos como o rio.
Mais vale saber passar silenciosamente
      E sem desassossegos grandes.

Sem amores, nem ódios, nem paixões que levantam a voz,
Nem invejas que dão movimento de mais aos olhos,
Nem cuidados, porque se os tivesse o rio sempre correria,
      E sempre iria ter ao mar.

Amemo-nos tranquilamente, pensando que podíamos,
Se quiséssemos, trocar beijos e abraços e carícias,
Mas que mais vale estarmos sentados ao pé um do outro
      Ouvindo correr o rio e vendo-o.

Colhamos flores, pega tu nelas e deixa-as
No colo, e que o seu perfume suavize o momento –
Este momento em que sossegadamente não cremos em nada,
      Pagãos inocentes da decadência.

Ao menos, se for sombra antes, lembrar-te-ás de mim depois
 Sem que a minha lembrança te arda ou te fira ou te mova,
Porque nunca enlaçámos[1] as mãos, nem nos beijámos[2]
      Nem fomos mais do que crianças.

E se antes do que eu levares o óbolo ao barqueiro sombrio,
Eu nada terei que sofrer ao lembrar-me de ti.
Ser-me-ás suave à memória lembrando-te assim – à beira-rio,
      Pagã triste e com flores no regaço.

                                                12-06-1914

---

[1] Acento acrescentado, sendo a sua ausência um lapso evidente: o verbo está no passado, como também, no verso seguinte, «fomos». Nem EC nem MPS corrigiram este lapso.
[2] *Idem.*

XIII

Breve o inverno virá com sua branca
      Nudez vestir os campos.
As lareiras serão as nossas pátrias
      E os contos que contarmos
Assentados ao pé do seu calor
      Valerão as canções
Com que outrora entre as verdes ervas rijas
      Dizíamos ao sol
O *ave atque vale* triste e alegre,
      Solenes e carpindo.

Por ora o outono está connosco ainda.
      Se ele nos não agrada
A memória do estio cotejemos
      Com a esp'rança hiemal.
E entre essas dádivas memoradas
      Rio em vales[1] passemos.

17-07-1914

XIV

Aqui, Neera, longe
De homens e de cidades,
Por ninguém nos tolher
O passo, nem vedarem
A nossa vista as casas,
Podemos crer-nos livres.

Bem sei, ó flava, que inda
Nos tolhe a vida o corpo,
E não temos a mão
Onde temos *a alma*;[2]
Bem sei que mesmo aqui
Se nos gasta esta carne
Que os deuses concederam
Ao estado antes de Averno.

---
1   Variante subposta: «Como um rio».
2   Variante, ao lado: «o gosto».

Mas aqui não nos prendem
Mais cousas do que a vida,
Mãos alheias não tomam
Do nosso braço, ou passos
Humanos se atravessam
Pelo nosso caminho.

Não nos sentimos presos
Senão com pensar[1] nisso,[2]
Por isso não pensemos
E deixemo-nos crer
Na inteira liberdade
Que é a ilusão que agora
Nos torna iguais dos deuses.[3]

02-08-1914

XV

A palidez do dia é levemente dourada.
O sol de inverno faz luzir como orvalho as curvas
        Dos troncos de ramos secos.
        O frio leve treme.

Desterrado da pátria antiquíssima da minha
Crença, consolado só por pensar nos deuses
        Aqueço-me trémulo
        A outro sol do que este –

O sol que havia sobre o Parténon e a Acrópole
O que alumiava os passos lentos e graves
        De Aristóteles falando.
        Mas Epicuro melhor

---

1 Variante sobreposta a «com pensar»: «pensarmos»
2 Versos variantes, ao lado, dos dois primeiros versos da estrofe: «Se a nossa vida esquece / Poderemos julgar-nos / Livres inteiramente.».
3 Variante aos dois últimos versos: ao lado do penúltimo, «E essa ilusão de agora»; subposta ao último, «Tornar-nos-há como os deuses.».

Me fala, com a sua cariciosa voz terrestre
Tendo para os deuses uma atitude também de deus,
    Sereno e vendo a vida
    À distância a que está.

19-06-1914

XVI

De[1] anjos ou deuses, sempre nós tivemos,
 A visão *perturbada*[2] de que acima
De nós e compelindo-nos
Agem outras presenças.

Como acima dos gados que há nos campos
O nosso esforço, que eles não compreendem,
Os coage e obriga
E eles não nos percebem,

Nossa vontade e o[3] nosso pensamento
São as mãos pelas quais outros nos guiam
Para onde eles querem
E nós não desejamos.[4]

16-10-1914

XVII

Da nossa semelhança com os deuses
    Por nosso bem tiremos
Julgarmo-nos deidades exiladas
    E possuindo a Vida
Por uma autoridade primitiva
    E coeva de Jove.

---

1   MPS não leu esta preposição, acrescentada à mão no original.
2   Variante sobreposta: «confiada».
3   O artigo é opcional.
4   Variante subposta: «Que nós o desejemos.».

Altivamente donos de nós-mesmos,
      Usemos a existência
Como a vila que os deuses nos concedem
      Para esquecer o estio.
Não de outra forma mais apoquentada
      Nos vale o esforço usarmos
A existência indecisa e afluente
      Fatal do rio escuro.

Como acima dos deuses o Destino
      É calmo e inexorável,
Acima de nós-mesmos construamos
      Um fado voluntário
Que quando nos oprima nós sejamos
      Esse que nos oprime,
E quando entremos pela noite dentro
      Por nosso pé entremos.

                                                30-07-1914

XVIII

Cuidas, ínvio, que cumpres, apertando
Teus infecundos, trabalhosos dias
      Em feixes de hirta lenha,
      Sem ilusão a vida.
A tua lenha é só peso que levas
Para onde não tens fogo que te aqueça,[1]
      Nem sofrem peso aos ombros
      As sombras que seremos.
Para folgar não folgas; e, se legas,
Antes legues o exemplo, que riquezas,
      De como a vida basta
      Curta,[2] nem também dura.
Pouco usamos do pouco que mal temos.
A obra cansa, o ouro não é nosso.
      De nós a mesma fama
      Ri-se, que a não veremos

---

1   Em *Athena*, ponto final, por aparente lapso. EC manteve o ponto.
2   Variante, no exemplar pessoal de *Athena*, «Breve», não registada por EC e MPS.

Quando, acabados pelas parcas, formos,
Vultos solenes, de repente antigos,
    E cada vez mais sombras,
    Ao encontro fatal –
O barco escuro no soturno rio,
E os nove abraços da frieza stígia
    E o regaço insaciável
    Da pátria de Plutão.

                                                  [*Athena*]

XIX

O mar jaz; gemem em segredo os ventos
    Em Eolo cativos;
Só com as pontas do tridente as vastas
    Águas franze Neptuno;
E a praia é alva e cheia de pequenos
    Brilhos sob o sol claro.
Inutilmente parecemos grandes.
    Nada, no alheio mundo,
Nossa vista grandeza reconhece
    Ou com razão nos serve.
Si aqui de um manso mar meu fundo indício
    Três ondas o apagam,
Que me fará o mar que na atra praia
    Ecoa de Saturno?

                                                  [*Athena*]

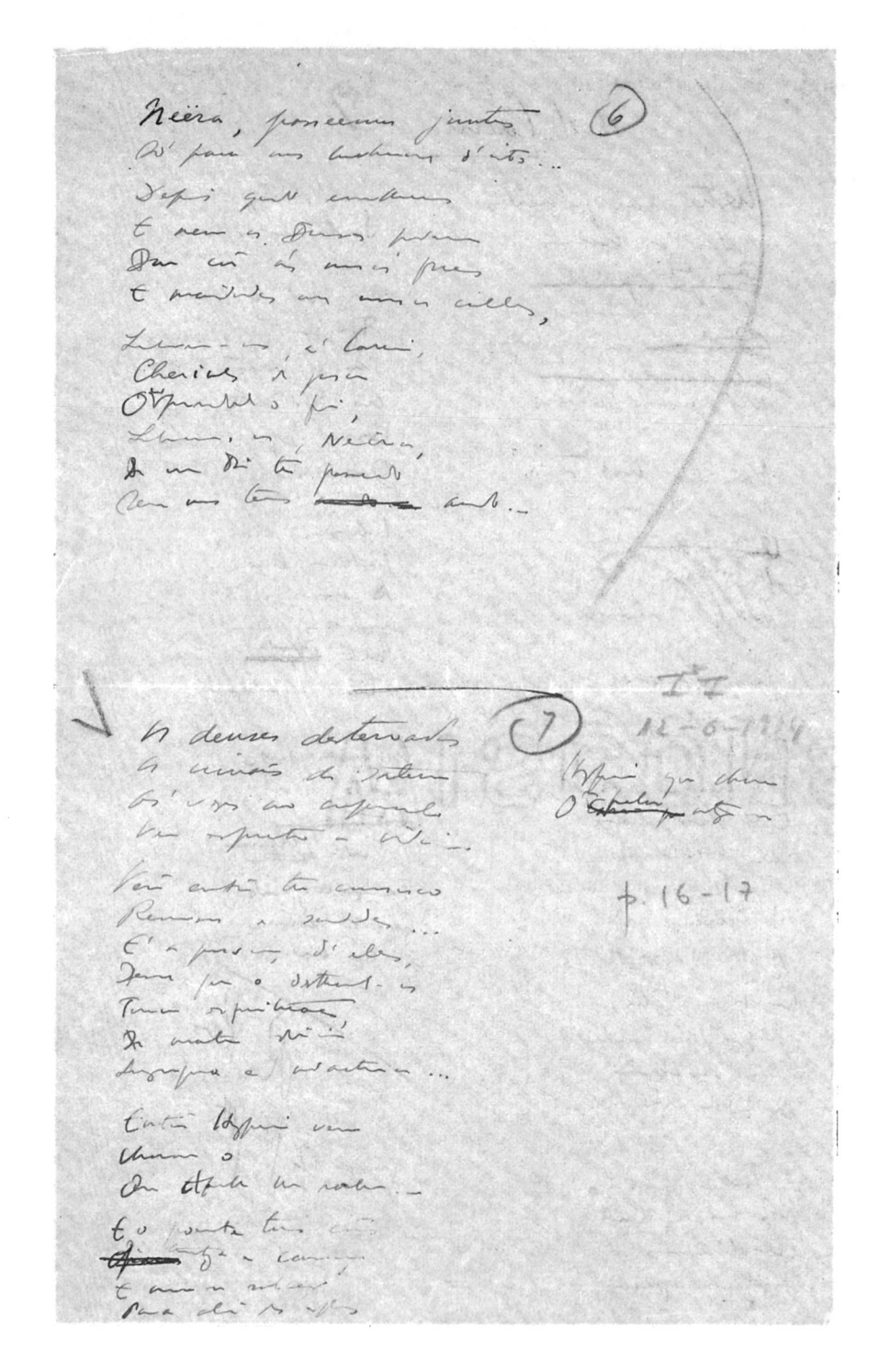

Figura 14. Fac-símile dos poemas XX, «Neera, passeemos juntos» (ver nas notas de rodapé os problemas de leitura levantados) e X, «Os deuses desterrados»

XX

Neera, passeemos juntos
Só para nos lembrarmos disto...
Depois quando envelhecermos
E nem os Deuses puderem
Dar cor às nossas faces
E mocidade aos nossos cabelos,[1]

Lembremo-nos, à lareira,
Cheiinhos de pesar
O ser próximo o fim,
Lembremo-nos, Neera,
De um dia ter passeado[2]
Sem nos termos amado...

12-06-1914

---

1   EC e MPS leram «colos», fisicamente possível. Mas, atendendo a que no verso anterior fala da cor das faces, inclino-me a que neste se refira à dos cabelos, que embranquecem com a idade.
2   EC e MPS leram «passado», fisicamente possível, mas sem correspondência com a situação de passear para que inicialmente o poeta convida a amada.

XXI

Tuas, não minhas, teço estas grinaldas,
Que em minha fronte renovadas ponho.
      Para mim tece as tuas,
      Que as minhas eu não vejo.
Si[1] não pesar na vida melhor gozo
Que o vermo-nos, vejamo-nos, e, vendo,
      Surdos conciliemos
      O insubsistente surdo.
Coroemo-nos pois uns para os outros,
E brindemos uníssonos à sorte
      Que houver, até que chegue
      A hora do barqueiro.

[Athena]

XXII

Vós que, crentes em Cristos e Marias,
Turvais da minha fonte as claras águas
      Só para me *falardes*[2]
      Que há águas *de outra espécie*[3]

Banhando prados com melhores horas, –
Dessas outras regiões pra que falar-me
      Se estas águas e prados
      São de aqui e me *bastam*?[4]

Esta realidade os deuses deram
E para bem real a deram externa.
      Que serão os meus sonhos
      Mais que a obra dos deuses?

---

1   Pessoa corrige, no seu exemplar de *Athena*, «Se» para «Si».
2   Variante, ao lado, entre parênteses: «dizerdes».
3   Variante subposta: "mais alegres".
4   Variante, ao lado, entre parênteses: «agradam».

Deixai-me a Realidade do momento
E os meus deuses tranquilos e imediatos
    Que não moram no Incerto
    Mas nos campos e rios.

Deixai-me a vida ir-se pagãmente
Acompanhada pelas avenas ténues
    Com que os juncos das margens
    Se confessam de Pã.

Vivei nos vossos sonhos e deixai-me
O altar *imortal*[1] onde é meu culto
    E a visível presença
    Dos meus próximos deuses.

Inúteis procos do melhor que a vida,
Deixai a vida aos crentes mais antigos
    Que Cristo e a sua cruz
    E Maria chorando.

Ceres, dona dos campos, me console
E Apolo e Vénus, e Urano antigo
    E os trovões, com o interesse
    De irem da mão de Jove.[2]

09-08-1914

---

1 Variante sobreposta: «natural».
2 Os dois últimos versos estão dubitados.

XXIII

Não como ante donzela ou mulher viva
Com calor na beleza humana delas
    Devemos dar os olhos
    À beleza imortal.

Eternamente longe ela se mostre
E calma e para os calmos adorarem
    Não de outro modo é ela
    Imortal como os deuses.

Que nunca a alegria transitória
Nem a paixão que busca – porque exige
    Devemos olhar de néscios
    Olhos para a beleza.

Como quem vê um Deus e nunca ousa
Amá-lo mais que como a um Deus se ama
    Diante da beleza
    Façamo-nos sóbrios.

Para outra cousa não a dão os deuses
À nossa febre humana e vil da vida,
    Por isso a contemplemos
    Num claro esquecimento.

E de tudo tiremos a beleza
Como a presença altiva e encoberta
    Dos deuses, e o sentido
    Calmo e imortal da vida...[1]

[11-08-1914]

---

[1] Escritos depois de um traço horizontal a toda a largura da folha, existem dois versos – «E o longínquo sorriso / De quem assiste à vida» –, que são erradamente considerados variantes pelas edições Crítica e de MPS. Veja-se o resultado obtido pela EC, que substitui sempre (abusivamente) pela variante o que no original está na linha corrida: no antepenúltimo verso, «a presença altiva e encoberta» requer a expressão seguinte, «Dos deuses», que a determina. Se variante for, apenas o será a: «e o sentido / Calmo e imortal da vida...».

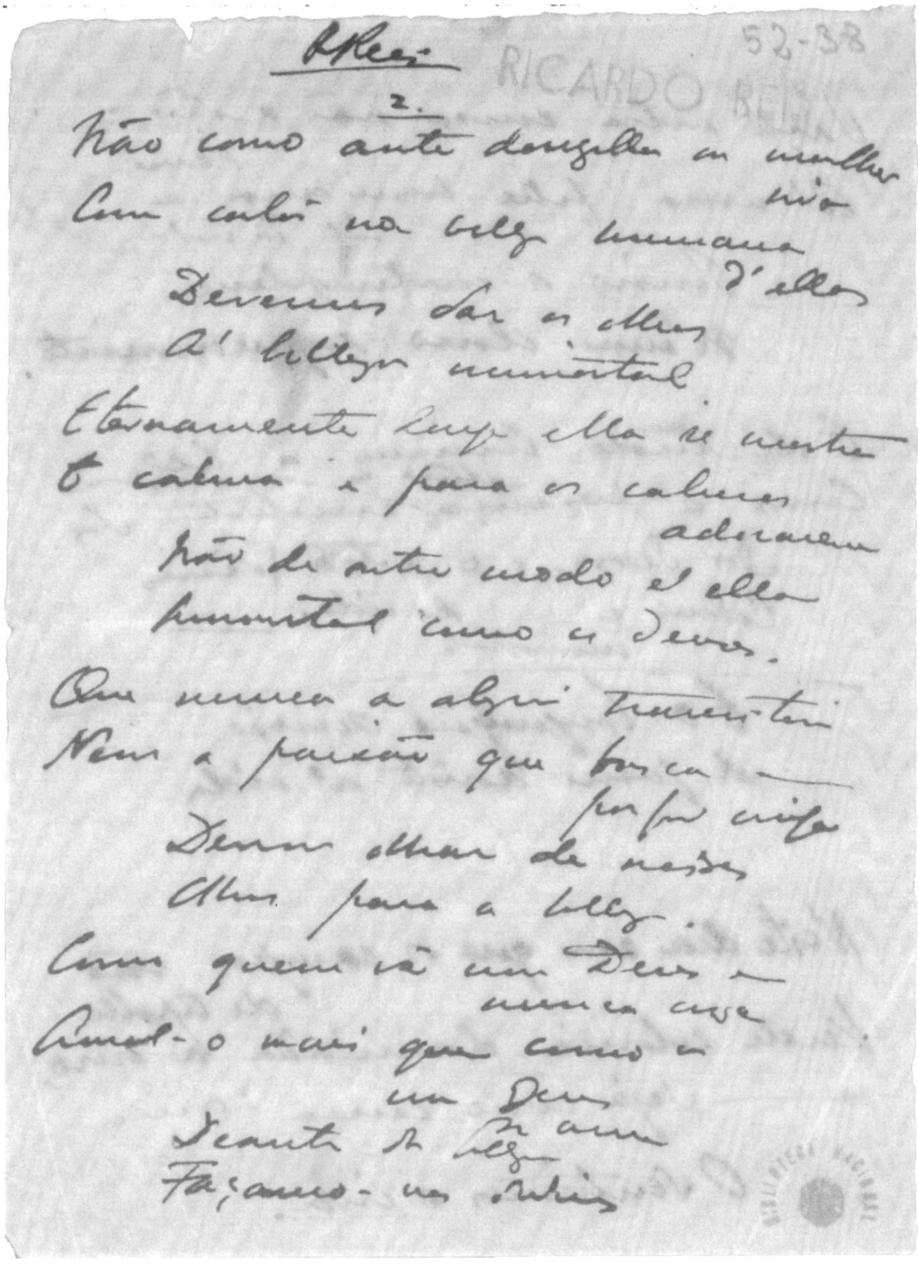

R. Reis
2.
Não como ante donzella ou mulher
Com calor na belleza humana
Devemos dar os olhos
A' belleza immortal
Eternamente longe ella se mostra
O calma é para os calmos
Não de outro modo adoramos ella
Immortal como os Deuses.
Que nunca a alguem [illegible]
Nem a paixão que busca —
Devemos olhar de nossos
Olhos para a belleza.
Como quem vê um Deus —
Amal-o mais que como a um Deus
Deante de belleza
Façamo-nos [illegible]

Figura 15. Fac-símile do poema XXIII, lado recto da folha. Confrontar com leituras de EC e MPS (em nota de rodapé)

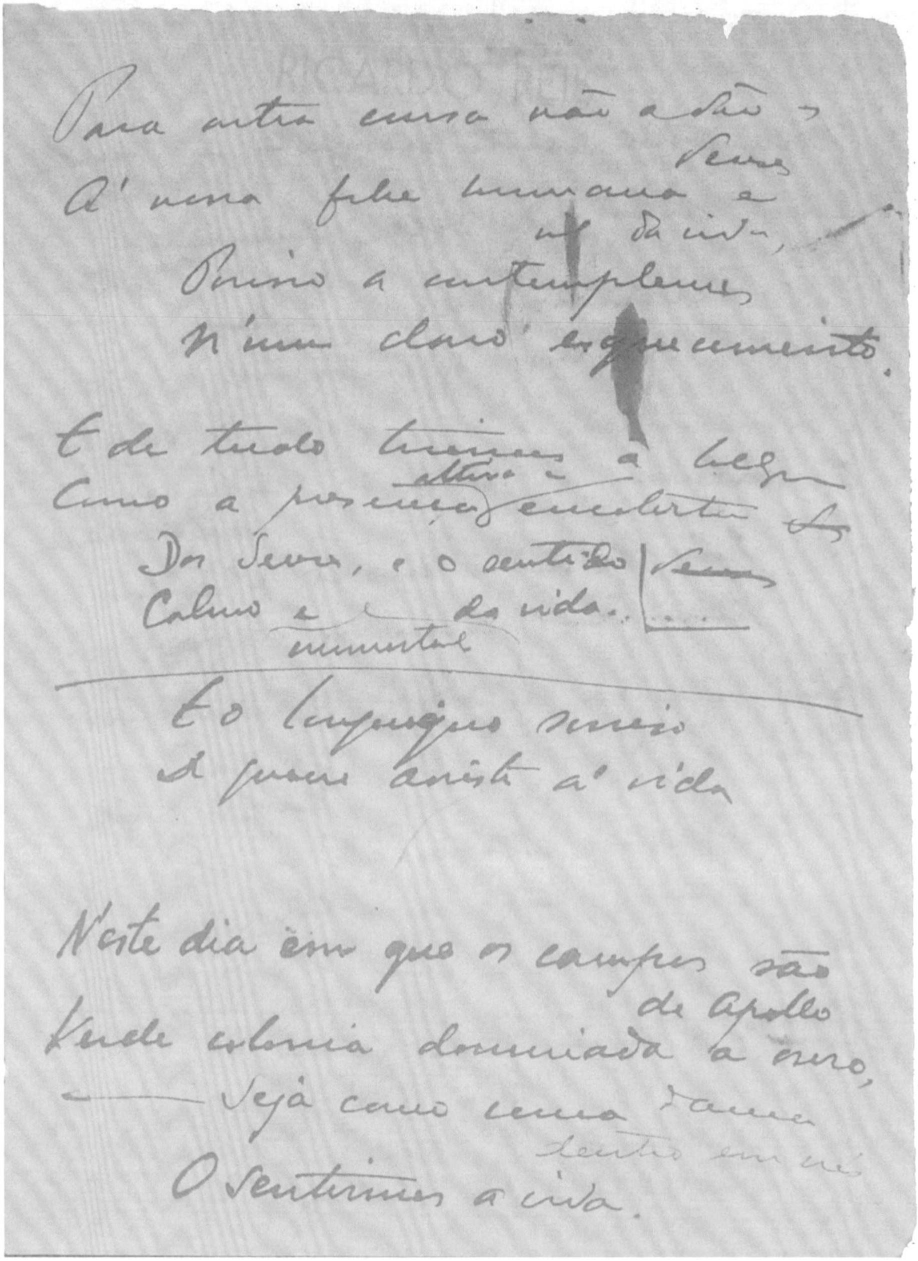
Para outra cousa não a dão os
Deuses
Á nossa febre humana e
Senão a contemplemos
N'um claro esquecimento.

E de tudo tiremos a belleza
Como a presença encoberta
Dos Deuses, e o sentido
Calmo e immortal da vida.

E o longinquo sorriso
A quem assiste á vida

N'este dia em que os campos são
de Apollo
Verde colonia dominada a ouro,
Seja como uma dança
O sentirmos a vida.

Figura 16. Verso da folha que contém o referido problema de leitura

XXIV

Só esta liberdade nos concedem
      Os deuses: submetermo-nos
Ao seu domínio por vontade nossa.
      Mais vale assim fazermos
Porque só na ilusão da liberdade
      A liberdade existe.

Nem outro jeito os deuses, sobre quem
      O eterno fado pesa,
Usam para seu calmo e possuído
      Convencimento antigo
De que é divina e livre a sua vida.
      Nós, imitando os deuses,
Tão pouco livres como eles no Olimpo,
      Como quem pela areia
Ergue castelos para *encher*[1] os olhos,
      Ergamos nossa vida
E os deuses saberão agradecer-nos
      O sermos tão como eles.

                                                         30-07-1914

XXV

O ritmo antigo que há em pés descalços,
Esse ritmo das ninfas repetido,
      Quando sob o arvoredo
      Batem o som da dança,
Vós na alva praia relembrai, fazendo,
Que escura a espuma deixa; vós, infantes,
      Que inda não tendes cura
      De ter cura, reponde
Ruidosa a roda, enquanto arqueia Apolo,
Como um ramo alto, a curva azul que doura,
      E a perene maré
      Flui, enchente ou vazante.

                                                         [*Athena*]

---

[1] Variante, a seguir, entre parênteses: «usar».

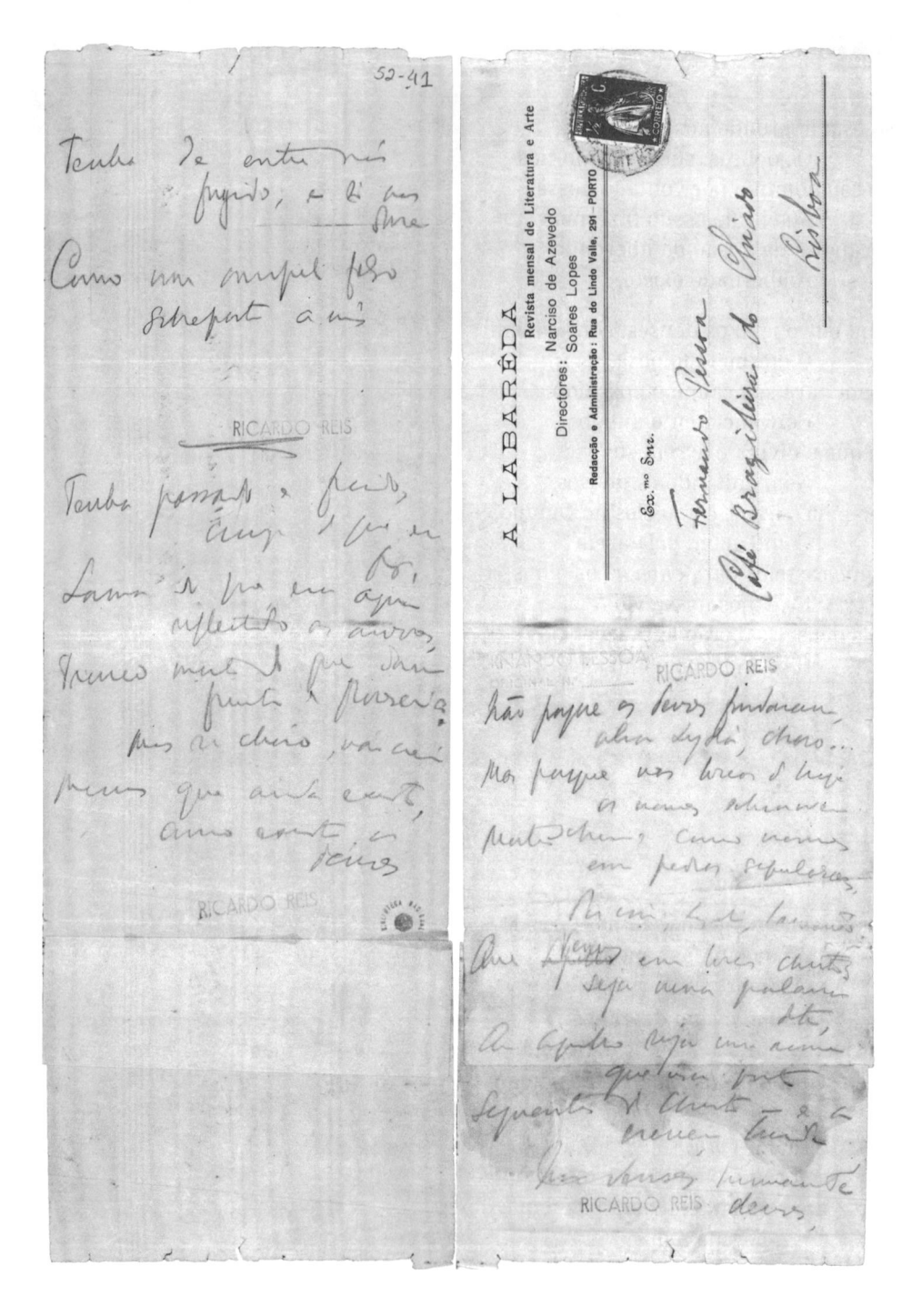

Figura 17. Fac-símile de um poema escrito numa cinta da revista «Labareda» (1914), com o carimbo de Ricardo Reis

XXVI

Não porque os deuses findaram, alva Lídia, choro...
Mas porque nas bocas de hoje os nomes sobrevivem
Mortos apenas, como nomes em pedras sepulcrais.
      Por isso, Lídia, lamento
Que Vénus em bocas cristãs seja uma palavra dita,
Que Apolo seja um nome que usam quantos
Sequentes de Cristo – e a crença lúcida
      Nos deuses puramente deuses,
Tenha passado e feito, cinza do que era fogo,
Lama do que era água reflectindo as árvores,
Tronco morto do que dava fruto e florescia.
      Mas se choro, não creio
Menos que ainda existo, como existem os deuses.[1]

                                                              [1914]

XXVII

Passando a vida em ver passar a de outros,
Botões de flor de um esforço nunca aberto
Na antiga semelhança com os deuses
      Que andam nos campos
A ensinar aos que as Parcas não ignoram
Como a vida se deve usar, e como
Há outro uso que agrícola dos campos
      E outro das fontes
Que beber delas na hora da sede.
Passando assim a vida, destruindo
O que fiámos ontem
      Penélopes tristes.[2]

                                                          11-08-1914

---

[1] O poeta escreveu no início da folha [52-41] dois versos – «Tenha de entre nós fugido, e só nos dure / Como um ouropel falso sobreposto a nós» – que abandonou, dando-lhes uma nova forma. Depois de um traço horizontal, retomou o poema a partir de «Tenha passado e feito...».

[2] Os três últimos versos têm sinal de redacção provisória. A sílaba inicial do último verso, «Pe-» (de Penélope), aparece, estranhamente, na linha anterior.
No final do poema, uma interrogação entre parênteses traduz, aparentemente, a hipótese de o continuar.

XXVIII

Deixemos, Lídia, a ciência que não põe
Mais flores do que Flora pelos campos,
      Nem dá de Apolo ao carro
      Outro curso que Apolo.

Contemplação estéril e longínqua
Das cousas próximas, deixemos que ela
      Olhe até não ver nada
      Com seus cansados olhos.

Vê como Ceres é a mesma sempre
E como os louros campos entumesce
      E os cala prás avenas
      Dos agrados de Pã.

Vê como com seu jeito sempre antigo
Aprendido no orige azul dos deuses,
      As ninfas não sossegam
      Na sua dança eterna.

E como as hemadríades constantes
Murmuram pelos rumos das florestas
      E atrasam o deus Pã
      Na atenção à sua flauta.

Não de outro modo mais divino ou menos
Deve aprazer-nos conduzir a vida,
      Quer sob o ouro de Apolo
      Ou a prata de Diana.

Quer troe Júpiter nos céus toldados,
Quer apedreje com as suas ondas
      Neptuno as planas praias
      E os erguidos rochedos.

Do mesmo modo a vida é sempre a mesma.
Nós não vemos as Parcas acabarem-nos.
      Por isso as esqueçamos
      Como se não houvessem.

Colhendo flores ou ouvindo as fontes
A vida passa como se temêssemos.
      Não nos vale pensarmos
      No futuro sabido

Que aos nossos olhos tirará Apolo
E nos porá longe de Ceres e onde
      Nenhum Pã cace à flauta
      Nenhuma branca ninfa.

Só as horas serenas reservando
Por nossas, companheiros na malícia
      De ir imitando os deuses
      Até *sentir-lhe*[s][1] a calma.

Venha depois com suas cãs caídas
A velhice, que os deuses concederam
      Que esta hora por ser sua
      Não sofra de Saturno

Mas seja o templo onde sejamos deuses
Inda que apenas, Lídia, pra nós próprios,
      Nem precisam de crentes
      Os que de si o foram.

XXIX

Neste dia em que os campos são de Apolo
Verde colónia dominada a ouro,
Seja como uma chama dentro em nós
      O sentirmos a vida.

Não turbulenta, mas com os seus ritmos
Que a nossa sensação como uma ninfa
Acompanhe em cadências suas a
      Disciplina da dança...

Ao fim do dia quando os campos forem
Império conquistado pelas sombras
Como uma legião que segue marcha
      Abdiquemos do dia,

---

[1] Variante subposta: «saber-lhe». Pessoa assim escreveu, «-lhe», por lapso, porque o pronome devia estar no plural, a menos que concorde com «malícia».

E na nossa memória coloquemos,
Com um deus novo duma nova terra
Trazido, o que ficou em nós da calma
    Do dia passageiro.

                                                          11-08-1914

XXX

É tão suave a fuga deste dia,
Lídia, que não parece que vivemos.
    Sem dúvida que os deuses
    Nos são gratos esta hora,

Em paga nobre desta fé que *temos*[1]
Na exilada verdade dos seus corpos
    Nos dão o alto prémio
    De nos deixarem ser

Convivas lúcidos da sua calma,
Herdeiros um momento do seu jeito
    De viver toda a vida
    Dentro d'um só momento

D'um só momento, Lídia, em que afastados
Das terrenas angústias recebemos
    Olímpicas delícias
    Dentro das nossas almas.

E um só momento nos sentimos deuses
Imortais pela calma que vestimos
    E a altiva indiferença
    Às cousas *passageiras*.[2]

Como quem guarda a c'roa da vitória
Estes fanados louros de um só dia
    Guardemos para termos,
    No futuro enrugado,

---

1   Variante, a seguir, entre parênteses: «usamos».
2   Variante, a seguir, entre parênteses: «transitórias».

Perene à nossa vista a certa prova
De que um momento os deuses nos amaram
      E nos deram uma hora
      Não nossa, mas do Olimpo.

XXXI

Acima da verdade estão os deuses.
A nossa ciência é uma falhada cópia
      Da certeza com que eles
      Sabem que há o Universo.

Tudo é tudo, e mais alto estão os deuses[.]
Não pertence à ciência conhecê-los,
      Mas adorar devemos
      Seus vultos como às flores,

Porque visíveis à nossa alta vista,
São tão reais como reais as flores
      E no seu calmo Olimpo
      São outra *Natureza*.[1]

                                            16-10-1914

XXXII

Não consentem os deuses mais que a vida.
Tudo pois refusemos, que nos alce
      A irrespiráveis píncaros,
      Perenes sem ter flores.
Só de aceitar tenhamos a ciência,
E, enquanto bate o sangue em nossas fontes,
      Nem se engelha connosco
      O mesmo amor, duremos,

---

1   Variante subposta: «Humanidade».

Como vidros, às luzes transparentes, [1]
E deixando escorrer a chuva triste,
    Só mornos ao sol quente,
    E reflectindo um pouco.

[Athena]

XXXIII

As rosas amo dos jardins de Adónis,
Essas volucres amo, Lídia, rosas,
    Que em o dia em que nascem,
    Em esse dia morrem.
A luz para elas é eterna, porque
Nascem nascido já o sol, e acabam
    Antes que Apolo deixe
    O seu curso visível.
Assim façamos nossa vida *um dia*,
Inscientes, Lídia, voluntariamente
    Que há noite antes e após
    O pouco que duramos.

[Athena]

XXXIV

Antes de nós nos mesmos arvoredos
Passou[2] o vento, quando havia vento,
    E as folhas não *falavam*[3]
    De outro modo do que hoje.

Passamos e agitamo-nos debalde.
Não fazemos mais ruído no que existe
    Do que as folhas das árvores
    Ou os passos do vento.

---

1   Vírgula acrescentada no exemplar pessoal de *Athena*.
2   Variante, a seguir, entre parênteses: «passava».
3   Variante, a seguir, entre parênteses: «mexiam».

Tentemos pois com abandono assíduo
Entregar nosso esforço à Natureza
    E não querer mais vida
    Que a das árvores verdes.

Inutilmente parecemos grandes.
Salvo nós nada pelo mundo fora
    Nos saúda a grandeza
    Nem sem querer nos serve.

Se aqui, à beira-mar, o meu indício
Na areia o mar com ondas três o apaga,
    Que fará na *alta*[1] praia
    Em que o mar é *o Tempo*?[2]

08-10-1914

XXXV

Cada cousa a seu tempo tem seu tempo.
Não florescem no inverno os arvoredos,
    Nem pela primavera
    Têm branco frio os campos.

À noite, que entra, não pertence, Lídia,
O mesmo ardor que o dia nos pedia.
    Com mais sossego amemos
    A nossa incerta vida.

À lareira, cansados não da obra
Mas porque a hora é a hora dos cansaços,
    Não *puxemos*[3] a voz
    Acima de um[4] segredo,

E casuais, interrompidas sejam
Nossas palavras de reminiscência
    (Não para mais nos serve
    A negra ida do sol).

---

1   Variantes, a seguir, entre parênteses: «atra» e «outra».
2   Variante, a seguir, entre parênteses: «Saturno».
3   Variante sobreposta: «forcemos».
4   Variante sobreposta: «A estar mais que em».

Pouco a pouco o passado recordemos
E as histórias contadas no passado
     Agora duas vezes
     Histórias, que nos falem

Das flores que na nossa infância ida
Com *outra consciência*[1] nós colhíamos
     E *sob*[2] uma outra *espécie*[3]
     De[4] olhar lançado ao mundo.

E assim, Lídia, à lareira, como estando,
Deuses lares, ali na eternidade,
     Como quem compõe roupas
     O outrora componhamos

Nesse desassossego que o descanso
Nos traz às vidas quando só pensamos
     Naquilo que já fomos,
     E *há só noite lá fora*.[5]

                                    30-07-1914

XXXVI

Bocas roxas de vinho,
Testas brancas sob rosas,
Nus, brancos antebraços
Deixados sobre a mesa:

Tal seja, Lídia, o quadro
Em que fiquemos, mudos,
Eternamente inscritos
Na consciência dos deuses.

Antes isto que a vida
Como os homens a vivem,
Cheia da negra poeira
Que erguem das estradas.

---

1   Variante sobreposta: «outro fim *do* gozo»; variante sobreposta da variante «do»: «no».
2   Variante sobreposta: «com».
3   Variantes: sobreposta, «*consciência*»; subposta, «ciência».
4   Variante sobreposta: «No».
5   Variante subposta: «é noite sobre Ceres».

Só os deuses socorrem
Com seu exemplo aqueles
Que nada mais pretendem
Que ir no rio das cousas.

29-08-1915

XXXVII

    Tirem-me os deuses
    Em seu arbítrio
Superior e urdido às escondidas
    Amor, glória e riqueza.

    Tirem, mas deixem-me
    Deixem-me apenas
A consciência lúcida e solene
    Das cousas e dos seres.

    Pouco me importa
    Amor ou glória.
A riqueza é um metal, a glória é um eco
    E o amor uma sombra.

    Mas a concisa
    Atenção dada
Às formas e às maneiras dos objectos
    Tem abrigo seguro.

    Seus fundamentos
    São todo o mundo,
Seu amor é o plácido universo,
    Sua riqueza a vida.

    A sua glória
    É a suprema
Certeza da solene e clara posse
    Das formas dos objectos.

    O resto passa,
    E teme a morte.
Só nada teme ou sofre a visão clara
    E inútil do Universo.

Essa a si basta,
Nada deseja
Salvo o orgulho de ver sempre claro
Até deixar de ver.

06-06-1915

XXXVIII

Feliz aquele a quem a vida grata
Concedeu que dos deuses se lembrasse
E visse como eles
Estas terrenas cousas onde mora
Um reflexo mortal da imortal vida.
Feliz, que quando a hora tributária
Transpor[1] seu átrio porque a Parca corte
O fio fiado até ao fim,
Gozar poderá o alto prémio
De errar no Averno grato abrigo
Da convivência[.][2]

Mas aquele que quer *Cristo*[3] antepor
Aos mais antigos Deuses que no Olimpo
Seguiram a Saturno –
O seu blasfemo ser abandonado
Na fria expiação – até que os Deuses
De quem se esqueceu deles se recordem –
Erra, sombra inquieta, *eternamente*,[4]
Nem *a viúva*[5] lhe põe na boca
O óbolo a Caronte grato,[6]
E sobre o[7] seu corpo insepulto
Não deita terra o viandante.

11/12-09-1916

---

1 Não ousei corrigir para «Transpuser», como MPS, por se tratar de uma escolha consciente de Pessoa, não esquecendo que o verso ficaria assim com mais uma sílaba.
2 O autor não pontuou o final do verso, o que por vezes acontece. A EC considera-o incompleto, o que pode não ser certo porque os outros quatro versos finais da estrofe, mais curtos, nem sempre têm todos o mesmo número de sílabas nem a mesma extensão.
3 Variante sobreposta: «outro».
4 Variante sobreposta: «incertamente,».
5 Variante sobreposta: «o filho pio». Tanto a EC como a de MPS ignoram a palavra «pio».
6 Variante manuscrita ao lado: «O estígio óbulo devido.».
7 Artigo entre parênteses, isto é, opcional.

XXXIX

Olho os campos, Neera,
Grandes[1] campos, e sofro
Já o frio da sombra
Em que não terei olhos.
A caveira antessinto
Que serei não sentindo,
Ou só quanto o que ignoro
Me incógnito ministre.
E menos ao instante
Choro, que a mim futuro.
Súbdito ausente e nulo
Do universal destino.

[Athena]

XL

Deixa passar o vento
Sem lhe perguntar nada.
Seu sentido é apenas
Ser o vento que passa.

Consegui que esta hora
Sacrificasse ao Olimpo.[2]
E escrevi estes versos
Pra que os deuses voltassem.

12-09-1916

---

1   Correcção pela mão de Pessoa no seu exemplar de *Athena* (ausente nas anteriores edições, nomeadamente EC e MPS), substituindo a palavra «Campos,» por «Grandes,». A esta emenda acrescentou ainda uma variante, de leitura incompreensível.
2   No fim da folha, há três versos variantes dos dois primeiros versos da estrofe: «Consegui que desta hora / O sacrificial fumo / Subisse até ao Olimpo.».

[XLI]

Só o ter flores pela vista fora
Nas áleas largas dos jardins exactos
    Basta para podermos
    Achar a vida leve.

De todo o esforço seguremos quedas
As mãos, brincando, pra que nos não tome
    Do pulso, e nos arraste.
    E vivamos assim,

Buscando o mínimo de dor ou gozo,
Bebendo a goles os instantes frescos,
    Translúcidos como água
    Em taças detalhadas,

Da vida pálida levando apenas
As rosas breves, os sorrisos vagos,
    E as rápidas carícias
    Dos instantes volúveis.

Pouco tão pouco pesará nos braços
Com que, exilados das supernas luzes,
    Escolhermos do que fomos
    O melhor pra lembrar

Quando, acabados pelas Parcas, formos,
Vultos solenes de repente antigos,
    E cada vez mais sombras,
    Ao encontro fatal

Do barco escuro no soturno rio,
E os nove abraços do horror estígio,
    E o regaço insaciável
    Da pátria de Plutão.[1]

16-06-1914

---

[1] As duas últimas estrofes coincidem, com três pequenas alterações, com os últimos versos do poema n.º XVIII, nesta parte 1 do Livro Primeiro, reaparecendo na parte 2, com o n.º XX.

Figura 18. Capa do primeiro número da revista *Athena*

PARTE 2
POEMAS PUBLICADOS POR PESSOA NA REVISTA *ATHENA*, N.º1, OUTUBRO, DE 1924

I

Seguro assento na coluna firme
      Dos versos em que fico,
Nem temo o influxo inúmero futuro
      Dos tempos e do olvido;
Que a mente, quando, fixa, em si contempla
      Os reflexos do mundo,
Deles se plasma torna, e à arte o mundo
      Cria, que não a mente.
Assim na placa o externo instante grava
      Seu ser, durando nela.

II

As rosas amo dos jardins de Adónis,
Essas volucres amo, Lídia, rosas,
      Que em o dia em que nascem,
      Em esse dia morrem.
A luz para elas é eterna, porque
Nascem nascido já o sol, e acabam
      Antes que Apolo deixe
      O seu curso visível.
Assim façamos nossa vida *um dia*,
Inscientes, Lídia, voluntariamente
      Que há noite antes e após
      O pouco que duramos.

III

O mar jaz; gemem em segredo os ventos
      Em Eolo cativos;
Só com as pontas do tridente as vastas
      Águas franze Neptuno;
E a praia é alva e cheia de pequenos

Brilhos sob o sol claro.
Inutilmente parecemos grandes.
             Nada, no alheio mundo,
Nossa vista grandeza reconhece
             Ou com razão nos serve.
Si aqui de um manso mar meu fundo indício
             Três ondas o apagam,
Que me fará o mar que na atra praia
             Ecoa de Saturno?

IV

Não consentem os deuses mais que a vida.
Tudo pois refusemos, que nos alce
             A irrespiráveis pincaros,
             Perenes sem ter flores.
Só de aceitar tenhamos a ciência,
E, enquanto bate o sangue em nossas fontes,
             Nem se engelha connosco
             O mesmo amor, duremos,
Como vidros, às luzes transparentes,[1]
E deixando escorrer a chuva triste,
             Só mornos ao sol quente,
             E reflectindo um pouco.

V

             Como si cada beijo
             Fora de despedida
Minha Cloe, beijemo-nos, amando.
             Talvez que já nos toque
             No ombro a mão, que chama
À barca que não vem senão vazia;
             E que no mesmo feixe
Ata o que mútuos fomos
             E a alheia soma universal da vida.

---
1   Vírgula acrescentada no exemplar pessoal de *Athena*.

VI

O ritmo antigo que há em pés descalços,
Esse ritmo das ninfas repetido,
    Quando sob o arvoredo
    Batem o som da dança,
Vós na alva praia relembrai, fazendo,
Que scura a spuma deixa; vós, infantes,
    Que inda não tendes cura
    De ter cura, reponde
Ruidosa a roda, enquanto arqueia Apolo,
Como um ramo alto, a curva azul que doura,
    E a perene maré
    Flui, enchente ou vazante.

VII

Ponho na activa[1] mente o fixo esforço
    Da altura, e à sorte deixo,
    E a suas leis, o verso;
Que, quando é alto e régio o pensamento,
    Súbdita a frase o busca
    E o scravo ritmo o serve.

VIII

Quão breve tempo é a mais longa vida
E a juventude nela! Ah Cloe, Cloe,
    Si não amo, nem bebo,
    Nem sem querer não penso,
Pesa-me a lei inimplorável, dói-me
A hora invita, o tempo que não cessa,

---

[1] No seu exemplar de *Athena*, Pessoa corrigiu «altiva», gralha perpetuada até à presente edição, nomeadamente por EC e MPS.

E aos ouvidos me sobe
Dos juncos o ruído
Na oculta margem onde os lírios frios
Da ínfera leiva crescem, e a corrente
Não sabe onde é o dia,
Sussurro gemebundo.

IX

Coroai-me de rosas.
Coroai-me em verdade
De rosas –
Rosas que se apagam
Em fronte a apagar-se
Tão cedo!
Coroai-me de rosas
E de folhas breves.[1]
E basta.[2]

X

Melhor destino que o de conhecer-se
Não frui quem mente frui. Antes, sabendo,
Ser nada, que ignorando:
Nada dentro de nada.
Si não houver em mim poder que vença
As parcas três e as moles do futuro,
Já me dêem os deuses
O poder de sabê-lo;
E a beleza, incriável por meu sestro,
Eu goze externa e dada, repetida
Em meus passivos olhos,
Lagos que a morte seca.

---

[1] No seu exemplar de *Athena*, Pessoa corrigiu o ponto final para vírgula.
[2] Desta versão, publicada na *Athena*, existem dois outros testemunhos: 51-10ʳ, misto, com poucas variantes pontuais; 51-3ʳ, misto, com variantes para as três últimas estrofes: «Coroai-me de rosas! / Coroai-me em verdade / De rosas! // Quero toda a vida / Feita desta hora / Breve. // Coroai-me de rosas / E de folhas de hera. / E basta!».

XI

Temo, Lídia, o destino. Nada é certo.
Em qualquer hora pode suceder-nos
      O que nos tudo mude.
Fora do conhecido é estranho o passo
Que próprio damos. Graves numes guardam
      As lindas[1] do que é uso.
Não somos deuses: cegos, receemos,
E a parca dada vida anteponhamos
      À novidade, abismo.

XII

A flor que és, não a que dás, eu quero.
Porque me negas o que te não peço?[2]
      Tempo há para negares
      Depois de teres dado.
Flor, sê-me flor! Si[3] te colher avaro
A mão da infausta esfinge, tu perene
      Sombra errarás absurda,
      Buscando o que não deste.

XIII

Olho os campos, Neera,
Grandes[4] campos, e sofro
Já o frio da sombra
Em que não terei olhos.
A caveira antessinto
Que serei não sentindo,

---

1   «lindas» não tem qualquer sentido, aparentemente. Será gralha, não detectada por Pessoa – em vez de «linhas»?
2   Interrogação introduzida por Pessoa no seu exemplar de *Athena*.
3   Pessoa corrigiu «Se» para «Si» no exemplar pessoal de *Athena*.
4   Correcção pela mão de Pessoa no seu exemplar de *Athena*, (ausente nas anteriores edições, nomeadamente EC e MPS), substituindo a palavra «Campos,» por «Grandes». Acrescentou ainda a esta emenda uma variante, de leitura incompreensível.

Ou só quanto o que ignoro
Me incógnito ministre.
E menos ao instante
Choro, que a mim futuro.
Súbdito ausente e nulo
Do universal destino.

XIV

De novo traz as aparentes novas
Flores o verão novo, e novamente
    Verdesce a cor antiga
    Nas[1] folhas redivivas.
Não mais, não mais dele o infecundo abismo,
Que mudo sorve o que mal somos, torna
    À clara luz superna
    A presença vivida.
Não mais; e a prole a que, pensando, dera
A vida da razão, em vão o chama,
    Que as nove chaves fecham
    Da Stige irreversível.
O que foi como um deus entre os que cantam,
O que do Olimpo as vozes, que chamavam,
    Scutando ouviu, e, ouvindo,
    Entendeu, hoje é nada.
Tecei embora as, que teceis, grinaldas.
Quem coroais, não coroando a ele?
    Votivas as deponde,
    Fúnebres sem ter culto.
Fique, porém, livre da leiva e do Orco,
A fama; e tu, que Ulisses erigira,
    Tu, em teus sete montes,
    Orgulha-te materna,
Igual, desde ele, às sete que contendem
Cidades por Homero, ou alcaica Lesbos,
    Ou heptápila Tebas,
    Ogígia mãe de Píndaro.

---

1 Pessoa corrigiu «Das» para «Nas» no seu exemplar de *Athena*, embora ao lado acrescente um ponto de interrogação.

XV

Este, seu scasso campo ora lavrando,
Ora, solene, olhando-o com a vista
De quem a um filho olha, goza incerto
    A não-pensada vida.
Das fingidas fronteiras a mudança
O arado lhe não tolhe, nem o empece
Per que consílios se o destino rege
    Dos povos pacientes.
Pouco mais no presente do futuro
Que as ervas que arrancou, seguro vive
A antiga vida que não torna, e fica,[1]
    Filhos, diversa e sua.

XVI

Tuas, não minhas, teço estas grinaldas,
Que em minha fronte renovadas ponho.
    Para mim tece as tuas,
    Que as minhas eu não vejo.
Si[2] não pesar na vida melhor gozo
Que o vermo-nos, vejamo-nos, e, vendo,
    Surdos conciliemos
    O insubsistente surdo.
Coroemo-nos pois uns para os outros,
E brindemos uníssonos à sorte
    Que houver, até que chegue
    A hora do barqueiro.

---

1   Vírgula introduzida por Pessoa no seu exemplar de *Athena*.
2   Pessoa corrige, no seu exemplar de *Athena*, «Se» para «Si».

XVII

Não queiras, Lídia, edificar no spaço
Que figuras futuro,¹ ou prometer-te
Amanhã. Cumpre-te hoje, não sperando.
      Tu mesma és tua vida.
Não te destines, que não és futura.
Quem sabe si,² entre a taça que esvazias,
E ela de novo enchida, não te a sorte
      Interpõe o abismo?

XVIII

Saudoso já deste verão que vejo,
Lágrimas para as flores dele emprego
      Na lembrança invertida
      De quando hei-de perdê-las.
Transpostos os portais irreparáveis
De cada ano, me antecipo a sombra
      Em que hei-de errar,³ sem flores,
      No abismo rumoroso.
E colho a rosa porque a sorte manda.
Marcenda, guardo-a; murche-se comigo
      Antes que com a curva
      Diurna da ampla terra.

XIX

      Prazer, mas devagar,
Lídia, que a sorte àqueles não é grata
      Que lhe das mãos arrancam.
Furtivos retiremos do horto mundo

---

1 No exemplar pessoal de *Athena*, propõe (sem riscar) a variante «vindouro», mas com ponto de interrogação.
2 «si», corrigindo «se», no exemplar pessoal de *Athena*.
3 No seu exemplar de *Athena*, variante a «hei-de errar», «errarei», embora interrogada.

Os depredandos pomos.
 Não despertemos, onde dorme, a erínis
Que cada gozo trava.
 Como um regato, mudos passageiros,
Gozemos escondidos.
 A sorte inveja, Lídia. Emudeçamos.

XX

Cuidas, ínvio, que cumpres, apertando
Teus infecundos, trabalhosos dias
 Em feixes de hirta lenha,
 Sem ilusão a vida.
A tua lenha é só peso que levas
Para onde não tens fogo que te aqueça,[1]
 Nem sofrem peso aos ombros
 As sombras que seremos.
Para folgar não folgas; e, se legas,
Antes legues o exemplo, que riquezas,
 De como a vida basta
 Curta,[2] nem também dura.
Pouco usamos do pouco que mal temos.
A obra cansa, o ouro não é nosso.
 De nós a mesma fama
 Ri-se, que a não veremos
Quando, acabados pelas parcas, formos,
Vultos solenes, de repente antigos,
 E cada vez mais sombras,
 Ao encontro fatal –
O barco escuro no soturno rio,
E os nove abraços da frieza stígia
 E o regaço insaciável
 Da pátria de Plutão.

---

1 Em *Athena*, ponto final, por aparente lapso. EC manteve o ponto.
2 Variante, no exemplar pessoal de *Athena*, «Breve», não registada por EC e MPS.

Figura 19. Capa da revista *presença*, n.º 20 de 1928, onde foram publicadas duas odes, aqui com os números [IV] e [V]

PARTE 3
POEMAS PUBLICADOS POR PESSOA NA REVISTA *PRESENÇA*

[1]

Não só vinho, mas nele o olvido, deito
Na taça: serei ledo, porque a dita
      É ignara. Quem, lembrando
      Ou prevendo, sorrira?
Dos brutos, não a vida, senão a alma,
Consigamos, pensando; recolhidos
      No impalpável destino
      Que não spera nem lembra.
Com mão mortal elevo à mortal boca
Em frágil taça o passageiro vinho,
      Baços os olhos feitos
      Para deixar de ver.

[2]

Quanta tristeza e amargura afoga
Em confusão a streita vida! Quanto
      Infortúnio mesquinho
      Nos oprime supremo!
Feliz ou o bruto que nos verdes campos
Pasce, para si mesmo anónimo, e entra
      Na morte como em casa;
      Ou o sábio que, perdido
Na ciência, a fútil vida austera eleva
Além da nossa, como o fumo que ergue
      Braços que se desfazem
      A um céu inexistente.

[3]

A nada imploram tuas mãos já cousas,
Nem convencem teus lábios já parados,
      No abafo subterrâneo
      Da húmida imposta terra.

Só talvez o sorriso com que amavas
Te embalsama remota, e nas memórias
      Te ergue qual eras, hoje
      Cortiço apodrecido.
E o nome inútil que teu corpo morto
Usou, vivo, na terra, como uma alma,
      Não lembra. A ode grava,
      Anónimo, um sorriso.

[4]

O rastro breve que das ervas moles
Ergue o pé findo, o eco que oco coa,
      A sombra que se adumbra,
      O branco que a nau larga –
Nem maior nem melhor deixa a alma às almas,
O ido aos indos. A lembrança esquece.
      Mortos, inda morremos.
      Lídia, somos só nossos.

[5]

Já sobre a fronte vã se me acinzenta
O cabelo do jovem que perdi.
      Meus olhos brilham menos.
Já não tem jus a beijos minha boca.
Se me ainda amas, por amor não ames:
      Traíras-me comigo.

[6]

Quando, Lídia, vier o nosso outono
Com o inverno que há nele, reservemos
Um pensamento, não para a futura
      Primavera, que é de outrem,
Nem para o estio, de quem somos mortos,
Senão para o que fica do que passa –
O amarelo actual que as folhas vivem
      E as torna diferentes.

[7]

Ténue, como se de Eolo a esquecessem,
A brisa da manhã titila o campo,
      E há começo do sol.
Não desejemos, Lídia, nesta hora
Mais sol do que ela, nem mais alta brisa
      Que a que é pequena e existe.

[8]

Para ser grande, sê inteiro: nada
      Teu exagera ou exclui.
Sê todo em cada coisa. Põe quanto és
      No mínimo que fazes.
Assim em cada lago a lua toda
      Brilha porque alta vive.

LIVRO SEGUNDO

POEMAS DATADOS, DATÁVEIS E SEM DATA

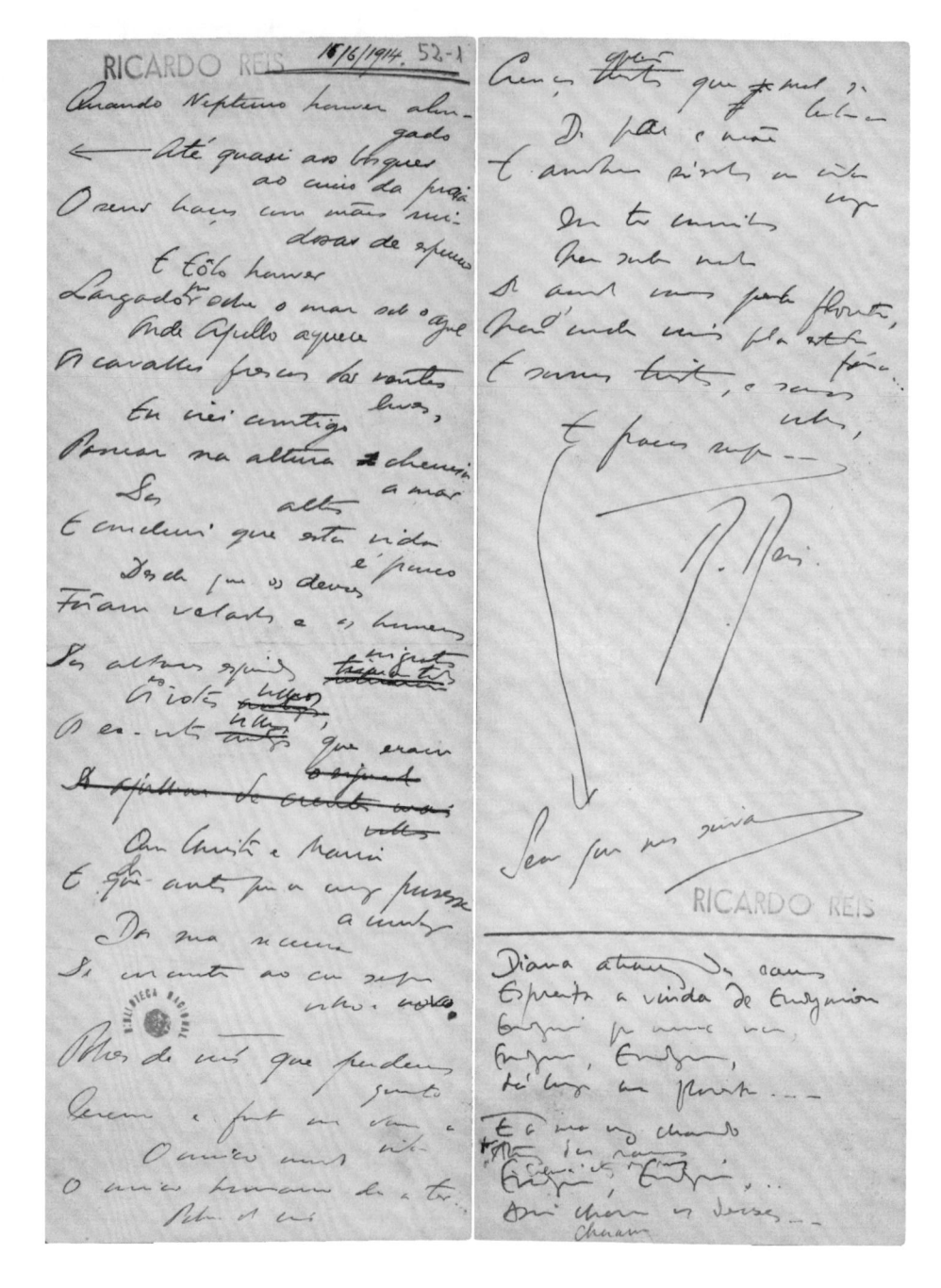

Figura 20. Fac-símile dos poema «Diana através dos ramos», «Pobres de nós» e «Quando Neptuno houver alongado», este último, com data, em Apêndice. Além da assinatura, repare-se no carimbo de Ricardo Reis

1

Diana através dos ramos
Espreita a vinda de Endimion
Endimion que nunca vem,
Endimion, Endimion,
Lá longe na floresta...

E a sua voz chamando
Soa[1] através dos ramos
Endimion, Endimion...

Assim choram os deuses...

16-06-1914

2

Pobres de nós que perdemos quanto
Sereno e forte nos dava a vida
      O único modo
O único humano de a ter...
      Pobres de nós
Crianças *tristes*[2] que mal se lembram
      De pai e mãe
E andam sozinhas na vida cega
      Sem ter carinhos
      Nem saber nada
De aonde vamos pela floresta,
Nem donde vimos pla estrada fora...
E somos tristes, e somos velhos,
      E fracos sempre...
      Sem que nos sirva.

16-06-1914

---

1   Variante subposta: «Exclama».
2   Variante sobreposta: «órfãs».

3

Não morreram, Neera, os velhos deuses.
Sempre que a humana alegria
      Renasce, eles se voltam
      Para a nossa saudade.

[11-08-1914]

4

Aqui, sem outro Apolo do que Apolo,
Sem um suspiro abandonemos Cristo
      E a febre de buscarmos
      Um deus dos dualismos.

E longe da cristã sensualidade
Que a casta calma da beleza antiga
      Nos restitua o antigo
      Sentimento da vida.

[11-08-1914]

5

Em Ceres anoitece.
Nos píncaros ainda
      Faz luz.

Sinto-me tão grande
Nesta hora solene
      E vã

Que, assim como há deuses
Dos campos,[1] das flores,
      Aqui

---

1 Variante sobreposta: «Das searas,».

*E agora*¹ quisera
Que um deus existisse
    De mim.

17-09-1914

6

Felizes, cujos corpos sob as árvores
    Jazem na húmida terra,
Que nunca mais sofrem o sol, ou sabem
    Das *doenças*² da lua.

Verta Eolo a caverna inteira sobre
    O orbe esfarrapado,
*Erga*³ Neptuno, em cheias mãos, ao alto
    As ondas *espumando*,⁴

Tudo lhe é nada, e o próprio *pegureiro*⁵
    Que passa, *finda*⁶ a tarde,
Sob a árvore onde jaz quem foi a sombra
    Imperfeita de um deus,

Não sabe que os seus passos vão *coleando*⁷
    O que podia ser,
Se a vida fosse sempre a vida, a glória
    De uma *imortal saudade*.⁸

01-06-1916

---

1   Variante sobreposta: «Agora eu». MPS incorpora as variantes, contrariamente ao habitual, não encontrando sentido no que leu por não considerar a vírgula depois de «flores» integrada no «s» final (procedimento corrente de Pessoa). Pessoa opõe ao plano dos deuses o seu – «Aqui e agora» – em que anseia tornar-se deus também.
2   Variante sobreposta: «mudanças».
3   Variante sobreposta: «Lance».
4   Variante sobreposta: «estoirando»; variante, acrescentada no final, aos dois últimos versos desta estrofe: «Apedreje Neptuno as planas praias / E os erguidos rochedos».
5   Variante sobreposta: «pecureiro».
6   Sob a palavra, sinal de redacção provisória. Por cima, uma variante de difícil leitura, ignorada por EC e MPS.
7   Variante sobreposta: «cobrindo».
8   Variante sobreposta: «beleza eterna.».

7

OS JOGADORES DE XADREZ

Ouvi *dizer*[1] que outrora, quando a Pérsia
Tinha não sei qual guerra,
Quando a invasão ardia na Cidade
E as mulheres gritavam,
Dois jogadores de xadrez jogavam
O seu jogo contínuo.

À sombra de ampla árvore fitavam
O tabuleiro antigo,
E, ao lado de cada um, esperando os seus
Momentos mais folgados,
Quando havia movido a pedra, e agora
Esperava o adversário,
Um púcaro com vinho refrescava
Sobriamente a sua sede.[2]

Ardiam casas, saqueadas eram
As arcas e as paredes,
Violadas, as mulheres eram postas
Contra os muros caídos,
Trespassadas de lanças, as crianças
Eram *sangue*[3] nas ruas...
Mas onde estavam, perto da cidade,
E longe do seu ruído,
Os jogadores de xadrez jogavam
O jogo do xadrez.

Inda que nas mensagens do ermo vento
Lhes viessem os gritos,
E, ao reflectir, soubessem *desde a alma*[4]
Que por certo as mulheres
E as tenras filhas violadas eram
Nessa *vitória*[5] próxima,
Inda que, no momento que o pensavam,

---

1 Variante, a seguir, entre parênteses: «contar».
2 Variante, a seguir, entre parênteses: «A sua sóbria sede.».
3 Variante: «sangues» – o «s» foi acrescentado entre parênteses.
4 Variante sobreposta: «com acerto».
5 Variante, a seguir, entre parênteses: «distância».

Uma sombra ligeira
Lhes passasse na fronte alheada e vaga,
Breve seus olhos calmos
Volviam sua atenta confiança
Ao tabuleiro velho.

Quando o rei de marfim está em perigo,
Que importa a carne e o osso
Das irmãs e das mães e das crianças?
Quando a torre não cobre
A retirada da rainha *alta*,[1]
Pouco importa a vitória.[2]
E quando a mão confiada leva o xeque[3]
Ao rei do adversário,
Pouco pesa na alma que lá longe
Estejam morrendo filhos.

Mesmo que, de repente, sobre o muro
Surja a sanhuda face
Dum guerreiro invasor, e breve deva
Em sangue ali cair
O jogador solene de xadrez,
O momento antes desse
É ainda entregue ao jogo predilecto
Dos grandes indif'rentes.[4]

Caiam cidades, sofram povos, cesse
A liberdade e a vida,
Os haveres tranquilos e avitos
Ardam[5] e que se arranquem,
Mas quando a guerra os jogos interrompa,
Esteja o rei sem xeque,[6]
E o de marfim peão mais avançado
Pronto a comprar a torre.

Meus irmãos em amarmos Epicuro
E o entendermos mais
De acordo com nós-próprios que com ele,
Aprendamos na história
Dos calmos jogadores de xadrez
Como passar a vida.

---

1 Variante, a seguir, entre parênteses: «branca,».
2 Variante, a seguir, entre parênteses: «O saque pouco importa.».
3 No original, «cheque».
4 Entre parênteses, dois versos variantes aos dois últimos da estrofe, escritos anteriormente: «É ainda dado ao cálculo d'um lance / Pra a efeito horas depois.»
5 No original, por aparente lapso, «Ardem» – mantido em EC e MPS.
6 Mesma observação que na nota 3.

Tudo o que é sério pouco nos importe,
O grave pouco pese,
O natural impulso dos instintos
Que ceda ao inútil gozo
(Sob a sombra tranquila do arvoredo)[1]
De jogar um bom jogo.

O que levamos desta vida inútil
Tanto vale se é
A glória, a fama, o amor, a ciência, a vida,
Como se fosse apenas
A memória de um jogo bem jogado
E uma partida ganha
A um jogador melhor.

A glória pesa como um fardo rico,
A fama como a febre,
O amor cansa, porque é a sério e busca,
A ciência nunca encontra,
E a vida passa e dói porque o conhece...
O jogo do xadrez
Prende a alma toda, mas, perdido, pouco
Pesa, pois não é nada.

Ah, sob as sombras que sem qu'rer nos amam,
Com um púcaro de vinho
Ao lado, e atentos só à inútil faina
Do jogo do xadrez,
Mesmo que o jogo seja apenas sonho
E não haja parceiro,
Imitemos os persas desta história,
E, enquanto lá por fora,
Ou perto ou longe, a guerra e a pátria e a vida
Chamam por nós, deixemos
Que em vão nos chamem, cada um de nós
Sob as sombras amigas
Sonhando, ele os parceiros, e o xadrez
A sua indiferença.

01-06-1916

---

[1] Entre parênteses, sinal de que admite a supressão de todo o verso.

8

Prefiro rosas, meu amor, à pátria,
E antes magnólias amo
Que *a glória e a virtude*.[1]

Logo que a vida me não canse, deixo
Que a vida por mim passe
Logo que eu fique o mesmo.

Que importa àquele a quem já nada importa
Que um perca e outro vença,
Se a aurora raia sempre,

Se cada ano com a primavera
As folhas aparecem[2]
E com o outono cessam?

E[3] o resto, as outras cousas que os humanos
Acrescentam à vida,
Que me aumentam na alma?

Nada, salvo o desejo de indif'rença
E a confiança mole
Na hora fugitiva.

01-06-1916

9

Segue o teu destino,
Rega as tuas plantas,
Ama as tuas rosas.
O resto é a sombra
De árvores alheias.

A realidade
Sempre é mais ou menos
Do que nós queremos.
Só nós somos sempre
Iguais a nós-próprios.

---

1 Variante subposta: «fama e que virtude.».
2 O autor admite, a tracejado, antepor o verbo ao sujeito. Não é uma correcção (se o fosse, usava um traço contínuo) mas uma alternativa, uma variante, portanto. EC e Mps fazem a inversão.
3 A palavra inicial, entre parênteses rectos, acrescentados à mão, é, por isso, opcional.

Suave é viver só.
Grande e nobre é sempre
Viver simplesmente.
Deixa a dor nas aras
Como ex-voto aos deuses.

Vê de longe a vida.
Nunca a interrogues.
Ela nada pode
Dizer-te. A resposta
Está além dos Deuses.

Mas serenamente
Imita o Olimpo
No teu coração.
Os deuses são deuses
Porque não se pensam.

01-07-1916

10

O silêncio é dos deuses.[1]
Passam nossas palavras,
Murcha no ar o seu eco.
Quem nos ouvir esquece.
Só a calma e calada
Admiração das cousas,
Por nunca ter querido
Ser qualquer cousa, é tudo.
Corre aos meus pés o rio,
As árvores revelam-se.
E em toda a parte há flores.
Como elas deixo vir
As horas ter comigo,
Sem amor, nem desejo,
E adorando a beleza
Amá-las eu não soube.

10-08-1916

---

1   Poema inédito.

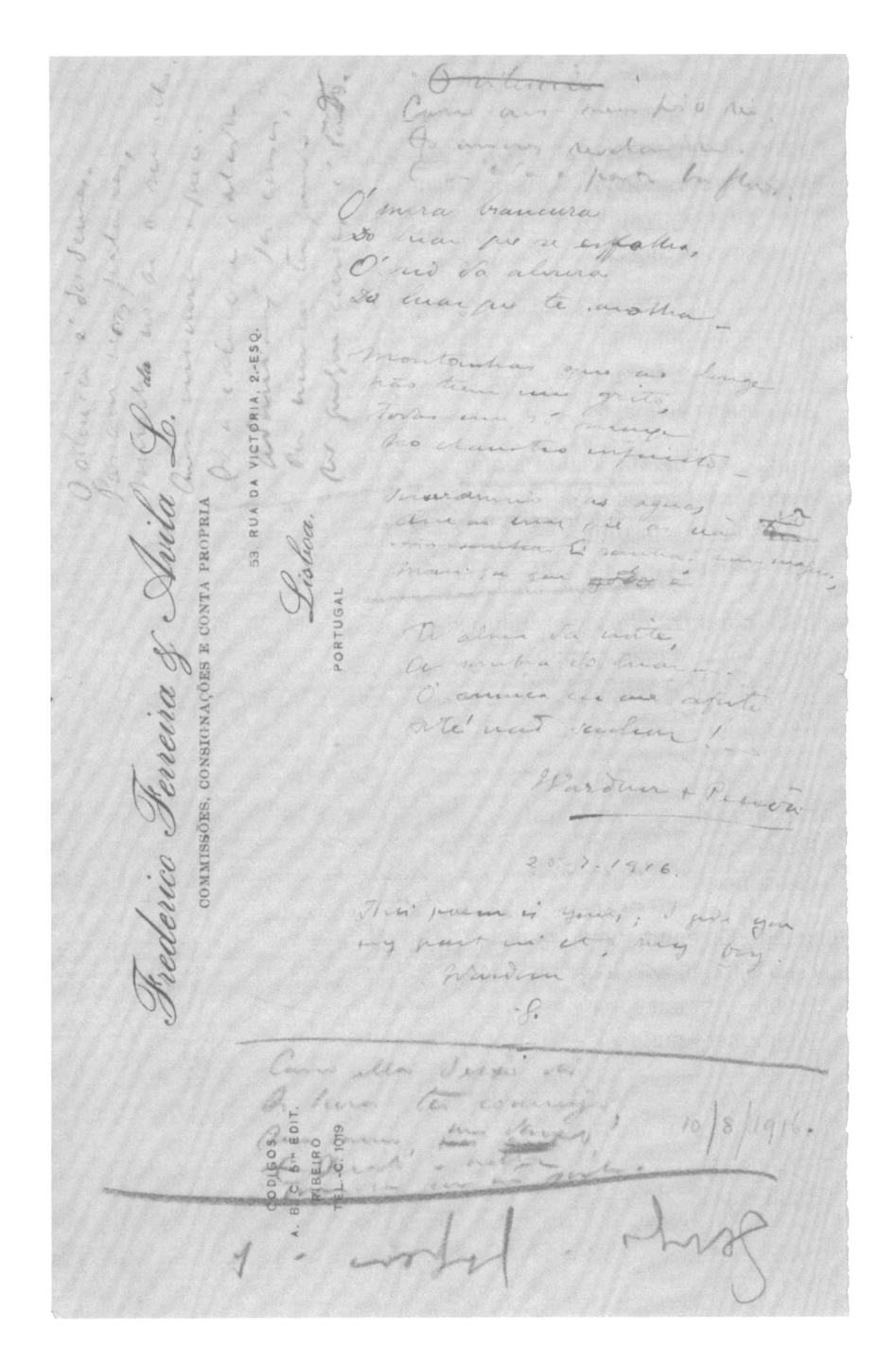

Figura 21. Fac-símile com o poema inédito «O silêncio é dos deuses», escrito em várias direcções, nos intervalos de outro poema feito «a meias» com o espírito Wardour – que assina com ele o poema

11

Não a ti, mas aos teus, odeio,[1] Cristo.
Tu não és mais que um deus a mais no eterno
      Panteão que preside
      À nossa vida incerta.

Nem maior nem menor que os novos deuses,
Tua sombria forma dolorida
      Trouxe algo que faltava
      Ao número dos divos.

Por isso reina a par de outros no Olimpo,
Ou pela triste terra se quiseres
      Vai enxugar o pranto
      Dos humanos que sofrem.

Não venham, porém, stultos teus cultores
Em teu nome vedar o eterno culto
      Das presenças maiores
      Ou[2] eguales[3] da tua.

A esses, sim, do âmago eu odeio
Do crente peito, e a esses eu não sigo,
      Supersticiosos leigos
      Na ciência dos deuses.

Ah, aumentai, não combatendo nunca.
Enriquecei o Olimpo, aos deuses dando
      Cada vez maior força
      Plo número maior.

Basta os males que o Fado as Parcas fez
Por seu intuito natural fazerem.
Nós homens nos façamos
      Unidos pelos deuses.

09-10-1917

---

1   No testemunho original, «od(e)io», tornando facultativa a vogal entre parênteses.
2   Variante, ao lado: «E»
3   Variante, a seguir, entre parênteses: «parceiras».

12

Sofro, Lídia,[1] do medo do destino.
A leve pedra que um momento ergue
As lisas rodas do meu carro, aterra
      Meu coração.
Tudo quanto me ameace de mudar-me
Para melhor que seja, odeio e fujo.
Deixem-me os deuses minha vida sempre
      Sem renovar
Meus dias, mas que um passe e outro passe
Ficando eu sempre quasi o mesmo, indo
Para a velhice como um dia entra
      No anoitecer.

26-05-1917

13

Sê o dono de ti[2]
Sem fechares os olhos.

Na dura mão aperta
Com um tacto *apertado*[3]
O mundo exterior
Contra a palma sentindo-o
Outra cousa que a palma.

11-08-1918

---

1   O nome está abreviado: «L.».
2   Omiti um verso e meio, no início: «Nada quero com essas / renúncias em que ▢». Na margem direita, uma palavra ilegível.
3   Variante sobreposta: «encavado».

14

Não sem lei, mas segundo *ignota lei*[1]
Entre os homens *o* Fado *distribui*[2]
    O bem e o mal *estar*[3]
Fortuna e glória, danos e perigos.[4]

Bem ou mal, não terás o que *mereces*.[5]
Querem os deuses ao destino obrigar
    Nem castigo nem prémio
Speres, desprezes, temas ou precises.

Porque até aos deuses toda a acção é clara[6]
E é boa ou má, *digna de homem ou deus*,[7]
    Porque o Fado não tem
Leis nossas com que reja a sua lei.[8]

Quem é rei hoje, amanhã scravo cruza
Com o scravo de *hoje*[9]*que amanhã*[10] é rei.
    Sem razão um caiu,
Sem causa nele o outro ascenderá.

Não em nós, mas dos deuses no capricho
E nas sombras p'ra além do seu domínio
    Está o que somos, e temos,
A vida e a morte do que somos nós.

---

1   Variantes: sobreposta, «leis diversas»; subposta a «ignota», «outra».
2   Variantes: a seguir, entre parênteses, a «distribui», «reparte»; variante sobreposta a «o Fado distribui», «reparte o Fado».
3   Variante sobreposta: «que sente». O «e» de «estar» encontra-se entre parênteses. Variante a todo o verso: «Sem justiça ou injustiça».
4   Variantes, ao lado, dos três últimos versos: «Entre os homens reparte o Fado e os deuses / Sem justiça ou injustiça (Esta variante, já citada, vem ao lado do terceiro verso) / Prazeres, dores, gozos e perigos».
5   A seguir, ao lado, a lápis, acrescento ou variante ilegível.
6   A 2ª e 3ª estrofes apresentam-se com muitas discrepâncias de sentido, dado que o autor riscou alguns versos, acrescentou ao lado versos variantes, mas não recompôs o conjunto.
7   Variante sobreposta: «feita para a julgarmos».
8   Uma seta remete para versos à margem, de dificílima leitura, que seriam variantes: «Nós infantes dos deuses / E nem os deuses sabem do Destino».
9   Variante sobreposta: «amanhã».
10   Variante sobreposta: «e depois».

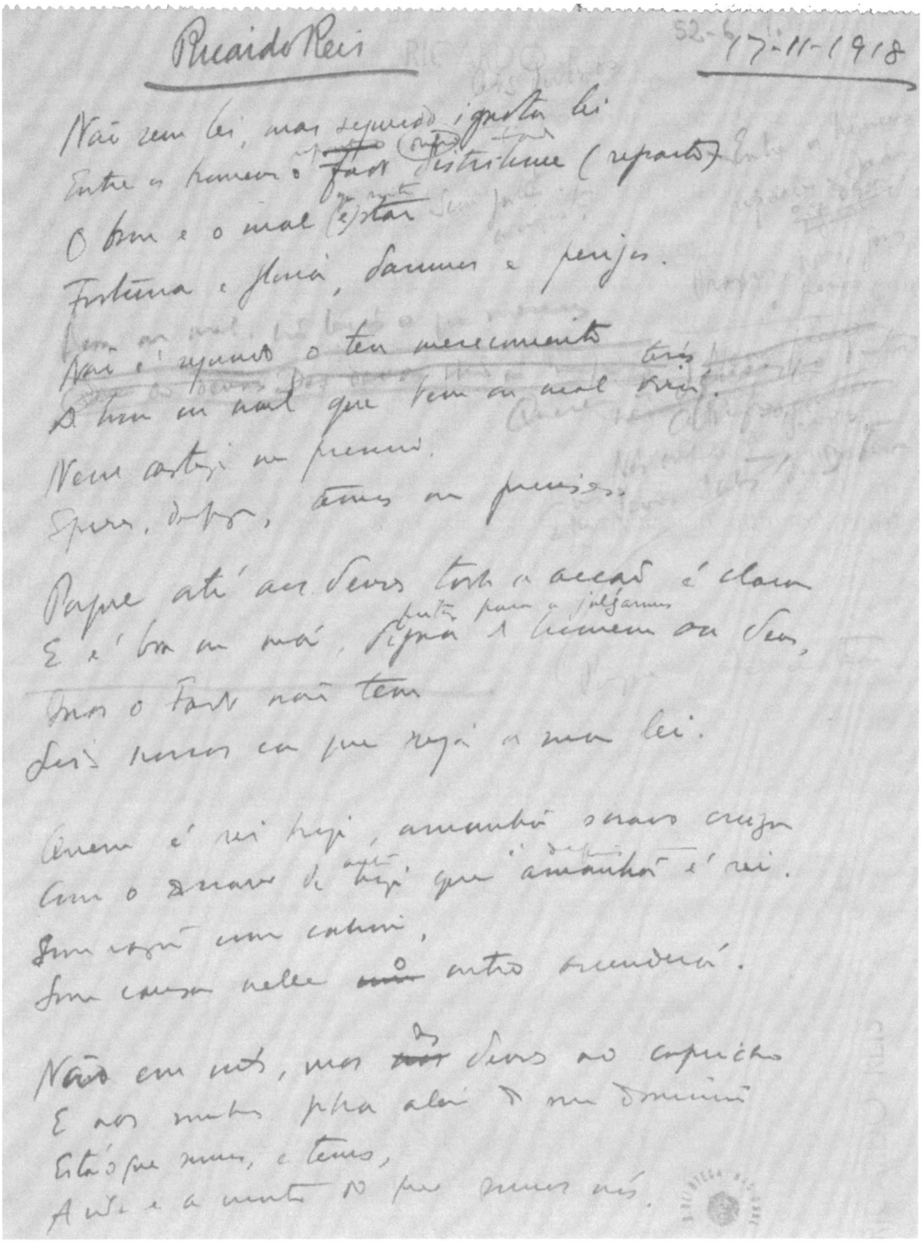
Ricardo Reis 17-11-1918

Não sem lei, mas segundo ignota lei
Entre os homens o Fado distribue (reparte)
O bem e o mal (e) estar
Fortuna e gloria, damnos e perigos.

~~Não é segundo o teu merecimento~~
O bem ou mal que tem ou mal traz.
Nem castigo ou premio.
Speras, desejos, temos ou premios.

Porque até aos Deuses todo o acção é clara
E é bom ou mau, signo ao homem ou Deus,
~~Mas o Fado não tem~~
Leis nossas em que reja a sua lei.

Quem é rei hoje, amanhã escravo cinja
Com o escravo de hoje que amanhã é rei.
Sem razão com cahiu,
Sem causa nelle outro ascenderá.

Não em nós, mas dos Deuses no capricho
E nos muitos para além do seu dominio
Está o que somos, e temos,
A vida e a morte do que somos nós.

Figura 22. Fac-símile do poema «Não sem lei, mas segundo ignota lei»

Se te apraz mereceres, que te apraza
Por mereceres, não porque te o Fado
      Dê o prémio ou a paga
De com constância haveres merecido.

Dúbia é a vida, inconstante o que a governa.
O que esperamos nem sempre acontece
      Nem nos falece sempre,
Nem há com que a alma uma ou outra cousa spere.

Torna teu coração digno dos deuses
E deixa a vida incerta ser quem seja.
      O que te acontecer
Aceita. Os deuses nunca se *revoltam*.[1]

Nas mãos inevitáveis do destino
A roda rápida soterra hoje
      Quem ontem viu o céu
Do transitório *alto*[2] do seu giro.[3]

                                    17-11-1918

---

1   Variante sobreposta: «rebelam.».
2   Variante subposta: «auge».
3   A EC e MPS consideraram fragmento independente um acrescento à margem que o poeta não chegou a inserir no texto: «A inconstância dos deuses nos compele / E a força ignota do Destino a tudo».

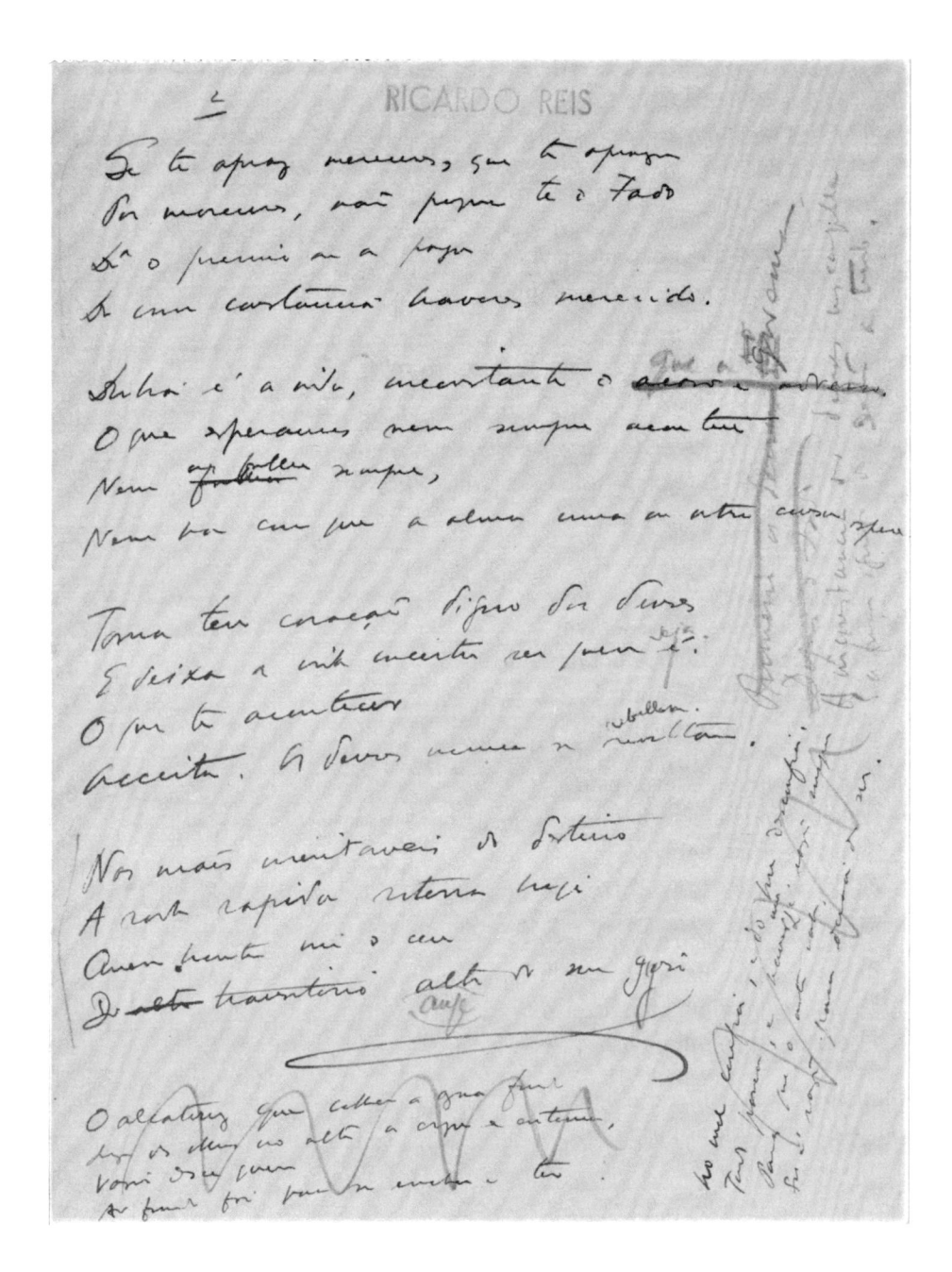

Figura 23. No lado verso da folha, com a continuação do poema «Não sem lei», pode ver-se ainda, sob um traço ondulado feito a lápis, «O alcatruz que colheu a água funda»

15

O alcatruz que colheu a água funda
Logo de olhos ao alto a ergue e entorna,
      Vazio desce quem
Ao fundo foi para se encher e ter.

No mal confia, e do bem desconfia.
Tudo passa, e haver um é razão sempre
      Para que o outro venha.
Ser é razão para deixar de ser.

                                  17-11-1918

16

Antes de ti era a Mãe Terra scrava
Das trevas súperas que da alma nascem
      E caem sobre o mundo
      Porque atrás o sol brilha. [1]

A realidade ao mundo devolveste
Que haviam os cristãos fechado na alma
      E as portas reabriste
      Por onde aurora o carro

Ou Febo guie e os dois irmãos celestes
Quando no extremo mastro à noite luzem,
      Mais valham que um luzeiro
      Na ponta de um pau seco.

Restituíste a Terra à Terra. E agora
És parte corporal da própria terra,
      Ou sombra ☐
      Erras nas sombras frias,

---

1   Estrofe dubitada.

Mas ao ouvir-te os povos com que auroras
Do abismo os íncolas as tristes frontes¹
    Erguem e sentem deuses
    Caminhar pelas sombras.

E eis que de viva² luz o abismo se enche
E um céu raia a cobrir o absorto fundo
    Da fauce misteriosa
    Que traga o *mal*³*do mundo*.⁴

[17-11-1918]

17

Uma após uma as ondas apressadas
Enrolam o seu verde movimento
    E chiam a alva spuma
    No moreno das praias.

Uma após uma as nuvens vagarosas
Rasgam o seu redondo movimento
    E o sol aquece o spaço
    Do ar entre as nuvens scassas.

Indiferente a mim e eu a ela,
A natureza deste dia calmo
    Furta pouco ao meu senso
    De se esvair o tempo.

Só uma vaga pena inconsequente
Pára um momento à porta da minha alma
    E após fitar-me um pouco
    Passa, a sorrir de nada.

23-11-1918

---

1   EC e MPS leram, estranhamente, «Mas ao ouvir-te os passos com que auroras / Do abismo os ouvidos as tristes frontes».
2   EC e MPS leram «nova».
3   Variante subposta: «fim».
4   Variante sobreposta: «da vida».

18

Manhã que raias sem olhar a mim,
Sol que luzes sem qu'rer saber de eu ver-te,
     É por mim que sois
     Reais e verdadeiros.[1]

Porque é na oposição ao que eu desejo[2]
Que sinto real a natureza e a vida.
     No que me nega sinto
     Que existe e eu sou pequeno.

E nesta consciência torno a grande
Como a onda, que as tormentas atiraram
     Ao alto ar, regressa
     Pesada a um mar mais fundo.

[23-11-1918]

19

Cedo *vem sempre, Cloe, o inverno, e a dor.*[3]
É sempre prematuro, inda que o spere
     Nosso hábito, o esfriar
     Do desejo que houve.

Não entardece que não morra o dia.
Não nasce amor ou fé em nós que não
     Morra com isso ao menos
     O não amar ou crer.

Todo o gesto que o nosso corpo faz
Com o repouso anterior contrasta.
     Nesta má circunstância
     Do tempo eternos somos.

---

1   O ponto final é posto em causa por uma interrogação, com alternativa de um ponto e vírgula.
2   Sobre «desejo», uma interrogação.
3   Verso variante sobreposto: «Cedo de mais vem sempre o inverno e a dor»; variante sobreposta a «o inverno e a dor», «, Cloé, o inverno».

Sabe mais[1] da arte com que viva a vida
Aquele que, de tão contínua usá-la,
    Furte ao tempo a vitória
    Das mudanças depressa,

E entardecendo como um dia trópico,
Até ao fim inevitável guie
    Uma igual vida, súbito
    Precipite no abismo.

                                                  07-07-1919

20

No momento em que vamos pelos prados
E o nosso amor é um terceiro ali,
    Que usurpa que saibamos
    Um ao certo do outro,

Nesse momento, em que o que vemos mesmo
Sem o vermos na própria essência entra
    Da nossa alma comum –
    Lídia, nesse momento

De tão sentir o amor não sei dizer-to,
Antes, se falo, só dos prados falo
    E em dueto comigo[2]
    Discurso o amor.[3]

                                                  [07-07-1919]

---

1   Variante sobreposta: «Só sabe».
2   Variante a todo o verso, entre parênteses não fechados, porque se completa com as palavras anteriores «dueto comigo». Assim: «E põe-se música ao meu dueto comigo».
3   Depois de «amor», entre parênteses: «que acompanha»; e, ao lado, à direita: «Eros connosco invisível». A variante encarada para os dois versos finais (palavrosa) seria assim: «E põe-se música ao meu dueto comigo / que acompanha Eros connosco invisível».

21

Cumpre a lei, seja vil ou vil tu sejas.
Pouco pode o homem contra a externa vida.
    Deixa haver a injustiça.
    Não odeies nem creias.[1]

Não tens mais reino *do que a própria*[2] mente.
Essa, em que és *dono*,[3] gratos o Fado e os Deuses,
    Governa, até à fronteira,
    Onde *mora a vontade.*[4]

Aí, *ao menos, só por inimigos*[5]
Os grandes deuses e o Destino ostentas.
    Não há a dupla derrota
    Da[6] derrota e vileza.[7]

Assim penso, e esta *mórbida*[8] justiça
Com que queremos *intervir*[9] nas cousas,
    Expilo, como um servo
    Infiel da ampla mente.[10]

Se nem de mim posso ser dono, como
Quero ser dono ou lei do que acontece
    Onde me a mente e corpo
    Não são mais do que *cousas*?[11]

Basta-me que me baste, e o resto *mova-se*[12]
Na órbita prevista, em que até os deuses
    Giram, sóis centros servos
    De um movimento *imenso.*[13]

[29-01-1921]

---

1   Variantes subpostas para «odeies» e «creias»: «odies» e «queiras»; ao lado, entre parênteses, para todo o verso: «Nada mudes que mude.».
2   Variantes: sobreposta «que a postiça»; variante a «postiça»: «doada».
3   Variante sobreposta: «servo».
4   Variante, ao lado: «a vontade finge».
5   Variantes: sobreposta, «por inimigos tens apenas»; ao lado: «vencido, tens por vencedores» (neste caso, teria que eliminar «ostentas» do verso seguinte).
6   Variante subposta: «De»
7   Toda esta estrofe está dubitada e rodeada por traços, sugerindo a sua possível exclusão.
8   Variante sobreposta: «súbita».
9   Variantes: subposta a «infiel», «Intrometido»; variante de «intrometido», ao lado, na margem esquerda, «Intromisso». Pessoa encarou atribuir este caracterizador a «mente» em vez de «ampla», escrevendo «-a» por cima do «-o» de «intromisso».
10   Variante: subposta, «Intrometido da mente», variante de «intrometido», ao lado na margem esquerda, «Intromissor».
11   Variante, ao lado: «parte».
12   Variante sobreposta: «gire».
13   Variante subposta: «externo».

22

Tornar-te-ás só quem tu sempre foste.
O que te os deuses dão, dão no começo.
      De uma só vez o Fado
      Te dá o Fado, que és um.

A pouco chega pois o esforço posto
Na medida da tua força nata –
      A pouco, se não foste
      Para mais concebido.

Contenta-te com seres quem não podes
Deixar de ser. Inda te fica o vasto
      Céu p'ra cobrir-te, e a terra,
      Verde ou seca a seu tempo.

12-05-1921

23

Em vão procuro o bem que me negaram.
As flores dos jardins *dadas aos*[1] outros
Como hão-de mais que perfumar de longe
      Meu desejo de tê-las?

12-05-1921

24

Não quero a *glória*,[2] que comigo a têm
      Heróstrato e o pretor
Ser olhado de todos – que se eu fosse
      Só belo, me olhariam.

---

1 Variante sobreposta: «herdadas de».
2 Variante sobreposta: «fama».

O fausto repudio, porque o compram.
      O amor, porque acontece.
Amigo fui, talvez não contente,
      Porém *certo*[1] e sem erro.

                              12-05-1921

25

Pequeno é o espaço que de nós separa
O que havemos de ser quando morrermos.
Não conhecemos quem será então
      Aquele que hoje somos.[2]

Só o passado, *a ele e nós comum*,[3]
Será indício de que a mesma alma
Persiste e como antiga ama, conta
      Histórias esquecidas...

Se pudéssemos pôr o pensamento
Com exacta visão adentro à vida
Que havemos de ter naquela hora,
      Estranhos olharíamos

O que somos, cuidando ver um outro
E o spaço temporal que hoje habitamos
Lugar onde nossa alma nasceu
      Alheia[4] antes de a termos.[5]

                              31-01-1922

---

1   Variante subposta: «nato».
2   Variante, mais abaixo, para os dois versos: «Não conhecemos quem será o morto / De hoje que então *nos morra*»; variante de «nos morra»: «acaba».
3   Variante sobreposta: «comum a nós e a ele».
4   Variante subposta: «Perdida».
5   A última estrofe, acrescentada à margem, sobrepõe-se a dois versos já escritos que, contudo, não riscou, funcionando assim como variante: «O nosso ser presente e limitado / Em tudo quanto está pra nós.».

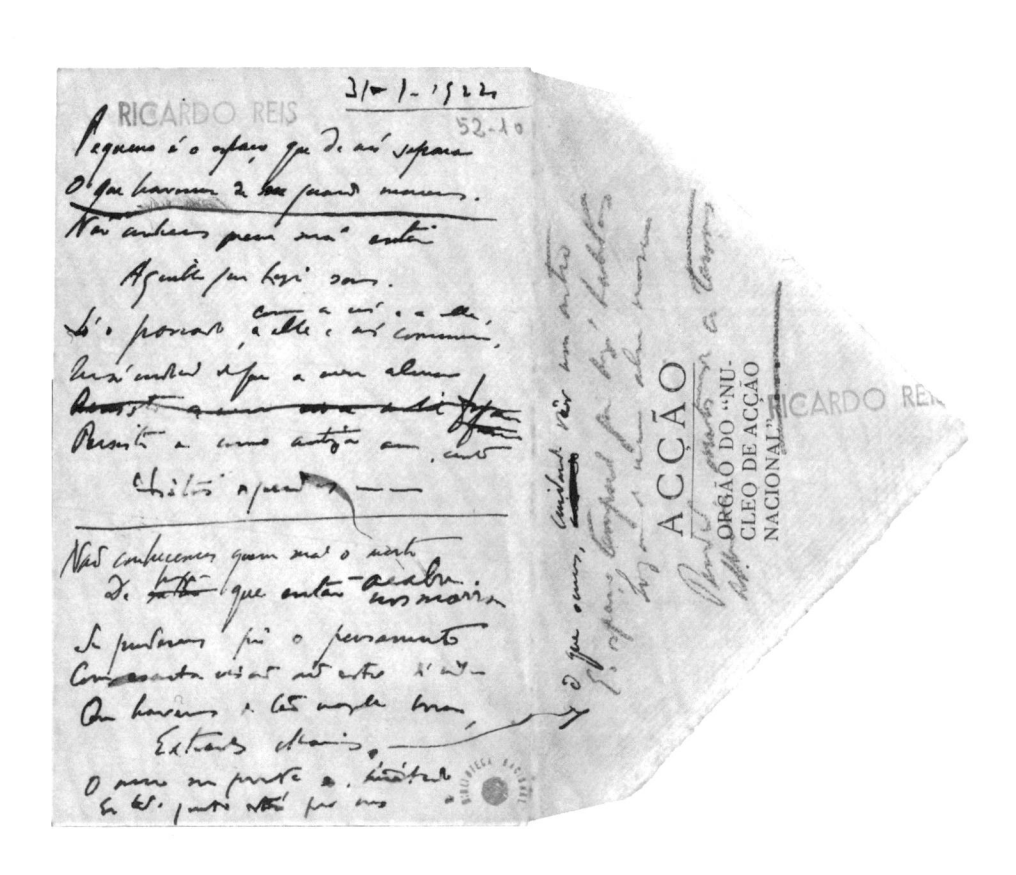

Figura 24. Fac-símile do poema «Pequeno é o espaço que de nós separa» com carimbo de Ricardo Reis, escrito num envelope de «ACÇÃO»

26

Cada um cumpre o destino que lhe cumpre,
E deseja o destino que deseja;
    Nem cumpre o que deseja,
    Nem deseja o que cumpre.

Como as pedras na orla dos canteiros
O Fado nos dispõe, e ali ficamos;
    Que a Sorte nos fez postos
    Onde houvemos de sê-lo.

Não tenhamos melhor conhecimento
Do que nos coube que de que nos coube.
    Cumpramos o que somos.
    Nada mais nos é dado.

29-07-1923

27

Quero versos que *durem*[1] como jóias
Para que durem no porvir extenso[2]
    E os não macule a morte
    Que em cada cousa a espreita,
Versos onde se esquece o duro e triste
Lapso curto dos dias e se volve
    À antiga liberdade
    Que talvez nunca houvesse.
Aqui, nestas amigas sombras postas
Longe, onde menos nos conhece a história
    Lembro os que urdem, cuidados,
    Seus descuidados versos.
E mais que a todos te lembrando, screvo
Sob o vedado sol, e, te lembrando,
    Bebo, imortal Horácio,
    Supérfluo, à tua glória...

05-08-1923

---

1 Variante sobreposta: «sejam».
2 Variante sobreposta: «Feitos para um porvir □ e extenso».

28

Sob a leve tutela
De deuses descuidosos,
Quero gastar as concedidas horas
Desta fadada vida.

Nada podendo contra
O ser que me fizeram,
Desejo ao menos que me haja o Fado
Dado a paz por destino.

Da verdade não quero
Mais que a vida; que os deuses
Dão vida e não verdade, nem talvez
Saibam qual a verdade.

[05-08-1923]

29

Meu gesto que destrói
A mole das formigas,
Tomá-lo-ão elas por de um ser divino;
Mas eu não sou divino para mim.

Assim talvez os deuses
Para si o não sejam,
E só de serem do que nós maiores
Tirem o serem deuses para nós.

Seja qual for o certo,
Mesmo para com esses
Que cremos serem deuses, não sejamos
Inteiros numa fé talvez sem *causa*.[1]

[05-08-1923]

---

1 Variante subposta: «deuses.».

30

Quero, da vida, só não conhecê-la.
Bastam, a quem o Fado pôs na vida,
　　　As formas sucessivas
　　　Da vida insubsistente.

Pouco serve pensar que são eternos
Os nossos nadas com que na alma amamos
　　　Os outros pobres nadas
　　　Que □

Gratos aos deuses, menos pla incerta
Posse do sonhado certo, recolhamos
　　　A mercê passageira
　　　De instantes que não duram.

　　　　　　　　　　　　06-08-1923

31

Nada me dizem vossos deuses mortos
Que eu haja de aprender. O crucifixo
　　　Sem amor e sem ódio
　　　Do meu □ *aparto*.[1]

Que tenho eu com as crenças que o Cristo
Curvado o torso a meio, latino, morra?
　　　Mais com o sol me entendo
　　　Que com essas verdades...

Que o sejam... Que a mim mais não foi dado
Que uma visão das cousas que há na terra
　　　E uma razão incerta,
　　　E um saber que há deuses...

　　　　　　　　　　　　[06-08-1923]

1　Variante sobreposta: «afasto.».

32

Não quero as oferendas
Com que fingis, sinceros,
Dar-me os dons que me dais.[1]
Dais-me o que perderei,
Chorando-o, duas vezes,
Por vosso e meu, perdido.

Antes mo prometais
Sem mo dardes, que a perda[2]
Será mais na esperança
Que na recordação.

Não terei mais desgosto
Que o contínuo da vida,
Vendo que com os dias
Tarda o que spera, e é nada.

02-09-1923

33

Vossa formosa juventude leda,
Vossa felicidade pensativa,
Vosso modo de olhar a quem vos olha,
    Vosso não conhecer-vos –

Tudo quanto vós sois, que vos semelha
À vida universal que vos esquece,
Dá carinho de amor a quem vos ama
    Por serdes não lembrando

Quanta igual mocidade a eterna praia
De Cronos, pai injusto da justiça,
Ondas, quebrou, deixando à só memória
    Um branco som de spuma.

02-09-1923

---

1   Variante, ao lado: «Em que, mau grado vosso, / Negais-me o que me dais.».
2   Variante, ao lado: «Antes vós, sem mo dardes / Mo prometais, que a perda».

34

Não canto a noite porque no meu canto
O sol que canto acabará em noite.
      Não ignoro o que esqueço.
      Canto por esquecê-lo.

Pudesse eu suspender, inda que em sonho,
O Apolíneo curso, e conhecer-me,
      Inda que louco, gémeo
      De uma hora imperecível!

                                                  02-09-1923

35

Não quero recordar nem conhecer-me.
Somos de mais se olhamos em quem somos.
      Ignorar que vivemos
      Cumpre bastante a vida.

Tanto quanto vivemos, vive a hora
Em que vivemos, igualmente morta
      Quando passa connosco,
      Que passamos com ela.

Se sabê-lo não serve de sabê-lo
(Pois sem poder que vale conhecermos?),
      Melhor vida é a vida
      Que dura sem medir-se.

                                                  02-09-1923

36

A abelha que, voando, freme sobre
A colorida flor, e pousa, quasi
      Sem diferença dela
      À vista que não olha,

Não mudou desde Cecrops. Só quem vive
Uma vida com ser que se conhece
    Envelhece, distinto
    Da espécie de que vive.

Ela é a mesma que outra que não ela.
Só nós – ó tempo, ó alma, ó vida, ó morte! –
    Mortalmente compramos
    Ter mais vida que a vida.

                                                                     02-09-1923

37

Dia após dia a mesma vida é a mesma.
    O que decorre, Lídia,
No que nós somos como em que não somos
    Igualmente decorre.
Colhido, o fruto deperece; e cai
    Nunca sendo colhido.
Igual é o fado, quer o procuremos,
    Quer o speremos. Sorte
Hoje, Destino sempre, e nesta ou nessa
    Forma alheio e invencível.

                                                                     02-09-1923

38

Pequena vida consciente, sempre
Da repetida imagem perseguida
Do fim inevitável, a cada hora
    Sentindo-se mudada,

E, como Orfeu volvendo à vinda esposa
O olhar algoz, para o passado erguendo
A memória pra em mágoas o apagar
    No báratro da mente.[1]

                                                                     22-10-1923

---

[1] O poema é precedido por uma estrofe aparentemente abandonada, separada dos versos seguintes por um traço horizontal: «Pequena vida consciente / A quem outra persegue / A imagem repetida / Do abismo onde perdê-la.».

39

  De uma só vez recolhe
  As flores que[1] puderes.
Não dura mais que até à noite o dia.
  Colhe de que *lembrares*.[2]

  A vida é pouco e cerca-a
  A sombra e o sem-remédio.
Não temos regras que compreendamos,
  Súbditos sem governo.

  Goza este dia como
  Se a Vida fosse nele.
Homens nem deuses fadam, nem destinam
  Senão *quem*[3] ignoramos.

24-10-1923

40

  De amore suo
Folha após folha vemos *caem*,[4]
  Cloe, as folhas todas.
Vemos antes que para elas, para nós
  Que sabemos que morrem.
  Assim, Cloe, assim,
Antes que os próprios corpos, que empregamos
  No amor, ele envelhece;[5]
E nós, diversos, somos, inda jovens,
  Uma memória mútua.[6]
Ah, se não hemos *que ser mais que este*
  Saber do que ora fomos,
Ponhamos no amor breve toda a vida,[7]
  Como se, findo o beijo
Único, sobre nós ruísse a súbita
  Mole do *total*[8] mundo.

27-10-1923

---

1 Variante sobreposta: «Quantas flores».
2 Variantes subpostas: «recordares; recordes».
3 Variante sobreposta: «o que».
4 Variante subposta: «ruem.».
5 Variante, na margem esquerda: «O amor, antes que o corpo que empregamos / Nele, em nós envelhece».
6 Variante sobreposta: «Só a nossa lembrança.».
7 No final deste confuso rascunho, que só isso é, o autor acrescentou o que poderia ser uma variante a parte do poema (versos 10, 11 e 12): «Ah, se o que somos será isto sempre / E é só um dia o que somos (variante sobreposta a «um dia»: «uma hora»; subposta a «um dia o que somos»: «o que é um momento»; de todo o verso: «E só uma hora é o que somos») / Com tal excesso e fúria em cada amplexo (variante solta: «Em cada hora amplexo toda a fúria») / A hausta vida ponhamos, / Que trema inda a memória, se nos beijarmos. (variante subposta a «trema inda»: «encha toda»)» Separado, um acrescento ou variante, sem localização: «Na inconstância fiel com que se muda / Tudo no exausto mundo.».
8 Variante subposta: «inteiro».

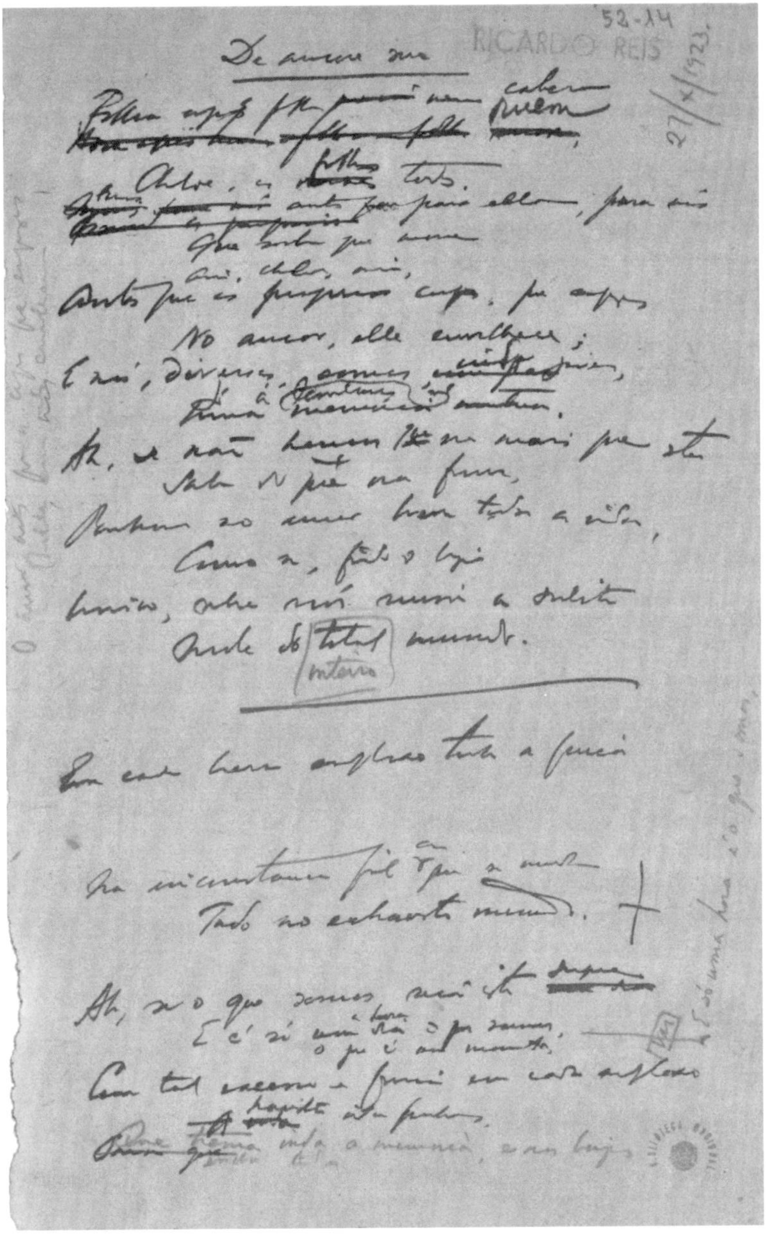

Figura 25. Fac-símile de um confuso rascunho, cujos problemas de fixação são indicados em nota de rodapé ao poema «Folha após folha vemos caem»

41

Se em verdade não sabes (nem sustentas
Que sabes) *que*[1] há na vida mais que a vida,
Porque com tanto esforço e cura tanta,
    Te afastas de vivê-la? [2]

Porque, sem paraíso que apeteças,
Amontoas riquezas, nem as gastas.
É para teu cadáver que amontoas?
    Gozas menos que ganhas.

Ah, se não tens que esperes, salvo a morte,
Não cures mais que do preciso esforço
Para passar incólume na vida
    De ☐

Sim, gozas. Mas mais rico és que ditoso
Se só para o que perdes gozas,
Menos te o esforço oneraria,
    Sem ele.

Ah servidão irreprimível, nada
Da vida humana subsiste, que sabe
Que morre toda, e gasta-se na obra
    ☐

Egoísta de um futuro que não é seu.

Mas respondes-me: E os poemas que screves
A quem os dás futuros? A obra obriga
E o homem só por semear semeia
    O que o Destino manda.

                      29-10-23

42

Tão cedo passa tudo quanto passa!
Morre tão jovem ante os deuses quanto
    Morre! Tudo é tão pouco!
Nada se sabe, tudo se imagina.
Circunda-te de rosas, ama, bebe
    E cala. O mais é nada.

                      03-11-1923

---

1   Variante sobreposta: «se».
2   Variante sobreposta: «Operoso a não vives?».

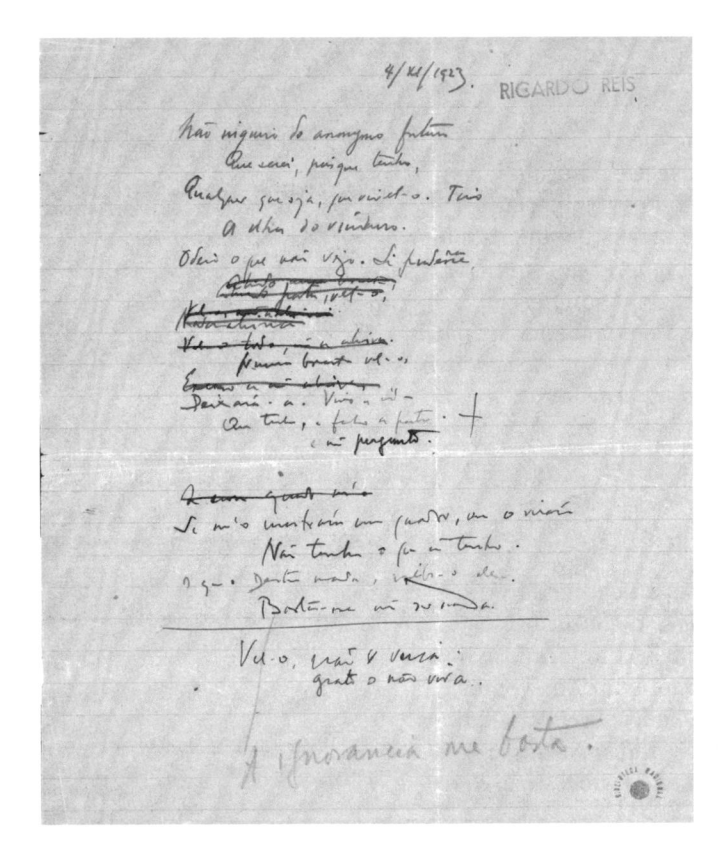

Figura 26. Fac-símile do documento 52-15ʳ, com o do poema
«Não inquiro do anónimo futuro»

43

Não inquiro do anónimo futuro
    Que serei, pois que tenho,
Qualquer que seja, que vivê-lo. Tiro
    Os olhos do vindouro.
Odeio o que não vejo. *Si pudesse*,[1]
    Num báratro vê-lo,[2]
Deixara-o. Vivo a vida
    Que tenho, e *fecho a porta*.[3]

04-11-1923

---

1 Variante sobreposta: «pudera».
2 Variantes no final da folha: «Vê-lo, não o veria»; variante de «não o veria»: «grato o não vira».
3 Verso dubitado, com variante subposta: «E não pergunto.».
No final do poema, há uma variante aos quatro últimos versos, a partir de «Si pudesse,» (ou o início do verso: «Odeio»): «Si mo mostrara um quadro, eu o virara. / Não tenho o que não tenho. / O que o Destino manda, saiba-o ele. / Basta-me não ser nada (variante subposta: "A ignorância me basta.").».

44

Hora a hora *se torna*¹ a face antiga
Dos repetidos seres, e hora a hora,
      Pensando, envelhecemos.
Tudo passa ignorado, e o que, sabido,
Fica, sabe que ignora; porém nada
      Torna, ciente ou néscio.
Pares, assim, do que não somos pares,
Da hora extinta a chama reservemos
      *No calor recordada.*²

16-11-1923

45

Não torna atrás a negregada prole
      *Nascida*³ de Saturno,
Nem *todos*⁴ deuses implorados volvem
      Quem foi à luz que vemos.
Moramos, hóspedes na vida, e *vamos*⁵
      Por força despedidos,
*À noite donde viemos perder o dia.*⁶

16-11-1923

46

Se hás-de ser o que choras
Ter que ser, não o chores.
Se toda a mole imensa
Do mundo ser-te-á noite,
Aproveita este breve
Dia, e sem choro ou cura
Goza-o, contente por viveres
O pouco que te é dado.

[25-12-1923]

---

1   Variante subposta: «não dura».
2   Variante dos dois últimos versos, no final da página: «Da hora incerta a chama agasalhemos / Com dedos que a esfriam» (variante: «Com côncavas mãos frias.»).
3   Variante sobreposta: «Regular».
4   Variante sobreposta: «magnos».
5   Variante subposta: «usamos».
6   Aos três últimos versos, a partir de «e vamos», o autor regista duas alternativas: «usamos / Um pouco de discurso; / Partimos na hora vinda, e somos nada.»; «(e), usamos / Um tempo de discurso, / Um breve (variante de "breve", "dúbio") amor, um sorriso breve, e um dia / Saudoso de todos.».

47

Com que vida encherei os poucos breves
Dias que me são dados? Será minha
    A minha vida ou dada
    A outros ou a sombras?

À sombra de nós mesmos *quantas vezes*[1]
Inconscientes nos sacrificamos,
    E um destino cumprimos
    Nem nosso nem alheio!

Ó *Deuses*[2] imortais, saiba eu ao menos
Sem cura ou fim deixar passar meus dias,
    E anónima a um anónimo
    Me arrastar a corrente.[3]

05-05-1925

48

Não perscrutes o anónimo futuro,
Lídia; é igual o futuro perscrutado
    Ao que não perscrutámos,
    Quem o *deu*,[4] o *deu*[5] feito.

Disformes sonhos antecipam cousas
Que serão menos que os disformes sonhos.
    No temor do futuro
    Nos futuros practamos.[6]

Sabe ver só até [a]o horizonte
E o dia, memora da flor hasténia[7]
    Mais que do melhor fruto
    Que talvez não colhamos.[8]

13-06-1925

---

1   Variante sobreposta: «quantos homens».
2   Variante sobreposta: «numes».
3   Insatisfeito com esta estrofe (sinal, ao lado, de redacção provisória), o autor redigiu duas alternativas, uma na mesma página, outra em separada folha [17a]. Primeira variante: «Porém nosso destino é o que for nosso, / Que nos deu o acaso, ou, alheio fado, (variantes sobrepostas a «o acaso»: «a Causa» e outra não lida) / Anónima a um anónimo, / Nos arrasta a corrente.»; segunda variante: «Ó *Deuses* imortais, saiba eu ao menos / Aceitar sem querê-lo, sorridente, / O curso amaro e duro / Da strada permitida.».
4   Variante sobreposta: «dá».
5   *Idem.*
6   Esta palavra – aparentemente legível – não existe nos dicionários. Será, como outras vezes, invenção de Ricardo Reis? Mesma observação para a nota seguinte.
7   A palavra remete para o conselho dado de privilegiar a visão da flor à do seu fruto.
8   Dois versos soltos, apesar de numerados, no final da página: «1. A pena merecida é a que humilha.»; «2. Só é grande sofrer a injustiça.».

49

No ciclo eterno das mudáveis cousas
Novo inverno após novo outono volve
    À diferente terra
    Com a mesma maneira.

Porém a mim nem me acha diferente
Nem diferente deixa-me, fechado
    Na clausura maligna
    Da índole indecisa.

Presa da pálida fatalidade
De não mudar-me, me infiel renovo
    Aos propósitos mudos
    Morituros e infindos.

24-11-1925

50

Não torna ao ramo a folha que o deixou,
Nem com seu mesmo pé e uma outra forma.
O momento, que acaba ao começar
    Este, morreu p'ra sempre.

Não me promete o incerto e vão futuro
Mais do que esta *repetida*[1] experiência
Da mortal sorte e a condição *perdida*[2]
    Das cousas e de mim.

Por isso, neste rio universal
De que sou, não uma onda, senão ondas,
Decorro inerte, sem pedido, nem
    Deuses *a quem o faça*.[3]

28-09-1926

51

Nem vã sperança nem, não menos vã,
Desesperança, Lídia, nos governa
    A consumanda vida.

---

1   Variante sobreposta: «iterada»
2   Variante sobreposta: «deserta».
3   Variantes subpostas: a «faça», «erga»; a «a quem o faça.», «em quem o empregue.».

Só spera ou desespera quem conhece
Que há-*de*[1] sperar. Nós, no labento curso
    Do ser, só ignoramos.

Nem por prazer as rosas desfolhemos
Mas *como quem não pensa*,[2] e, desatento,
    Folha a folha, fenece.[3]

28-09-1926

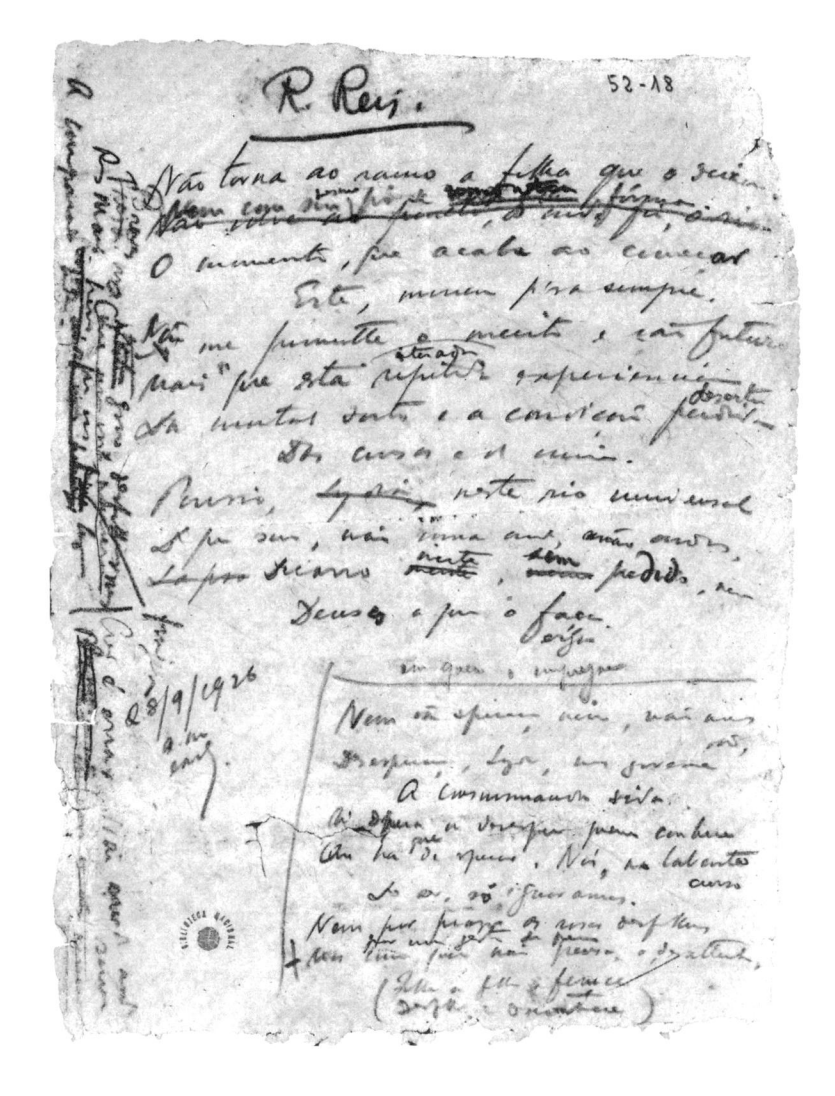

Figura 27. Fac-símile de uma página com os poemas «Não torna ao ramo a folha» e «Nem vã sperança», de igual complexidade de leitura

---

1   Variante sobreposta a «-de»: «que».
2   Variante sobreposta: «por um gesto de pensar».
3   Variante subposta: «Desfolha e desconhece». Na margem esquerda, variante para os três últimos versos: «Breves no triste gozo, desfolhemos / Rosas. Mais breves, que nós, fingem legar / A comparada vida.».

52

Crer é errar. Não crer de nada serve.

28-09-1926

53

Frutos, dão-os as árvores que vivem,
Não a iludida mente, que só se orna
      Das flores lívidas
      Do íntimo abismo.

Quantos reinos nas mentes e nas cousas
Te não talhaste imaginário! Tantos
      Sem ter perdeste,
      Sonhos cidades![1]

Ah, não consegues contra o adverso muito
Criar mais que propósitos frustrados!
      Abdica e sê
      Rei de ti mesmo.[2]

06-12-1926

54

Gozo sonhado é gozo, inda que em[3] sonho.
Nós o que nos supomos nos fazemos,
      Se com atenta mente
      Resistirmos em crê-lo.

Não, pois, meu modo de pensar nas coisas,
Nos seres e no fado me censures.
      Para mim crio tanto
      Quanto para mim crio.

Fora de mim, alheio ao em que penso,
O fado cumpre-se. *Mas eu*[4] me cumpro
      Segundo o âmbito breve
      Do que *de*[5] meu me é dado.

30-01-1927

---

1   Variante na margem direita da folha: «Antedeposto».
2   Variante aos três últimos versos: «Ah, contra o adverso muito nada próprio / E único vences, frustre. A vida é ínvia. / Abdica, e sê / Rei de ti mesmo (variante subposta: "Rei só de ti.").».
3   A preposição é opcional, está entre parênteses.
4   Variante sobreposta: «Porém».
5   Variante subposta: «por».

55

O relógio de sol partido marca
Do mesmo modo que o inteiro o lapso
    Da mesma hora perdida...
O mesmo gozo com que esqueço, ou o *julgo*,[1]
    A vida, finda, me a mim mesmo mostra
    Mais fatal e mortal,
Para onde quer que siga a certa noite
    Como quer que a entendamos.[2]

30-01-1927

56

Nem relógio parado, nem a falta
Da água em clepsidra, ou *ampulheta cheia*,[3]
    Tiram o tempo ao tempo.

30-01-1927

57

O *acaso*,[4] sombra que projecta o Fado,
Seus dados lança, e o *Destino*[5] os soma,
    E recolhem[6] ao copo.

30-01-1927

58

Solene passa sobre a fértil terra
A branca, inútil nuvem fugidia,
Que um negro instante de entre os campos ergue
    Um sopro arrefecido.

Tal me alta na alma a lenta ideia voa
E me enegrece a mente, mas já torno,
Como a si mesmo o mesmo campo, ao dia
    Superfície da vida.

31-05-1927

---

1   Variante sobreposta: «creio».
2   Variante, na margem direita: «Quer ou não a vejamos».
3   Variante sobreposta: «na ampulheta a areia».
4   Variante sobreposta: «caso».
5   Variante sobreposta: «Fado».
6   Variante na margem esquerda: «Alguém recolhe».

59

Atrás não torna, nem, como Orfeu, *volve*[1]
    Sua face, Saturno.
Sua severa frente[2] reconhece
    Só o lugar do futuro.
Não temos mais decerto que o instante
    Em que o pensamos certo.
Não o pensemos, pois, mas o façamos
    Certo sem pensamento.

31-05-1927

60

Enquanto eu vir o sol *doirar as*[3] folhas
E sentir toda a brisa nos cabelos
    Não quererei mais nada.
Que me pode o Destino conceder
Melhor que o lapso *gradual*[4] da vida
    Entre ignorâncias d'estas?
Pomos a dúvida onde há rosas. Damos
Metade do sentido *ao entendimento*[5]
    E ignoramos, pensantes.
Estranha a nós a natureza *externa*[6]
Campos *espalha*,[7] flores *ergue*,[8] frutos
    Redonda,[9] e a morte chega.
Terei razão, se a alguém razão é dada,
Quando me a morte conturbar a mente
    E já não veja mais

---

1   Variante, a seguir, entre parênteses: «volta».
2   Será um lapso do poeta, querendo escrever «fronte»?
3   Variantes sobrepostas: «lustrar as»; «luzir nas».
4   Palavra dubitada com variante sobreposta: «sensual».
5   Variante sobreposta, excepto «sentido»: «Quasi todo o sentido a entendê-lo.».
6   Variante sobreposta: «extensa».
7   Variantes: subposta, «alastra»; na margem esquerda, «ondula».
8   Palavra dubitada; variante sobreposta: «abre».
9   Variantes subpostas: «Pendura»; «Cora».

Que à razão de saber porque vivemos
Nós nem a achamos nem achar se deve,
    Impropícia e profunda.
Sábio deveras o que não procura,
Que encontrará o abismo em todas cousas[1]
    E a dúvida em si-mesmo.

                               16-06-1927

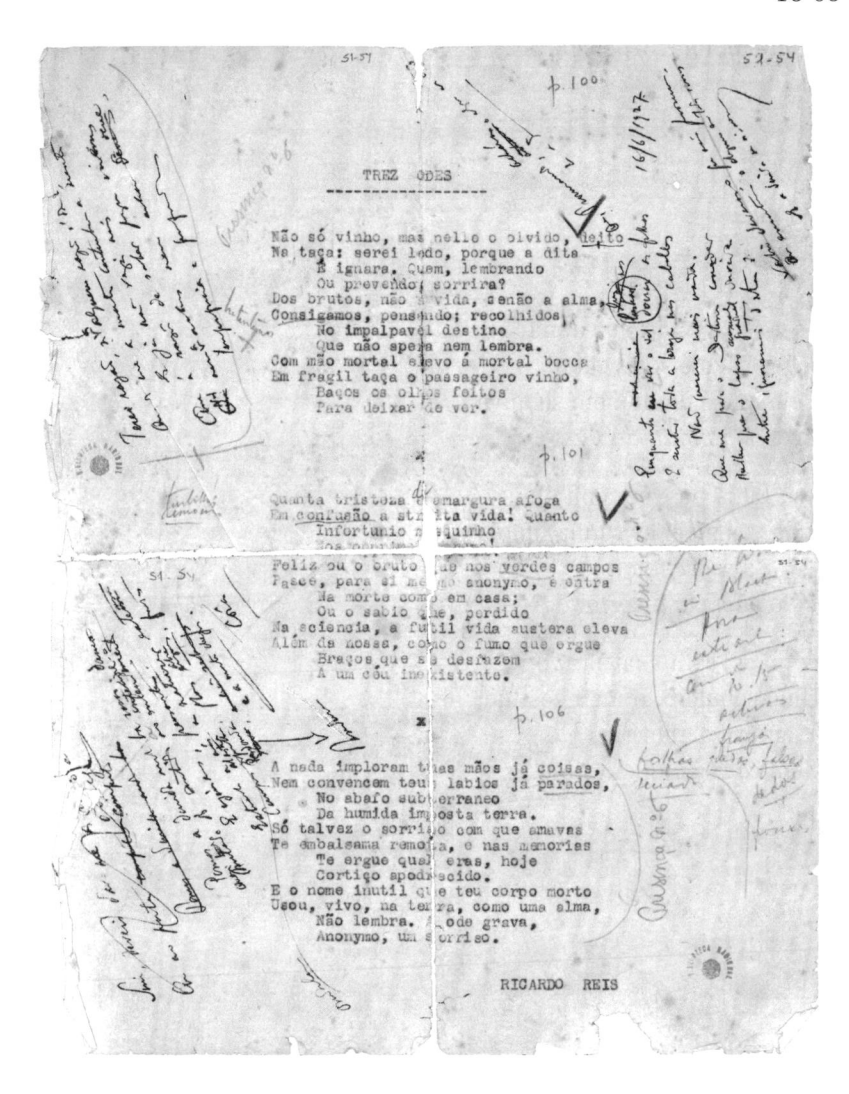

Figura 28. Fac-símile do poema «Enquanto eu vir o sol doirar as folhas», escrito à margem de «TRÊS ODES», dactilografadas, para publicação

---

1   Variante, no cabeçalho da folha: «Que, procurando, achará o abismo em tudo».

61

Aqui, dizeis, na cova a que me *abeiro*,[1]
Não stá quem eu amei. Olhar nem *riso*[2]
    Se escondem nesta leiva.
Ah, mas olhos e boca aqui se escondem!
Mãos apertei, não alma, e aqui *jazem*.[3]
    Homem, um corpo choro.

06-07-1927

62

Lenta, descansa a onda que a maré deixa.
Pesada cede. Tudo é sossegado.
    Só o que é de homem se ouve.
    Cresce *a vinda da lua*.[4]

Nesta hora, Lídia ou Neera ou Cloe,
Qualquer de vós me é estranha, que me inclino
    Para o segredo dito
    Pelo silêncio incerto.[5]

Tomo nas mãos, como caveira, ou chave
De supérfluo sepulcro, o[6] meu destino,
    E ignaro o aborreço
    Sem coração que o sinta.[7]

06-07-1927

---

1   Variante sobreposta: «chego».
2   Variante sobreposta: «fala».
3   Variante sobreposta: «morrem».
4   Variante sobreposta: «o luar ausente».
5   Variante, na margem direita, para os dois versos: «Só para o vão segredo / Dito pela incerteza.».
6   Artigo considerado opcional.
7   Estão dubitados os quatro últimos versos.

63

Quantos gozam o gozo de gozar
Sem que gozem o gozo, e o dividem
    Entre eles e o *que os outros*[1]
    Vêem que gozam eles.[2]

Ah, Lídia, *as vestes*[3] do gozar omite,
Que o gozo é um, se é *gozo*,[4] nem o damos
    Aos outros como prémio
    De *nos verem gozando.*[5]

Cada um é ele só, e se com outros
Goza, dos outros *goza*,[6] não *com*[7] eles.
    Aprende o que te ensina
    Teu corpo, teu limite.

                                            09-10-1927

64

Floresce em ti, ó magna terra, em cores
A vária primavera, e o verão vasto,
    E os campos são de alegres.[8]
Mas dorme em cada campo o outono dele
E o inverno espreita a aurora que ignora –[9]
    E a *morte é cada dia.*[10]

                                            09-10-1927

---

1   Variante sobreposta: «verem».
2   Variante sobreposta: «Os outros que eles gozam». Contrariamente ao habitual, o verso objecto de uma variante está entre parênteses, sinal do descontentamento do autor.
3   Variantes: sobreposta, «o fausto»; subposta, «os trajos».
4   Variante sobreposta: «nosso».
5   Variantes: sobreposta, «verem que gozamos»; subposta, «verem nosso gozo».
6   Variante sobreposta: «goze».
7   Variante sobreposta: «para».
8   Verso dubitado.
9   Variante sobreposta: «O inverno cresce com as folhas verdes».
10   Variantes: subposta, «tudo o esquecimento.»; ao verso inteiro, na margem esquerda, «Tudo será esquecido.».

65

Toda visão da crença se acompanha,
Toda crença da acção; e a acção se perde,
    Água em água entre tudo.
Conhece-te, se podes. Se não podes
Conhece que não podes. Saber sabe.
    Sê teu. Não dês nem speres.

19-10-1927

66

O sono é bom pois despertamos dele
Para saber que é bom. Si a morte é sono
    Despertaremos dela;
    Si não, e não é sono,

Com quanto em nós é nosso a refusemos
Enquanto em nossos corpos condenados
    Dura, do carcereiro,
    A licença indecisa.

Lídia, a vida mais vil antes que a morte,
Que desconheço, quero; e as flores colho
    Que te entrego, votivas
    De um pequeno destino.

19-11-1927

67

Pesa[1] a sentença *atroz*[2] *do algoz ignoto*[3]
Em cada *cerviz néscia.*[4] É entrudo e riem,[5]
Felizes, porque *neles*[6] pensa e sente
    A vida, que não eles.

---

1   Variante na margem esquerda: «Pese».
2   Variante sobreposta: «igual».
3   Variante na margem direita: «da ignota sorte» (variante de «sorte», «morte»); variante sobreposta de «algoz», «juiz». Variante sobreposta para todo o verso: «Pesa o decreto atroz (variante sobreposta de atroz: «igual») do fim certeiro (variante sobreposta de certeiro: «diverso»)».
4   Variante na margem superior da folha: «mortal corpo» (var. sobrep. a mortal: «breve»); vars. para néscia: sobreposta, «viva»; na margem esquerda, «inscia» e «serva».
5   Depois de «riem», um ponto final entre parênteses e, ao lao, uma vírgula.
6   Variante, a seguir, entre parêntesis: «em eles».

De rosas, inda que de falsas, teçam
Capelas veras. *Breve e vão*[1] é o *tempo*[2]
Que lhes é dado, e por *misericórdia*[3]
    Breve nem vão sentido.

Se a ciência é vida, sábio é só o néscio.
Quão pouca diferença a mente interna
Do homem da dos brutos! Sus! *Deixai*[4]
    Brincar[5] os moribundos![6]

20-02-1928

68

Doce é o fruto à vista, e à boca amaro,
Breve é a vida ao tempo e longa à alma,
    A arte, com que todos[7]
– Ora sem saber vazando o copo vil,
Ora, enchendo-o, conscientes – nos ornamos,
    Chegada a morte, despe-se.

20-02-1928

69

Dois é o prazer: gozar e o gozá-lo.
Ao néscio elege o primo, o sábio ao outro.
    E o igual fado é diverso.
Na taça que ergo ondeio, e vejo[:] as bolhas
Incluo no que sinto, e ao pegar[8]
    Mais puro stá *na taça*.[9]

21-02-1928

---

1   Variante na margem esquerda: «Nada e só»; variantes de «Breve»: na margem direita, «Scasso» e «Curto», na margem inferior, «Oco».
2   Variante subposta: «spaço».
3   Variante ao lado: «bom caso a (var. sobrep. a «a»: «em») todos».
4   Variante, na margem direita: «Leixai».
5   Variante, na margem esquerda: «Viver».
6   Var fac-símile na página 258.
7   Vírgula retirada por separar o sujeito «todos» do predicado.
8   Variante, ao lado: beber
9   Variantes subpostas: «no fundo» e «no gosto».

70

Concentra-te, e serás sereno e forte;
Mas concentra-te fora de ti mesmo.
Não sê mais para ti que o pedestal
No qual ergas a státua do teu ser.
Tudo mais empobrece, porque é pobre.

10-04-1928

71

Inglória é a vida, e inglório o conhecê-la.
Quantos, se pensam, *não se reconhecem*[1]
    Os que se conheceram!
A cada hora se muda não só a hora
Mas o que se crê nela, e a vida passa
    Entre viver e ser.[2]

26-04-1928

72

Nos altos ramos de árvores frondosas
O vento faz um rumor frio e alto,
Nesta floresta, em este som me perco
    E sozinho medito.
Assim no mundo, acima do que sinto,
Um vento faz a vida, e a deixa, e a toma,
E nada tem sentido – nem a alma
    Com que penso sozinho.

26-04-1928

---

1   Variantes: sobreposta a «não», «nem»; subposta a «não se reconhecem», «já se desconhecem».
2   Um longo traço cortado, na margem esquerda, considera todo o poema de redacção provisória.

73

O anel dado ao mendigo é injúria, e a sorte
Dada a quem pensa é infâmia, que quem pensa
    Quer verdade, e não sorte.
Como um mendigo a quem é dado o nome
De rei, não come dele, mas do prato
    Do rei, minha esperança
Da razão que há em tê-la se alimenta
    E não do que deseja.

26-04-1928

74

Tudo que cessa é morte, e a morte é nossa
Se é para nós que cessa. Aquele arbusto
    Fenece, e vai com ele
    Parte da minha vida.

Em tudo quanto olhei fiquei em parte.
Com tudo quanto vi, se passa, passo,
    Nem distingue a memória
    O[1] que vi do que fui.

07-06-1928

75

Tarda o verão. No campo tributário
Da nossa sprança, não há sol bastante,
Nem se speravam as que vêm, chuvas
    Na estação, deslocadas.

---

1   Corrigi «Do», no original pessoano («Do que vi»), que, apesar de mantido até hoje em todas as edições, se me afigura evidente lapso. Podemos também admitir que o lapso resida no segundo «do».

Meu vão conhecimento do que vejo
Com o que é falso se contenta, ou desiste,
Se pouco dado à conclusão factícia
    Do moribundo tudo.[1]

                              07-06-1928

76

A cada qual, como a statura, *é dada*[2]
    A justiça: uns faz altos
    O fado,[3] outros felizes.

Nada é prémio: sucede o que acontece.
    Nada, Lídia, devemos
    Ao fado, senão tê-lo.

                              20-11-1928

77

Nem da erva humilde se o Destino esquece.
    Seiva a lei o que vive.
De sua natureza murcham rosas
    E prazeres se acabam.
Quem nos conhece, amigo, tais quais fomos?
    Nem nós *os*[4] conhecemos.

                              20-11-1928

---

1   Os quatro últimos versos estão dubitados.
2   Variante sobreposta: «cabe».
3   Variante sobreposta: «A sorte».
4   Variante sobreposta: «nos»

78

Quem diz ao dia, Dura! e à treva, Acaba!
    E[1] a si não diz, Não digas!
Sentinelas absurdas, vigilamos,
    Ínscios dos contendentes.
Uns *sob*[2] o frio, outros *no ar brando,*[3] guardam
O posto e a *insciência sua.*[4]

          21-11-1928

79

Negue-me tudo a sorte, *menos*[5] vê-la,
    Que eu, stóico sem dureza,
Na sentença gravada do Destino
    Quero gozar as letras.

          21-11-1928

80

Sê lanterna, *dá*[6] luz com vidro *à roda.*[7]
    Da luz[8] o calor guarda.
Não poderão os ventos opressivos
    Apagar tua luz;
Nem teu calor, disperso, irá ser frio
    No inútil infinito.

          03-03-1929

---

1   A conjunção «E» é opcional: está entre parênteses.
2   Variante sobreposta: «com».
3   Variante sobreposta: «a um ar bom».
4   Variante sobreposta: «própria insciência».
5   Variante sobreposta: «salvo».
6   Variante sobreposta: «sê».
7   Variante sobreposta: «em torno».
8   Variante subposta: «Porém».

81

Se recordo quem fui, outrem me vejo,
E o passado é um presente na lembrança.
    Quem fui é alguém que amo[1]
    Porém somente em sonho.

E a saudade que me aflige a mente
Não é de mim nem do passado visto,
    Senão de quem habito
    Por trás dos olhos cegos.

Nada, senão o instante, me conhece.
Minha mesma lembrança é nada, e sinto
    Que quem sou e *quem*[2] fui
    São sonhos diferentes.

26-05-1930

82

No breve número de doze meses
O ano passa, e[3] breves são os anos,
    Poucos a vida dura.

Que são doze ou sessenta na floresta
Dos números, e quanto pouco falta
    Para o fim do futuro!

Dois terços já, tão rápido, do curso
Que me é imposto correr descendo, passo.
    Apresso, e breve acabo.[4]

18-06-1930

---

1   Na margem direita, junto ao segundo verso, variantes para este e o anterior: «No passado, presente da lembrança / Sinto-me como um sonho.».
2   Variante sobreposta: «os que».
3   Conjunção «e» entre parênteses, sinal de opcional.
4   Variante subposta: «Dado em declive deixo, e invito apresso / O moribundo passo».

R. Reis.

18/6/1930.

```
No breve numero de doze mezes
O anno passa,(e)breves são os annos,
   Poucos a vida dura.
Que são doze ou sessenta na floresta
Dos numeros, e quanto pouco falta
   Para o fim do futuro!
Dois terços já, xxx xxxxxxxxxxxxxxx tam rapido, do curso
Que me é imposto correr descendo, xxxxx xxxxxx passo.
   Apresso, e breve acabo.
          deixo
Dado em declive xxxxx, e invito apresso
   O moribundo passo.
```

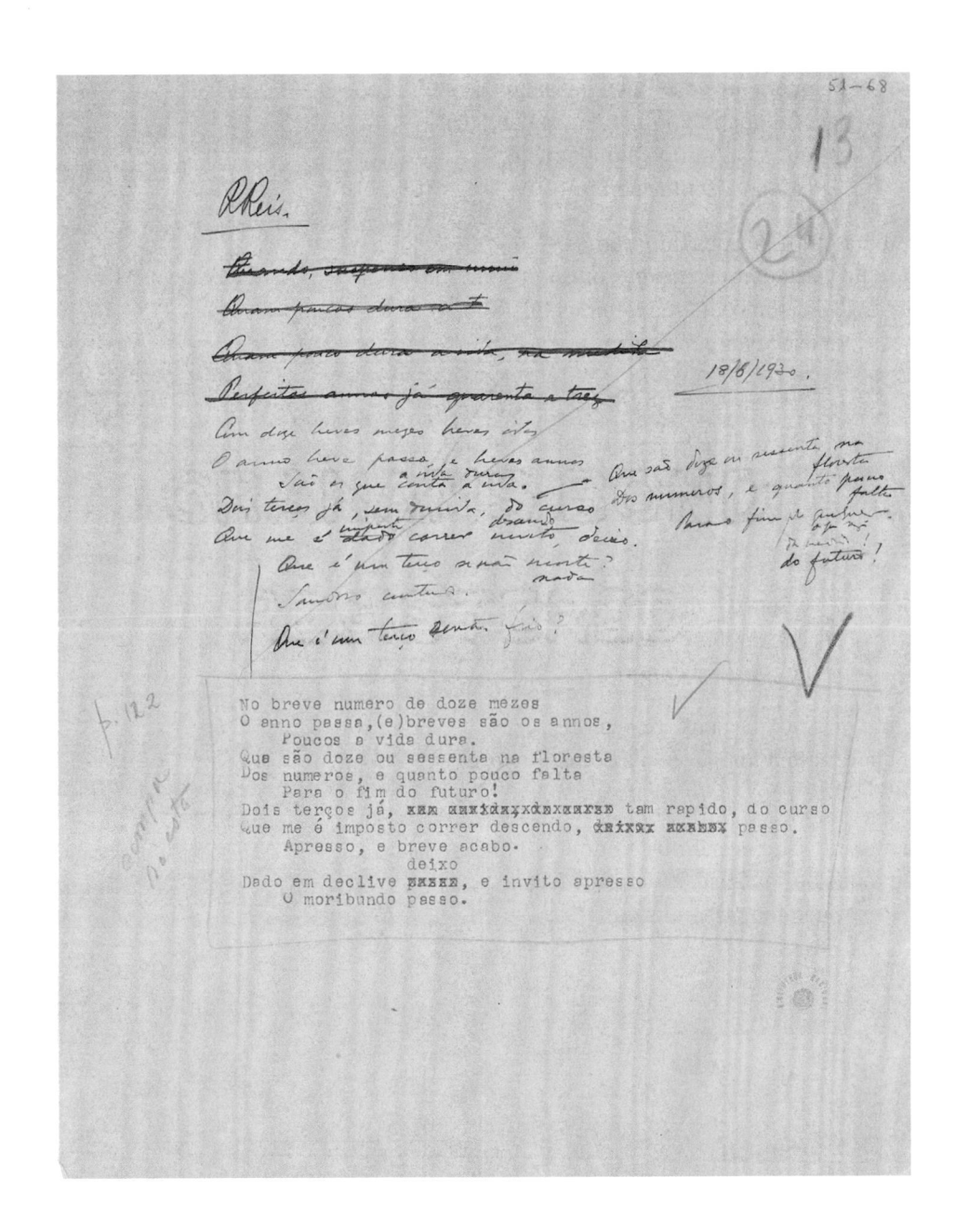

Figura 29. Rascunho e poema «No breve número de doze meses», passado a limpo, bastante diferente do rascunho

83

Não sei de quem *memoro*[1] meu passado
Que outrem fui quando o fui, nem se conheço
Como sentindo com minha alma aquela
      Alma que a sentir lembro.

De dia a outro nos desamparamos.
Nada de verdadeiro a nós nos une.
Somos quem somos, e quem fomos foi
      Cousa vista por dentro.

02-07-1930

84

Quem fui é externo a mim. Se lembro, vejo;
E ver é[2] ser alheio. Meu passado
      Só por visão relembro.

Aquilo mesmo que senti me é claro.
Alheia é a alma antiga; o que *em mim mora*[3]
      Veio hoje e isto é estalagem.[4]

Quem pode conhecer, entre tanto erro
De modos de sentir-se, a *própria*[5] forma
      Que tem para consigo?

02-07-1930

---

1   Variante sobreposta: «recordo».
2   No autógrafo, «e», sem acento.
3   Variante sobreposta: «me sinto».
4   Variante subposta: «Chegou hoje à estalagem».
5   Variante sobreposta: «exacta».

85

O que sentimos, não o que é sentido,
É o que temos. Claro, o inverno estreita.
      Como à sorte o acolhamos.

Haja inverno na terra, não na mente,
E, amor a amor, ou livro a livro, amemos
      Nossa lareira[1] breve.

08-07-1930

86

Débil no vício, débil na virtude
A humanidade débil, nem na fúria
      Conhece mais que a norma.

Pares e diferentes nos regemos
Por uma norma própria, e inda que dura,
      Será a[2] liberdade.

Ser livre é ser a própria imposta norma
Igual a todos, salvo no amplo e duro
      Mando e uso de si mesmo.[3]

09-07-1930

---

1   Na tradição da Ática, que ainda perdura em muitas reedições, «caveira».
2   Retirei o acento do original, admitindo ser lapso.
3   A penúltima e a última estrofes estão dubitadas.

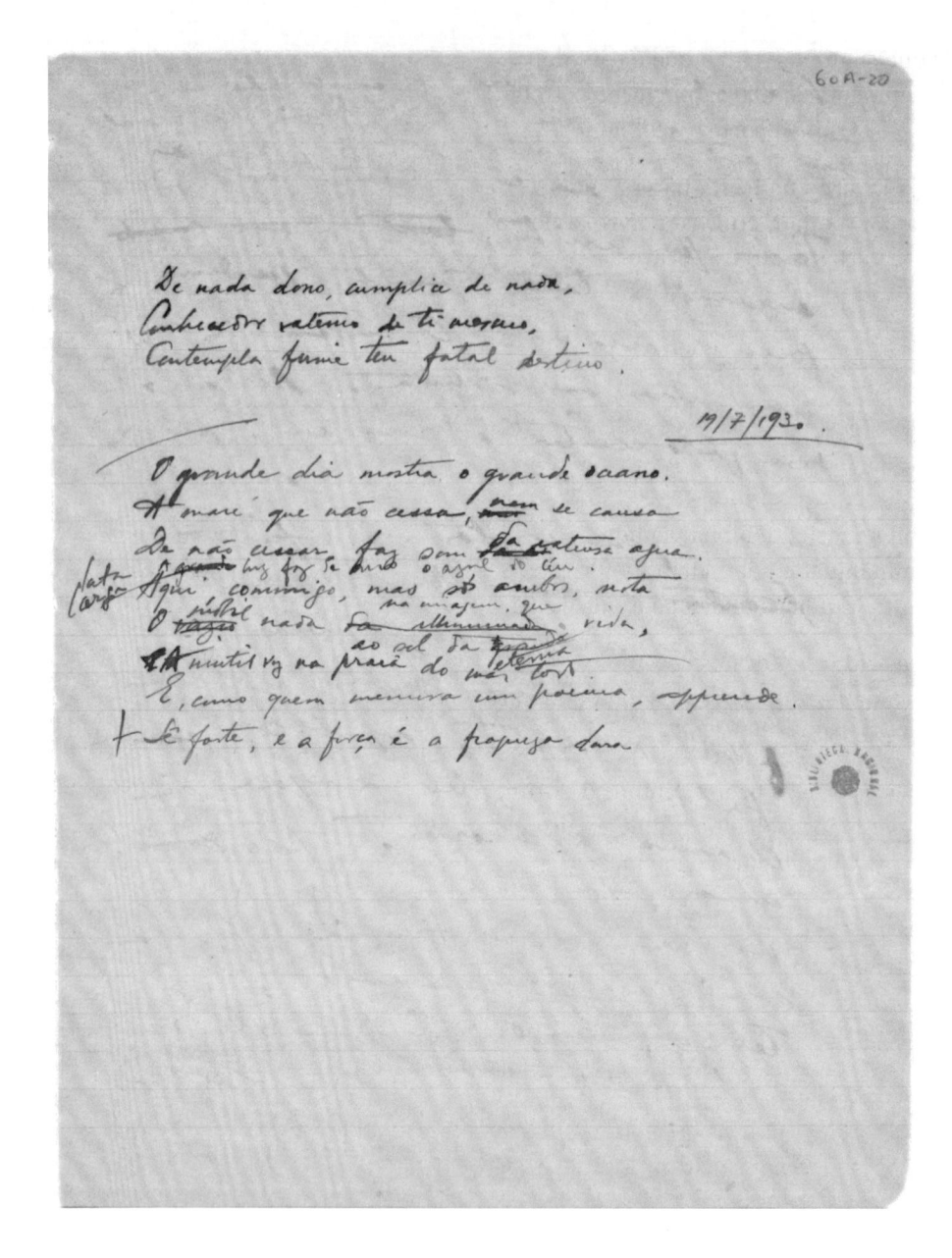

Figura 30. Dois poemas inéditos, indiscutivelmente de Ricardo Reis, embora sem atribuição: «De nada dono, cúmplice de nada» e «O grande dia mostra o grande oceano»

87

De nada dono, cúmplice de nada,[1]
Conhecedor externo de ti mesmo,
Contempla firme teu fatal destino.

19-07-1930

88

O grande dia mostra o grande oceano. [2]
A maré que não cessa, nem se cansa
De não cessar, faz som da extensa água.
A *larga*[3] luz faz de ouro o azul do céu.
Aqui, comigo, mas *sós ambos*,[4] nota
O móbil nada ao sol da eterna vida,
A inútil voz na praia do mar todo.
E, como quem memora um poema, aprende.
Sê forte, e a força é a fraqueza dura. [5]

19-07-1930

---

1 Poema inédito.
2 Poema inédito.
3 Variante subposta: «lata».
4 Variante subposta, de indiscutível leitura, mas que não faz sentido: «na imagem que».
5 O último verso tem, na margem, sinal de dubitado.

89

Não sei se é amor que tens, ou amor que finges,
O que me dás. Dás-mo. Tanto me *basta*.[1]
    Já que o não sou por tempo,
    Seja eu jovem por erro.

Pouco os Deuses nos dão, e o pouco é falso.
Porém, se o dão, falso que seja, a dádiva
    É verdadeira. Aceito,
    Cerro olhos: é bastante.[2]

                                                12-09-1930

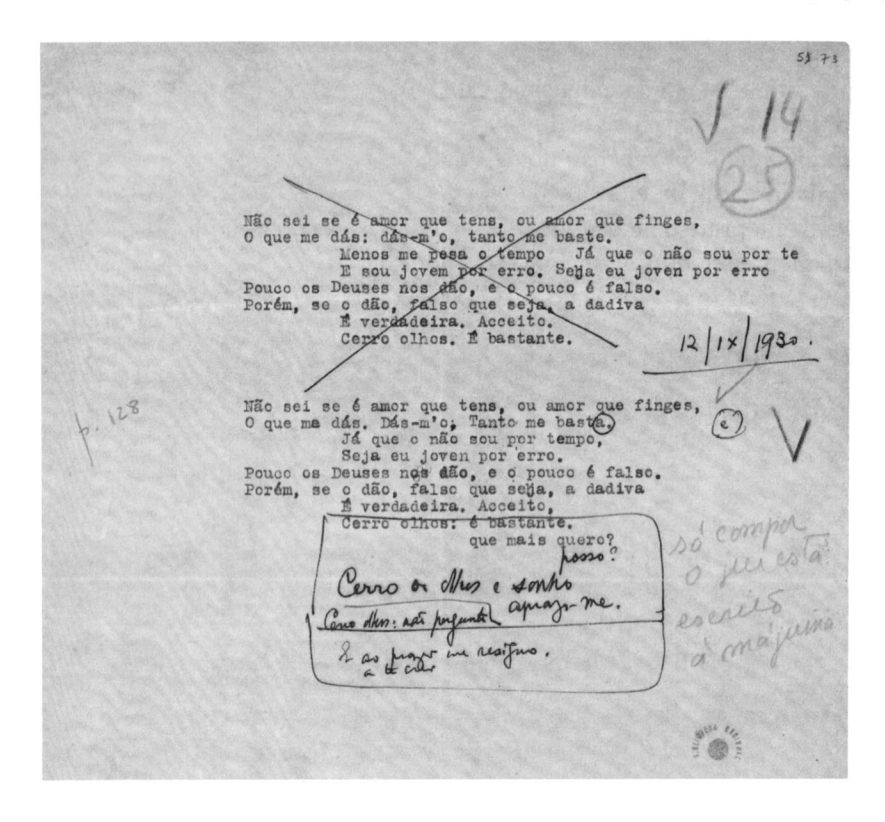

Figura 31. Pessoa dactilografou de novo um poema já aparentemente acabado mas em que, na sua ânsia de perfeição, introduziu numerosas variantes (não emendas, porque não rejeitou o que está na linha corrida) ao último verso

---

1   Variante: «baste» (ao lado, o «a» final está substituído por «e».
2   Variantes subpostas para «é bastante»: «que mais quero?», «que mais posso?», «não pergunto». Variantes subpostas para todo o último verso: «Cerro os olhos e sonho» (variante de «sonho», «aprazo-me»); «E ao prazer me resigno.» (variante a «ao prazer», «a te crer»).

90

Quer pouco: terás tudo.
Quer nada: serás livre.
O mesmo amor que tenham
Por nós, quer-nos, oprime-nos.

01-11-1930

91

Não só quem nos odeia[1] ou nos inveja
Nos limita e oprime; quem nos ama
      Não menos nos limita.

Que os Deuses me concedam que, despido
De afectos, tenha a fria liberdade
      Dos píncaros sem nada.

Quem quer pouco, tem tudo; quem quer nada
É livre; quem não tem, e não deseja,
      Homem, é igual aos Deuses.

01-11-1930

92

Não quero, Cloe, teu amor, que oprime
Porque me exige amor. Quero ser livre.

A sperança é um dever do sentimento.

01-11-1930

---

1   No original: «odia».

93

Nunca a alheia vontade, inda que grata,
Cumpras por própria. Manda no que fazes,
      Nem de ti mesmo servo.

Ninguém te dá quem és. Nada te mude.
Teu íntimo destino involuntário
      Cumpre alto. Sê teu filho.

19-11-1930

94

No mundo, só comigo, me deixaram
      Os Deuses que dispõem.
Não posso contra eles: o que deram
      Aceito sem mais nada.
Assim o trigo baixa ao vento, e, quando
      O vento cessa, ergue-se.

19-11-1930

95

Os deuses e os messias que são deuses
Passam, e os sonhos vãos que são messias.
      A terra muda dura.

Nem deuses, nem messias, nem ideias
Me trazem rosas. Minhas são se as tenho.
      Se as tenho, que mais quero?

08-02-1931

96

Do que quero renego, si o querê-lo
Me pesa na vontade. Nada que haja
      Vale que lhe concedamos
      Uma atenção que doa.

Meu balde exponho à chuva, por ter água.
Minha vontade, assim, ao mundo exponho,
      Recebo o que me é dado,
      E o que falta não quero.[1]

14-03-1931

97

Quem és, não o serás, que o tempo e a sorte
Te mudarão em outro.
Para quê pois em seres te empenhares
O que não serás tu?
Teu é o que és, teu o que tens, de quem
É *que é o*[2] *que tiveres?*[3]

22-09-1931

98

Breve o dia, breve o ano, breve tudo.
      Não tarda nada sermos.
Isto, pensado, me de a mente absorve
      Todos mais pensamentos.
O mesmo breve ser da mágoa pesa-me,
      Que, inda que mágoa, é vida.[4]

27-09-1931

---

1   Variantes subpostas: «O que me é dado quero / Depois de dado, grato.»; «Nem quero mais que o dado / Ou que o tido desejo.».
2   Variante subposta: «o não-teu».
3   Variante, na margem inferior, para todo o verso: «É o que outro tiveres?».
4   Variante subposta para os dois últimos versos: «Breve é a mágoa, / Que, inda que dor, é vida.».

99

Domina ou cala. Não te percas, dando
      Aquilo que não tens.
Que vale o César que serias? Goza
      Bastar-te o pouco que és.
Melhor te acolhe a vil choupana dada
      Que o palácio devido.

27-09-1931

100

Tudo, desde ermos astros afastados
      A nós, nos dá o mundo.
E a tudo, alheios, nos acrescentamos,
      Pensando e interpretando.
A próxima erva a que a mão chega basta.
      O que há é o melhor.

10-12-1931

101

Ninguém, na vasta selva religiosa,
Do mundo inumerável, finalmente
      Vê o deus que conhece.

Só o que a brisa traz se ouve na brisa.
O que pensamos, seja amor ou deuses,
      Passa, porque passamos.

10-12-1931

102

Outros com liras ou com harpas narram,
    Eu com meu pensamento,
Que, por meio de música, acham nada
    Se acham só o que sentem.
Mais pesam as palavras que, medidas,
    Dizem que o mundo existe.

                              [10-12-1931]

103

Se a cada coisa que há um deus compete,
Porque não haverá de mim um deus?
    Porque o não serei eu?

É em mim que o deus anima porque eu[1] sinto,
O mundo externo claramente vejo –
    Coisas, homens, sem alma.

                              Dezembro de 1931

104

Azuis os montes que estão longe param.
De eles a mim o vário campo ao vento, à brisa,
Ou verde ou amarelo ou variegado,
    Ondula incertamente.

Débil como uma haste de papoila
Me suporta o momento. Nada quero.
Que pesa o escrúpulo do pensamento
    Na balança da vida?

---

1   Pronome opcional: está entre parênteses.

Como os campos, e vário, e como eles,
Exterior a mim, me entrego, filho
Ignorado do Caos e da Noite
    Às férias em que existo.

                                                31-03-1932

105

Lídia, ignoramos. Somos estrangeiros
Onde quer que moremos.[1] Tudo é alheio
    Nem fala língua nossa.

Façamos de nós mesmos o retiro
Onde esconder-nos, tímidos do insulto
    Do tumulto do mundo.

Que quer o amor mais que não ser dos outros?
Como um segredo dito nos mistérios,
    Seja sacro por nosso.

                                                09-06-1932

106

Severo narro. Quanto sinto penso.
    Palavras são ideias.
Múrmuro, o rio passa, e o som não passa,
    Que é nosso, não do rio.
Assim quisera o verso: meu e alheio
    E por mim mesmo lido.

                                                16-06-1932

---

[1] O poeta abandonou dois versos iniciais: «Lídia, ignoramos. Somos estrangeiros / Onde quer que estejamos.».

107

Flores amo *e*¹ não busco. Se aparecerem
Me agrado ledo, *que*² buscar prazeres
    *Tem o esforço*³ da busca.

A vida seja como o sol, que é dado,
Nem arranquemos flores, que, *arrancadas*,⁴
    Não são nossas, mas mortas.

16-06-1932

108

Sereno aguarda o fim que pouco tarda.
Que é qualquer vida? Breves sóis e sono.
    Quanto pensas emprega
    Em não muito pensares. ⁵

Ao nauta o mar obscuro é a rota clara.
Tu, na confusa solidão da vida,
    A ti mesmo te elege
    (Não sabes de outro) o porto.

31-07-1932

109

Ninguém a *outro*⁶ ama, senão que ama
O que de si há nele, ou é suposto.
Nada te pese que não te amem. Sentem-te
    Quem és, e és estrangeiro.
Cura de ser quem és, amem-te ou nunca.
Firme contigo, sofrerás avaro
    De penas.⁷

10-08-1932

---

1   Variante subposta à copulativa «e», uma vírgula.
2   Variante sobreposta: «há em».
3   Variante sobreposta: «O desprazer».
4   Variante sobreposta: «tiradas».
5   Verso dubitado.
6   Variante, a seguir, entre parênteses: «outrem».
7   O verso não foi recolhido – por esquecimento?

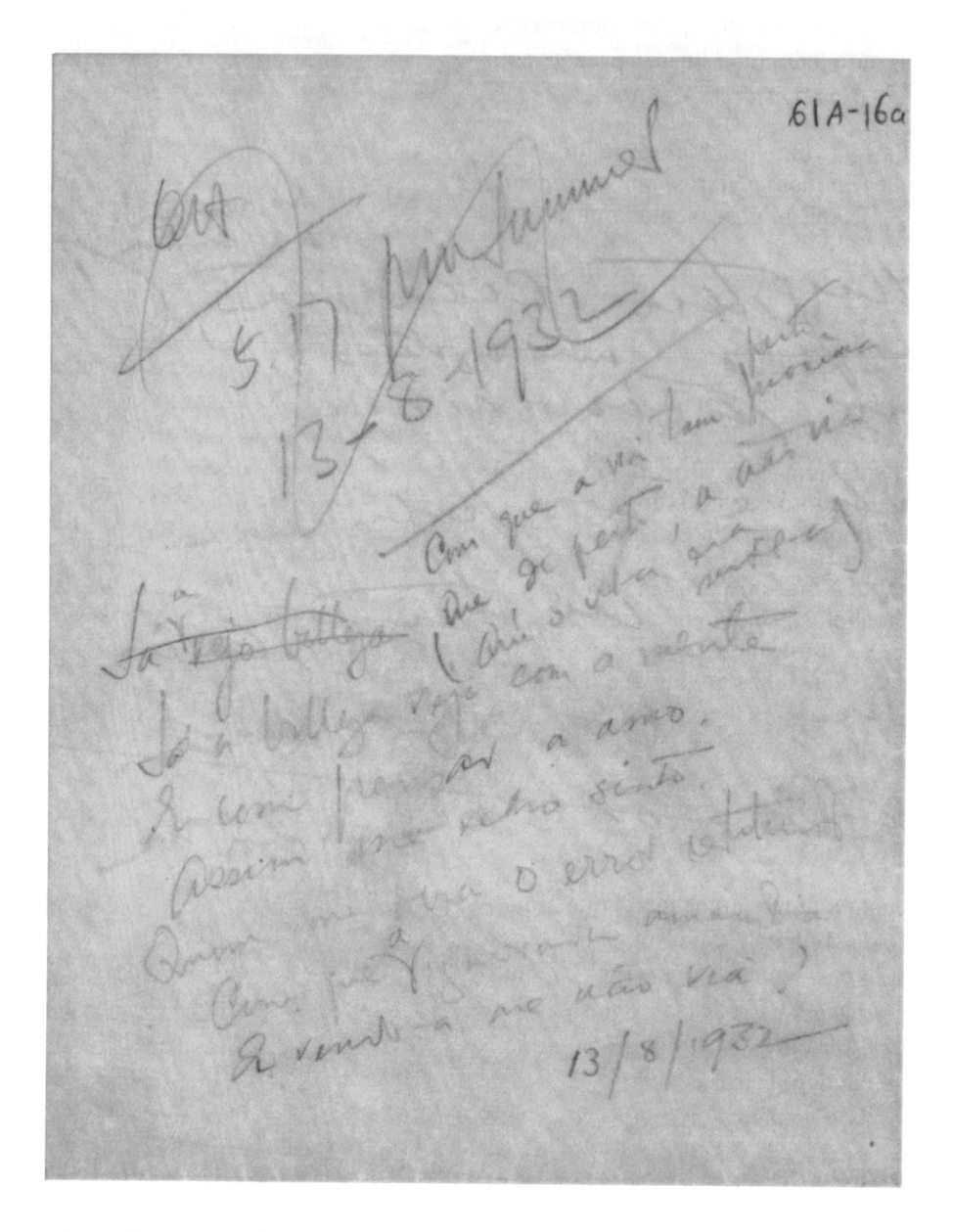

Figura 32. Fac-símile do poema inédito «Já a beleza vejo», escrito a lápis, muito apagado

110

Já a beleza vejo com a mente[1]
    E com pensar a amo.
    Assim em velho sinto.
Quem me dera o erro restituir
    Com que a ignorando amava
    E vendo-a me não via? [2]

13-08-1932

111

Para quê complicar[3] inutilmente,
Pensando, o que impensado existe? Nascem
    Ervas sem razão dada.
Para elas olhos, não razões, *são a alma*.[4]
Como através de um rio as contemplemos.

03-09-1932

112

Vive sem horas. Quanto mede *pesa*,[5]
    E quanto pesa[6] mede.
Num fluido incerto nexo, como o rio
    Cujas ondas são ele,
Assim teus dias sê, e se te vires
    Passar, como a outrem, cala.

08-09-1932

---

1   Poema inédito.
2   Variante aos dois últimos versos: «Com que a via tão próxima (variante de «próxima»: «perto») / Que, de perto, a não via» (variante a este verso: «Que o vê-la era senti-la»).
3   Palavra dubitada.
4   Expressão dubitada, com variante sobreposta: «tenhamos».
5   Palavra dubitada, com variante sobreposta: «lesa».
6   No original, «pensa», creio que por lapso, atendendo ao sentido obscuro destes versos: tudo o que tem dimensões tem peso (por isso, «lesa» como variante) e vice-versa.

113

Nada fica de nada. Nada somos.
Um pouco ao sol e ao ar nos atrasamos
Da irrespirável treva que nos pese
      Da húmida terra imposta,
Cadáveres adiados que procriam.

Leis feitas, statuas *altas*,[1] odes findas –
Tudo tem cova sua. Se nós, carnes
A que um íntimo sol dá sangue, temos
      Poente, porque não elas?
Somos contos contando contos, nada.

28-09-1932

114

Que mais que um ludo ou jogo é a extensa vida,
Em que nos distraímos de outra coisa –
      Que coisa, não sabemos –;
Livres porque brincamos se jogamos,
Presos porque tem regras *cada*[2] jogo;
      Inconscientemente?[3]
Feliz o a quem surge a consciência
Do jogo, mas não toda, e essa dele
      Em *a saber perder*.[4]

27-10-1932

---

1   Variante sobreposta: «vistas».
2   Variante, a seguir, entre parênteses: «todo».
3   O poeta tinha inicialmente uma interrogação que, por cima, substituiu por ponto final, alteração em que não repararam a EC e MPS. Depois deste verso, há a indicação: «(var. da últ. Lídia, Lídia, quem somos?)», com a variante subposta: «Quem somos? Quem seremos?». A EC inseriu no poema este último verso, o que me parece descabido. À sua boa maneira, Pessoa pode ter tomado nota de uma ideia que lhe ocorreu, a utilizar posteriormente.
4   Variante subposta: «o saber perdê-la.».

115

Quanto faças, supremamente faze.
Mais vale, se a memória é quanto temos,
Lembrar muito que pouco.

E se o muito no pouco te é possível,
Mais ampla liberdade de lembrança
Te tornará teu dono.

27-02-1933

116

Rasteja mole pelos campos ermos
    O vento sossegado.
Mais parece tremer de um tremor próprio,
    Que do vento, o que é erva.
E se as nuvens no céu, brancas e altas,
    Se movem, mais parece[1]
Que gira a terra rápida e elas passam,
    Por muito altas, lentas.
Aqui neste sossego dilatado
    Me esquecerei de tudo,
Nem hóspede será do que conheço
    A vida que deslembro.
Assim meus dias seu decurso falso
    Gozarão verdadeiro.

27-02-1933

117

Quero ignorado, e calmo
Por ignorado, e próprio
Por calmo, encher meus dias

---

[1] No autógrafo, «parecem», seguramente por lapso.

De não querer mais deles.

Aos que a riqueza toca
O ouro irrita a pele.
Aos que a fama bafeja
Embacia-se a vida.

Aos que a felicidade
É sol, virá a noite.
Mas ao que nada spera
Tudo que vem é grato.

02-03-1933

118

Cada dia sem gozo não foi teu:[1]
Foi só durares nele. Quanto vivas
      Sem que o gozes, não vives.

Não pesa que ames, bebas ou sorrias:
Basta o reflexo do sol ido na água
      De um charco, se te é grato.

Feliz o a quem, por ter em cousas mínimas
Seu prazer posto, nenhum dia nega
      A natural ventura!

14-03-1933

119

Pois que nada que dure, ou que, durando,
Valha, neste *confuso*[2] mundo obramos,
E o mesmo útil para nós perdemos
      Connosco, cedo, cedo,

---

1   Variante subposta, entre parênteses: «Dia em que não gozaste não foi teu».
2   Variante, a seguir, entre parênteses: «profuso».

O prazer do momento anteponhamos
À absurda cura do futuro, cuja
Certeza única é o mal presente
        Com que o seu bem compramos.

Amanhã não existe. Meu somente
É o momento, eu só quem *existe*[1]
Neste instante, que pode o derradeiro
        Ser de quem finjo[2] ser.

                                        16-03-1933

120

Estás só. Ninguém o sabe. Cala e finge.
        Mas finge sem fingires.
Nada speres que em ti já não exista,
        Cada um consigo é tudo.[3]
Tens sol se há sol, ramos se ramos buscas,
        Sorte se a sorte é *dada*.[4]

                                        06-04-1933

121

Uns, com os olhos postos no passado,
Vêem o que não vêem; outros, fitos
Os mesmos olhos no futuro, vêem
        O que não pode ver-se.

Porque tão longe ir pôr o que está perto –
A segurança nossa?[5] Este é o dia,
Esta é a hora, este o momento, isto
        É quem somos, e é tudo.

---

1   Variante, a seguir, entre parênteses: «existo».
2   A palavra «finjo» está dubitada, com um ponto de interrogação entre parênteses.
3   Na tradição da Ática, «triste» – leitura defensável: o traço final obliquando para a esquerda pode querer dizer que o autor vai pontuar um «i».
4   Variante sobreposta: «tua».
5   Sem riscar, depois de assinar e datar o poema, Pessoa encarou uma alternativa para este meio verso, que imaginou articular com o final do 2º verso da estrofe seguinte: «O dia real que vemos? / (passar para a 3ª) / No mesmo hausto...». Trata-se apenas de uma variante, não de uma correcção (como foi encarada por EC e MPS, que suprimiram uma parte bela e expressiva do poema).

Perene flui a interminável hora
Que nos confessa nulos. No mesmo hausto
Em que vivemos, morremos. Colhe
      O dia, porque és ele.

28-08-1933

122

Súbdito inútil de astros dominantes,
Passageiros como eu, vivo uma vida
      Que nem quero nem amo,
      Minha porque sou ela.

No ergástulo de ser quem sou, contudo,
De em mim pensar me livro, olhando no atro
      Os astros que dominam,
      Submisso de os ver brilhar.

Vastidão vã que finge de infinito
(Como se o infinito se pudesse ver!) –
      Dá-me ela[1] a liberdade?
      Como, se ela a não tem?

19-11-1933

123

Coroa ou tiara[2]
É só peso posto
Na fronte antes *lisa*.[3]

Coroa[4] de rosas,
Coroa de louros,
De nada nos servem.[5]

---

1   Variante sobreposta: «Lembra-me».
2   Variantes na margem direita: para «Coroa» ou para «tiara», «grinalda»; para todo o verso, «Grinalda ou coroa».
3   Variante na margem direita: «limpa».
4   Variante sobreposta: «grinalda».
5   Variante na margem direita: «A fronte transtornam.».

Que o vento nos possa
Tocar[1] nos cabelos,
A fronte *coroar-nos!* [2]

Que a fronte despida
Possa reclinar-se,
Serena, onde durma.

Cloe! Não conheço
Melhor alegria
Que esta fronte lisa.

19-11-1933

124

Aguardo, equânime, o que não conheço –
      Meu futuro e o de tudo.
No fim tudo será silêncio, salvo
      Onde o mar banhar nada.

13-12-1933

125

Amo o que vejo porque deixarei
      Qualquer dia de o ver.
      Amo-o também porque é.

No plácido intervalo em que me sinto,
      Por amar, mais que ser,
      Amo o haver tudo e a mim.

Melhor me não dariam, se voltassem,
      Os primitivos deuses,
      Que, também, nada sabem.

11-10-1934

---

[1]   Variante sobreposta: «mexer».
[2]   Variante subposta: «refrescar-nos!».

126

Fazer da ignorância uma ciência
    Eis o que conviria
    A quem convir fosse erro.

Porém a brisa e a sombra do arvoredo
    São bastante, e a memória
    Não conhece o futuro.

11-10-1934

127

Vivem em nós inúmeros;
Se penso ou sinto, ignoro
Quem é que pensa ou sente.
Sou somente o lugar
Onde se sente ou pensa.

Tenho mais almas que uma.
Há mais eus do que eu mesmo.
Existo todavia
Indiferente a todos.
Faço-os calar: eu falo.

Os impulsos cruzados
Do que sinto ou não sinto
Disputam em quem sou.
Ignoro-os. Nada ditam
A quem me sei: eu escrevo.

13-11-1935

POEMAS DATADOS POR DEFEITO E SEM DATA

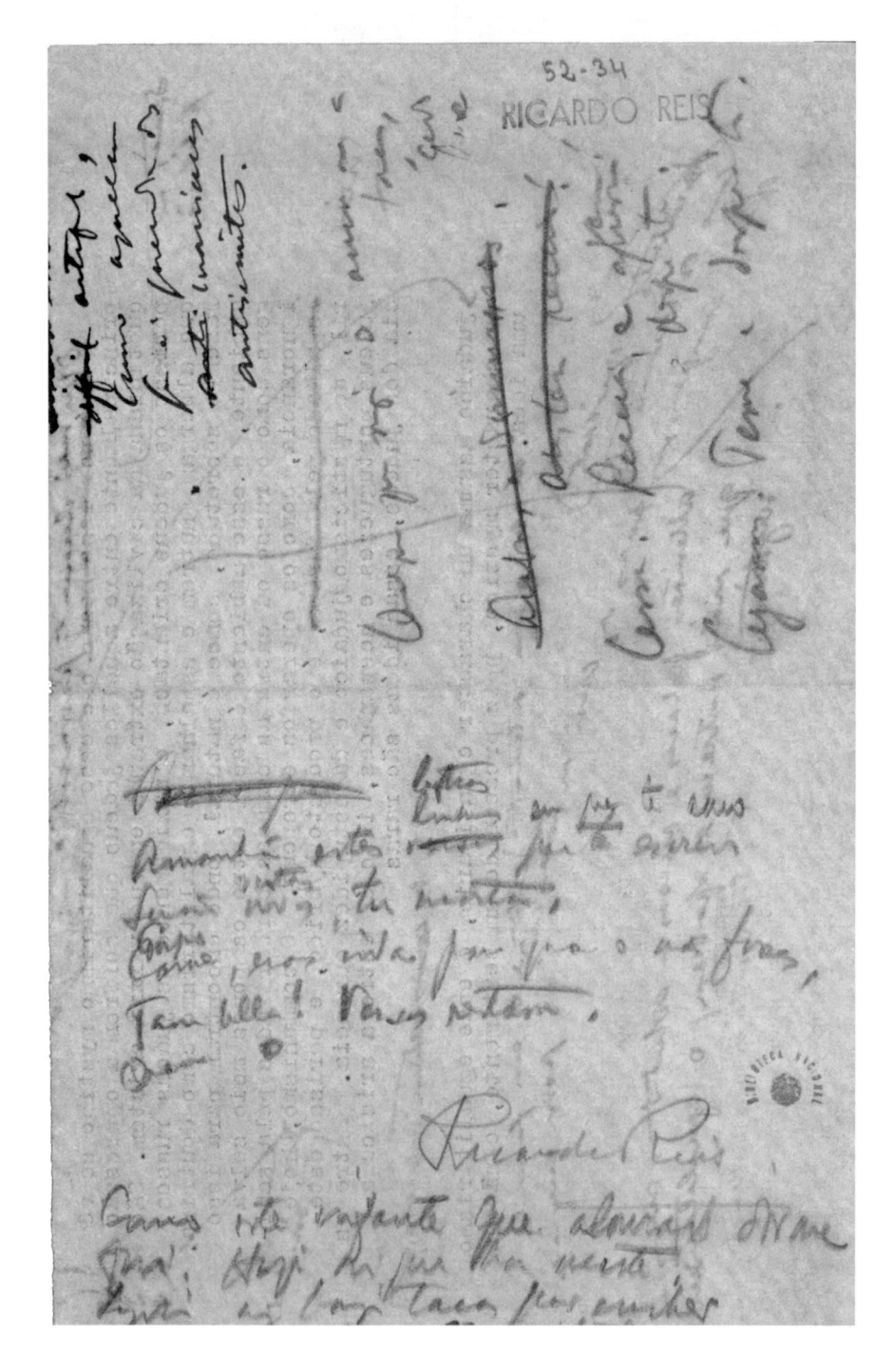

Figura 33. Fac-símile dos poemas manuscritos «Amanhã estas linhas» e «Como este infante», assinados e carimbados. Antes da assinatura, a variante subposta «Quam», a que me refiro em nota de rodapé

128

Amanhã estas *linhas*[1] *que te escrevo*[2]
Serão *vivas*,[3] tu morta,
Carne,[4] eras vida para que o não fosses,
Tão[5] bela! Versos restam.

[Posterior a 19 de Maio de 1917]

129

Como este infante que alourado dorme
Fui. Hoje sei que há morte,
Lídia, há largas taças por encher
Nosso amor que nos tarda.
Qualquer que seja o amor ou a taça, *cedo*[6]
Cessa. Receia, e *apressa*![7]
Ajamos. Teme e despe-te.

[Posterior a 19 de Maio de 1917]

130

Para os deuses as cousas são mais cousas.
Não mais longe eles vêem, mas mais claro
       Na certa Natureza
       E a contornada vida...

Não no vago que mal vêem
Orla misteriosamente os seres,
       Mas nos detalhes claros
       ☐ estão seus olhos.

A Natureza é só uma superfície.
Na sua superfície ela é profunda
       E tudo contém muito
       Se os olhos bem olharem.

---

1 Variante sobreposta: «letras».
2 Variante sobreposta: «em que te amo».
3 Variante sobreposta: «vistas».
4 Variante sobreposta: «corpo».
5 Variante subposta a «Tam» (actualizei, como sempre, para «Tão»): «Quam». A EC leu «Quem o» e acrescentou os seus símbolos de verso incompleto. Também MPS assim o considerou e, aparentemente por isso, não incluiu este (belo) poema na sua edição.
6 Variante subposta: «breve».
7 Variantes: sobreposta, «vem!»; subposta, «despe-te.».

Aprende pois, tu, das cristãs angústias,
Ó traidor à multíplice presença
    Dos deuses, a não teres
    Véus nos olhos nem na alma.

[entre 1914 e 1918]

131

Ó nau que voltas do nocturno vasto[1]
Oceano sem termo que vejamos
Traz ao menos do incerto, de onde vens,
Uma nova melhor
De que a vida e o prazer acabam cedo,
De que a sperança cumpre.

[Anterior a 1923]

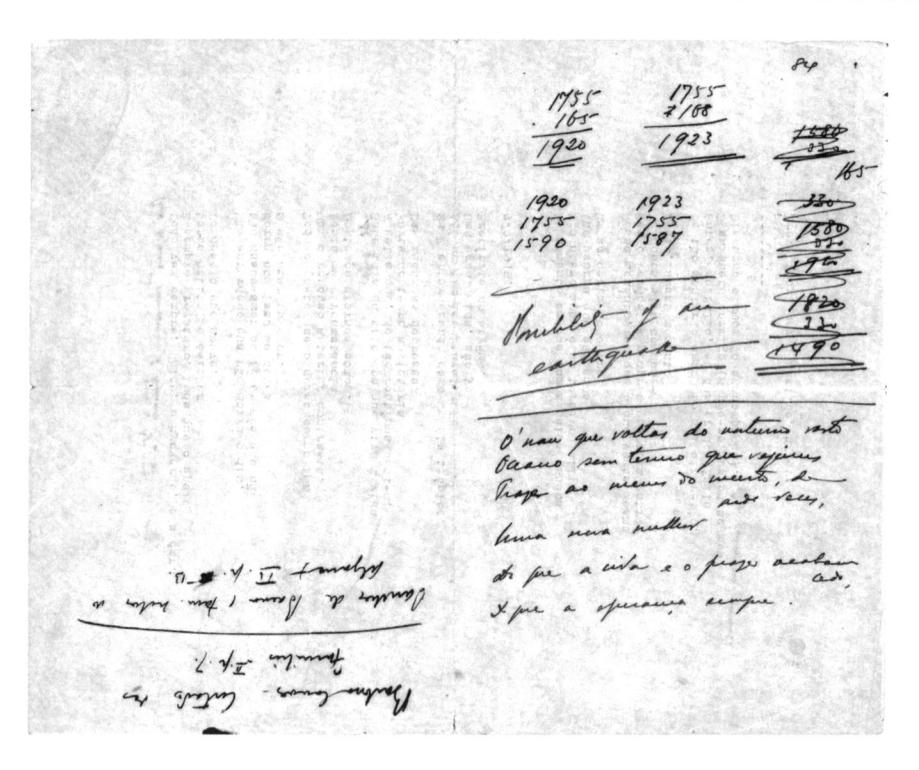

Figura 34. Fac-símile do poema inédito «Ó nau que voltas do nocturno vasto»

---

1   Inédito.

132

Eu nunca fui dos que a um sexo o outro
No amor ou na amizade preferiram.
Por igual *amo, como a ave pousa*
    Onde pode pousar.[1]

Pousa a ave, olhando apenas a que pousa
Pondo querer pousar antes do ramo;
Corre o rio onde encontra o seu declive
    E não onde é preciso.

Assim das diferenças me separo
E onde amo, porque o amor nos melhora, *amo*,[2]
Nem a inocência inata *de quem ama*[3]
    Julgo[4] postergada nisto.

Não no objecto, no modo está o amor.
Logo que a ame, a qualquer cousa amo.
Meu amor nela não reside, mas
    Em meu amor.[5]

Os deuses que nos deram este ramo
Do amor a que chamamos a beleza
Não na mulher só a puseram, nem
    No fruto apenas.

Também deram a flor pra que a colhêssemos
E com melhor amor talvez colhamos
O que pra ter colhemos
    Ou o que pra usar buscamos.[6]

[Posterior a 1923]

---

1   Variante sobreposta: «a beleza eu apeteço / Seja onde for beleza.».
2   Variante sobreposta: «em vão amo».
3   Variante sobreposta: «quando se ama».
4   A palavra «Julgo» tem sinal de redacção provisória: variante na margem superior, entre parênteses rectos, «Me é».
5   Verso dubitado.
6   Pessoa não chegou a dar forma acabada a este poema, com evidentes irregularidades no que respeita à medida e à disposição dos versos.

133

Cada momento que a um prazer não voto
Perco, nem curo se o prazer me é dado;
    Porque o sonho de um gozo
    No gozo não é sonho.

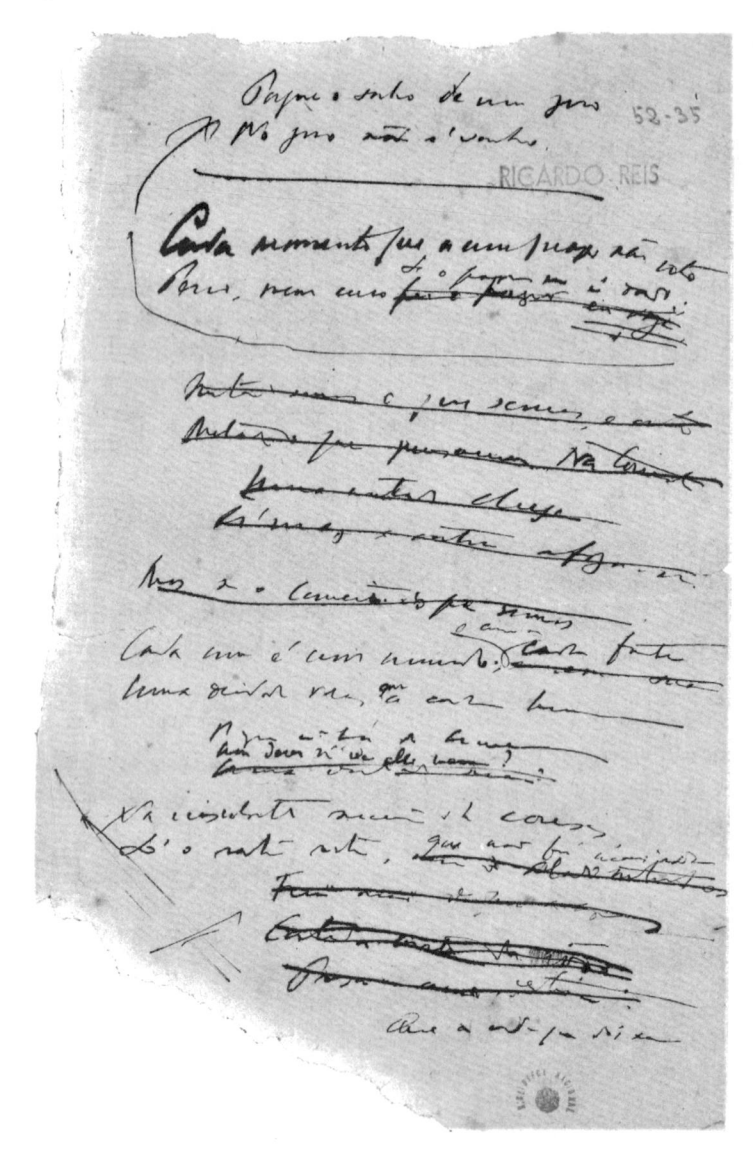

Figura 35. Fac-símile de dois poemas escritos num fragmento de papel carimbado no verso: «Cada momento que a um prazer não voto» e «Cada um é um mundo»

134

Cada um é um mundo; e como em cada fonte
Uma deidade vela, a^1 cada homem
    Porque não há-de haver
    Um deus só de ele homem?
Na encoberta sucessão das cousas,
Só o sábio sente[2] que não foi mais nada
    Que a vida que deixou.

135

Sob estas árvores ou aquelas árvores
    Conduzi a dança,
Conduzi a dança, ninfas singelas,
    Até ao amplo gozo
Que tomais da vida. Conduzi a dança
    E sê quasi humanas
Com o vosso gozo derramado em ritmos
    Em ritmos solenes
Que a vossa alegria torna maliciosos
    Para nossa triste
Vida que não sabe sob as mesmas árvores
    Conduzir a dança...

---

1   Variante sobreposta: «em».
2   No original, depois de «sente», uma vírgula que, por inaceitável, retirei.

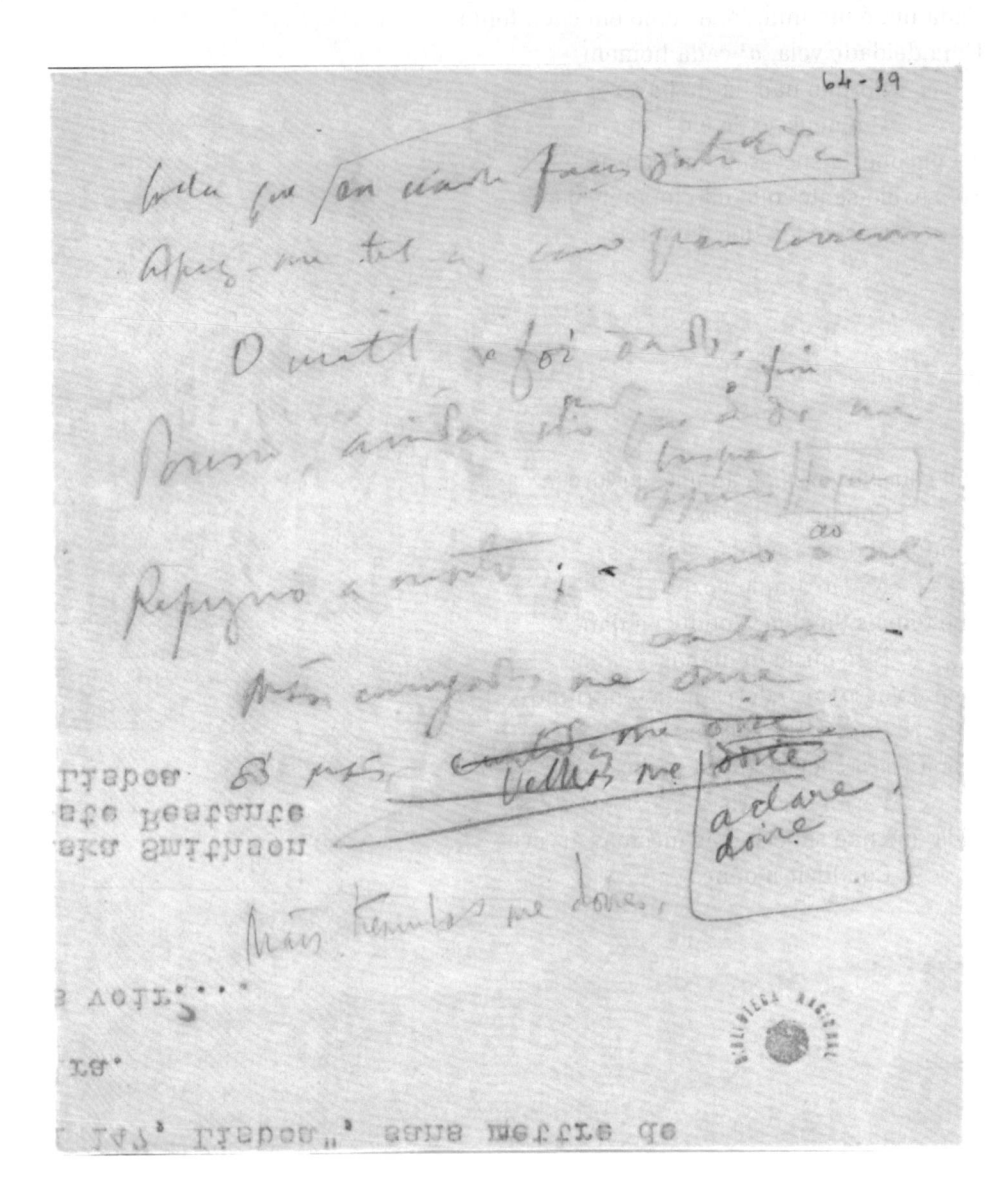

Figura 36. Fac-símile com o poema inédito «Inda que desta vida eu nada faça»

136

Inda que desta vida eu nada faça[1]
Apraz-me tê-la, como quem conserva
    O inútil se foi dado.
Por isso, ainda rio *que a dor*[2] me *busque*[3]
Repugno a morte; quero o[4] sol, embora
    Mãos enrugadas me doure.[5]

137

Cantos, risos e flores alumiem[6]
    Nosso mortal destino,
Para o ermo ocultar fundo nocturno
    De nosso pensamento,
Curvado,[7] já em vida,[8] sob a ideia
    Do plutónico jugo,
Cônscio já da lívida sperança
    Do caos redivivo.

138

Flores que colho, ou deixo,
Vosso destino é o mesmo.

Via que sigo, chegas
Não só aonde eu chego.

Nada somos que valha
Somo-lo mais que em vão.[9]

---

1   Inédito.
2   Variante sobreposta: «quando o fim»
3   Variantes subpostas: «oprima», «toque».
4   Variante sobreposta: «ao».
5   Variantes subpostas: «Só mãos velhas me aclare (variante de «aclare», «doire»); «Mãos trémulas me doire.».
6   O poema é precedido por um tracejado parecendo admitir um futuro primeiro verso.
7   Círculo indicativo de que a vírgula é opcional.
8   Idem.
9   Estrofe dubitada. Ao lado, o autor esboçou uma versão alternativa, incompleta, do poema: Flor que colho, ou que deixo, / Teu Destino é o mesmo. // Via que trilho, chegas / Só até onde chego. // Nada somos que valha / Somo-lo com mais □ // Que só os dias □».

139

Não mais pensada que a dos mudos brutos
Se fada a humana vida. Quem destina
      Mais que os gados nos campos
      O fim do seu destino?

140

No grande espaço de não haver nada
Que a noite finge, brilham mal os astros.
      Não há lua, e ainda bem.

Neste momento, Lídia, considero
Tudo, e um frio que não há me entra
      Na alma. Não existes.

141

No magno dia até os sons são claros.
Pelo repouso do amplo campo tardam.
      Múrmura, a brisa cala.

Quisera, como os sons, *viver*[1] das cousas
Mas não ser delas, consequência alada
      Em que o real vai longe.[2]

142

Quatro vezes mudou a estação falsa
No falso ano, no imutável curso
      Do tempo consequente;

---

1   Variantes, ao lado, entre parênteses: «sair» e «nascer».
2   Variante: «Com o real em baixo.».

Ao verde segue o seco, e ao seco o verde;
E não sabe ninguém qual é o primeiro,
    Nem o último, e acabam.

143

Quero dos deuses só que me não lembrem.
Serei livre – sem dita nem desdita,
    Como o vento que é a vida
    Do ar que não é nada.

O ódio e o amor iguais nos buscam; ambos,
Cada um com seu modo, nos oprimem.
    A[1] quem deuses concedem
    Nada, tem liberdade.

144

Sem clepsidra ou sem relógio o tempo escorre
E nós com ele, nada o árbitro scravo
    Pode contra o destino
Nem contra os deuses o *desejo*[2] *nosso*.[3]

Hoje, quais servos com ausentes deuses,
Na alheia casa, um dia sem o juiz,
    Bebamos e comamos.
Será para amanhã *a ciência e a vida*.[4]

Versem,[5] mancebos, o vinho em minha taça
E o braço nu com que o entornam fique
    No lembrando olhar
Uma státua de homem apontando.[6]

---

1 Variante na margem esquerda: «Só» – sem «a», por aparente lapso.
2 Variantes: sobreposta, «fugaz»; subposta, «mortal».
3 Variante sobreposta: «desejo».
4 Variantes: «o que acontece.» – variante de «acontece», «aconteça».
5 Variante sobreposta: «Tombem».
6 Verso dubitado, com variantes subpostas de difícil leitura, assim considerada por EC e MPS, que arriscaram propostas pouco aceitáveis.

Sim, heróis *sê-lo-emos*[1] amanhã.
Hoje adiemos. E na *nossa*[2] taça
      O roxo vinho *transpareça*[3]
Depois – porque a noite nunca *tarda*.[4]

145

Ignora e spera.[5] Quantos, por saberem,[6]
Perdem o sonho, e a sperança é sonho?
      Quantos, porque souberam,
Não chegaram ao sonho de esperarem.

Ignora e spera! Quantos, por saberem,
Por não ser ciência perdem da sperança.
      Quantos, porque sabem,
Não querem já sonhar nem mesmo recordar
Com sperança, da inútil séria vida
      Servos libertos *hirtos*.[7]

Que pesa que no parvo entendimento
Como estrangeiro peses? Sê quem és
      Nem cures de quem querem.
Algures onde ainda há mundo pesa
Alguém contigo, e os pósteres ou filhos,
      Desse que te convinha.[8]

---

1   Variante sobreposta: «somos todos».
2   Variante sobreposta: «erguida».
3   Variante a seguir: «espelhe».
4   Variante subposta: «falta».
5   Apreciemos a interacção das personagens do romance-drama – dir-se-ia que Pessoa atende a esta exortação, no poema ortónimo de 11-07-1934: «Ignoro e spero (...) / E quanto penso é uma lua calma / No céu de eu a sentir»
6   Poema inédito.
7   Variantes subpostas: «presos», «tímidos».
8   Variantes subpostas: «sperava», «sperara» e uma outra ilegível.

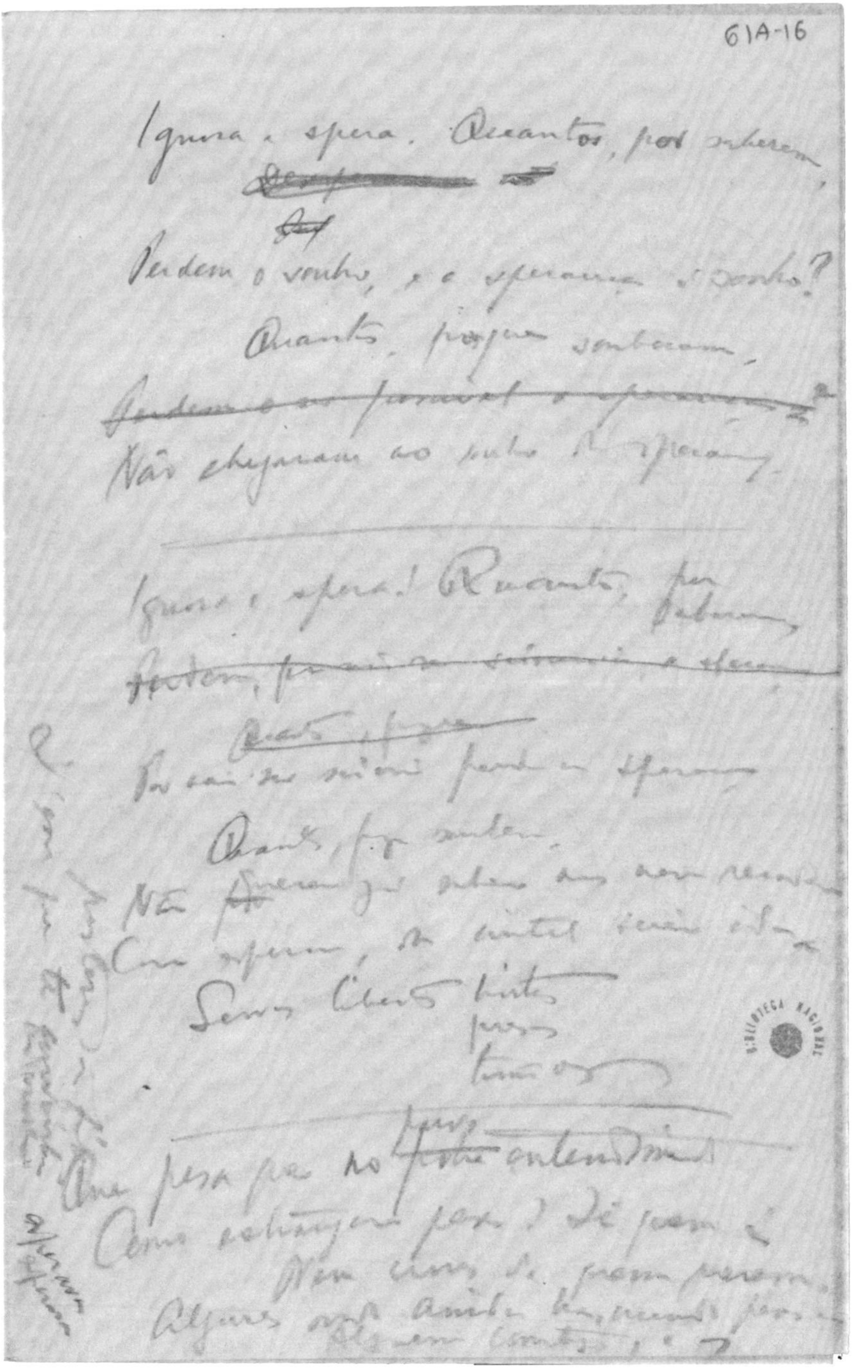
61A-16

Ignora e spera. Quantos, por saberem

Perdem o sonho, e a esperança é sonho?

Quantos, porque sonharam,

Figura 37. Fac-símile do poema inédito «Ignora e spera», não atribuído mas indubitavelmente de Ricardo Reis

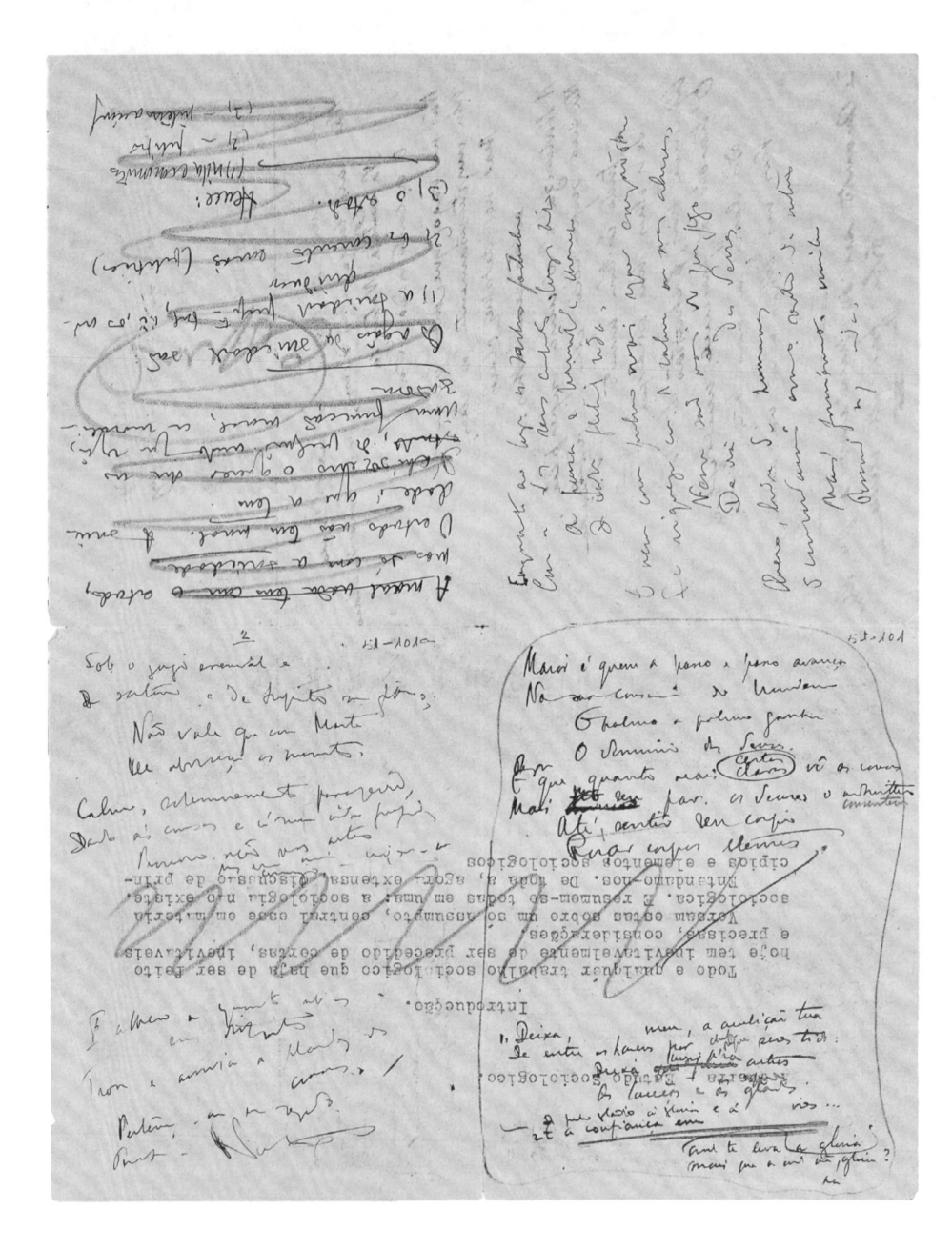

Figura 38. Numa folha dobrada em quatro, os poemas «Maior é quem a passo e passo avança» e «Enquanto ao longe os bárbaros»

146

Maior é quem a passo e passo avança
Na sua consciência do Universo
      E palmo a palmo ganha
      O domínio dos deuses.

É que[1] quanto mais *claras*[2] vê as cousas
Mais por seu par os deuses o *admitem*[3]
      Até sentir seu corpo
      Roçar corpos eternos.

147

Enquanto ao longe os bárbaros perturbam
com a dos seus combates longa linha
      A parca e humilde chama
      De cada flébil vida,

E nem um palmo mais sequer conquistam
De riqueza ou de calma em suas almas,
      Nem são mais do que jugo
      Da ira ☐ dos deuses,

Quero, livre de humanas ☐
De concordância com o sentir dos outros
      Mais firmemente minha
      Possuir minha vida.

Sob o jugo essencial e ☐
De Saturno e de Júpiter seu filho,
      Não vale que com Marte
      Me aborreçam os momentos.

---

1   Variante sobreposta: «Porque».
2   Variante sobreposta: «certas».
3   Variante subposta: «consentem».

Calmo, solenemente passageiro,
Dado às cousas e à sua vida própria,
    Procuro não nos astros
    Mas em mim-mesmo – eu comigo.

E alheio a quanto sob os céus distantes
Troa e anuvia a placidez das cousas,
    Pertenço-me em segredo
    Perante a Natureza.

148

Aos deuses que há ou que fingidos haja
Só liberdade peço: não me oprima
    Nem a felicidade
    Nem desejo de tê-la.

149

Aos deuses peço só que me concedam
O nada lhes pedir. A dita é um jugo[1]
    E o ser feliz oprime
    Porque é um certo estado.
Não quieto nem inquieto meu ser calmo
Quero erguer alto acima de onde os homens
    Têm prazer ou dores.

---

[1] EC considerou um fragmento independente a variante ao segundo verso deste poema, «a dita é um jugo»: «Ser feliz é um jugo, o ser grande / É uma servidão: tudo repugno / Salvo esta majestade □».

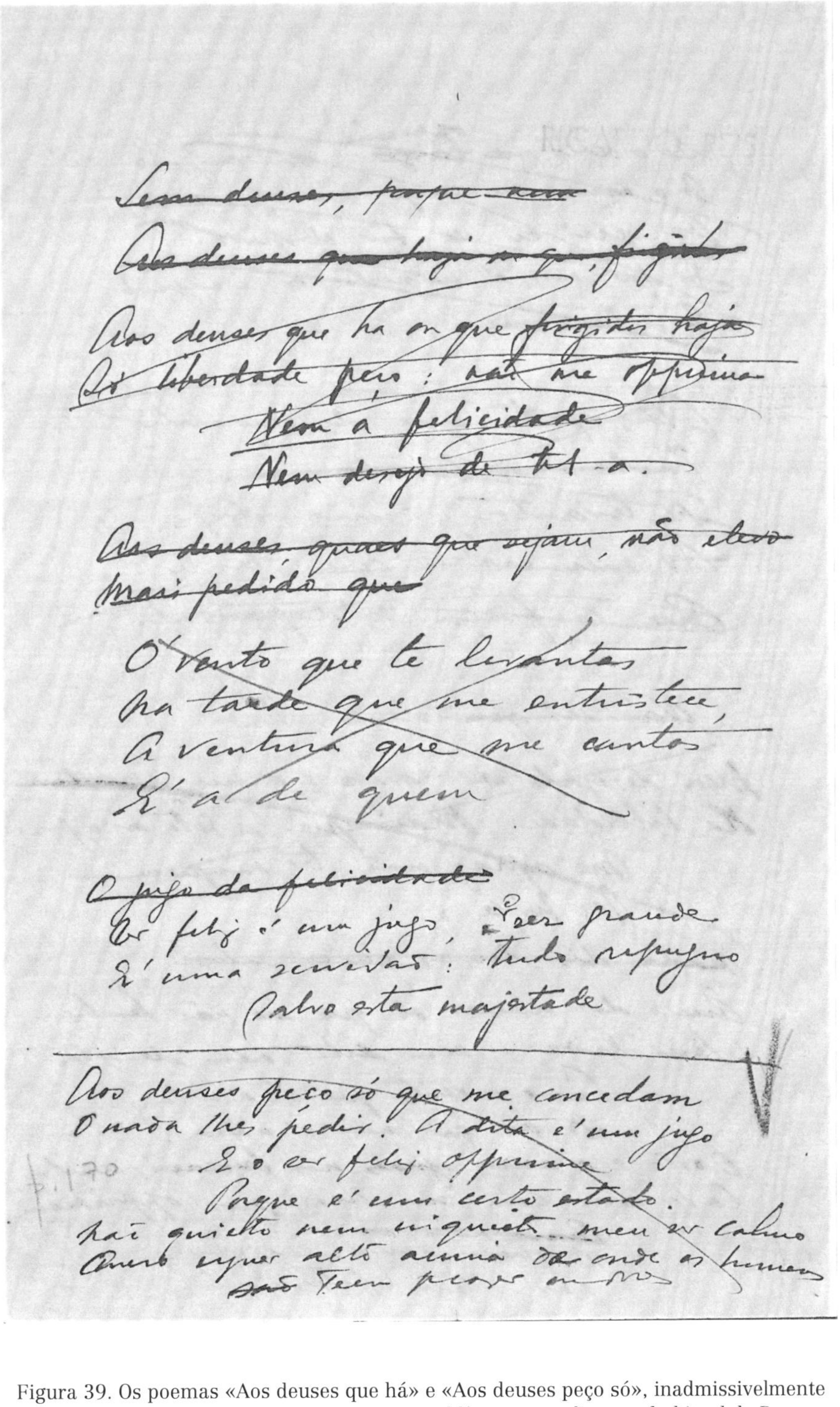

Figura 39. Os poemas «Aos deuses que há» e «Aos deuses peço só», inadmissivelmente excluídos por EC e MPS, por terem um risco oblíquo, procedimento habitual de Pessoa quando passa um texto a limpo

150

Se a ciência não pode consolar,[1]
    Não busquemos consolo.
Não peçamos à fé que seja certa
    Mas só que seja nossa.

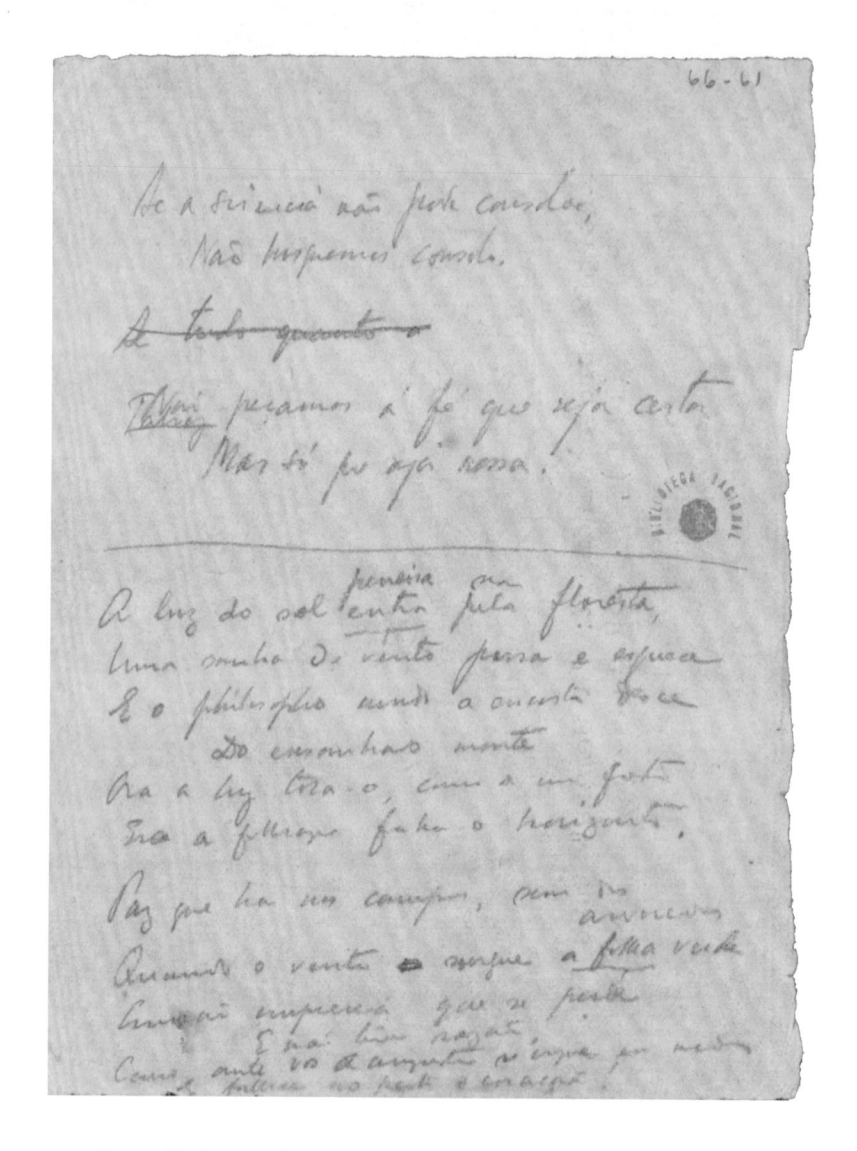

Figura 40. No alto da página, o poema inédito «Se a ciência não pode consolar», indiscutivelmente de Reis, precedendo um outro, do ortónimo

---

1   Inédito.

151

Ininterrupto e *fluido*[1] que o teu curso[2]
seja, e sereno para o mar distante,
      Teus manes não t'o param.
      Interrompem-t'o apenas.

Mas conta tu as tuas próprias horas,
À tua espera está-te incerta Naiade[3]
      Que a postos te não stá
      Para segunda vida...

Condescendente pr'a contigo próprio,
Deixa aos outros último prazer
      Vive com a verdade
      No instante dos deuses

Que alheios a saber por cima deles
O céu do Fado, gozam a ideia
      Altiva de viverem
      Cada qual sua vida.

---

[1] Variante sobreposta: «unido».
[2] Ver fac-símile na página seguinte.
[3] Este verso e os dois que se seguem são de dificílima leitura. O poema está redigido a lápis e, nas suas entrelinhas, Pessoa escreveu a tinta outro poema: «Sob estas árvores ou aquelas árvores».

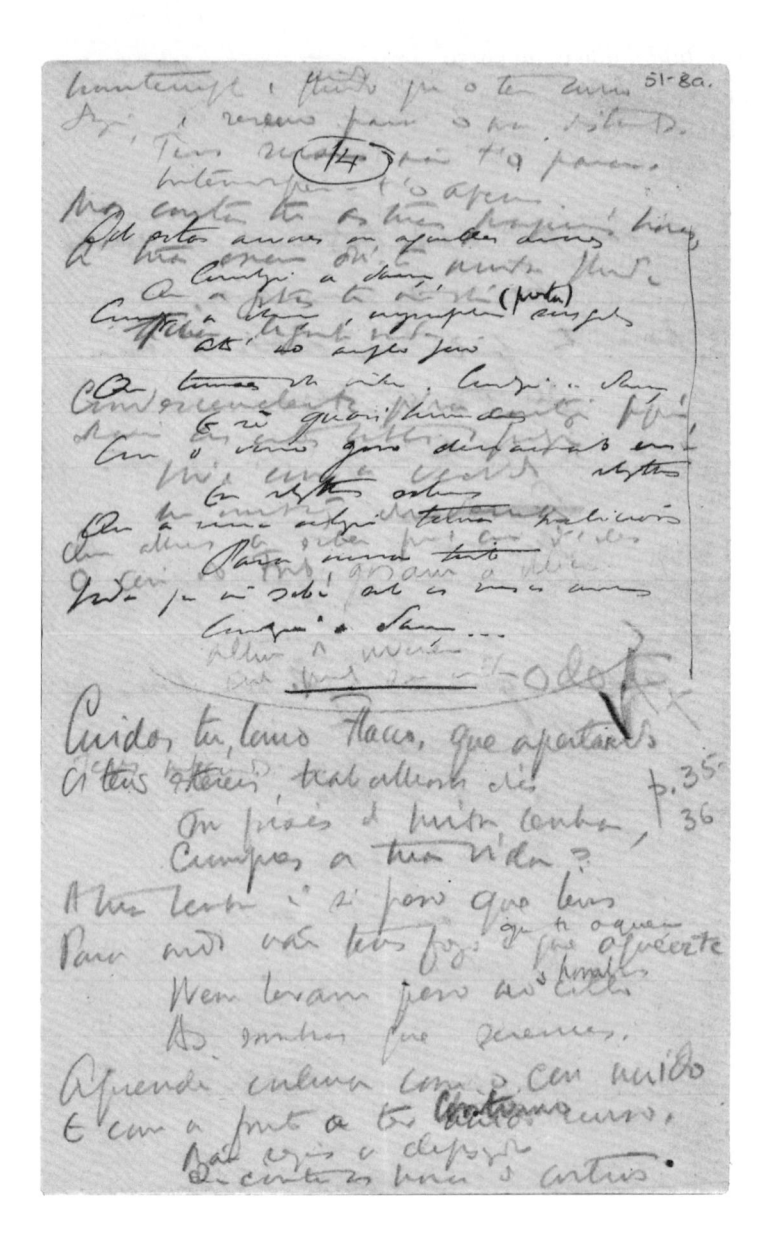

Figura 41. Manuscrito do poema «Ininterrupto e fluido», a lápis, entre as linhas do poema «Sob estas árvores», seguidos de «Cuidas tu, louro Flacco, que apertando», em Poemas Variantes

152

Quer com amor, que sem amor, senesces.
Antes senescer tendo perdido que não tendo tido.[1]

153

(a Caeiro)
Morreste jovem, como os deuses querem[2]
Quando amam[.]

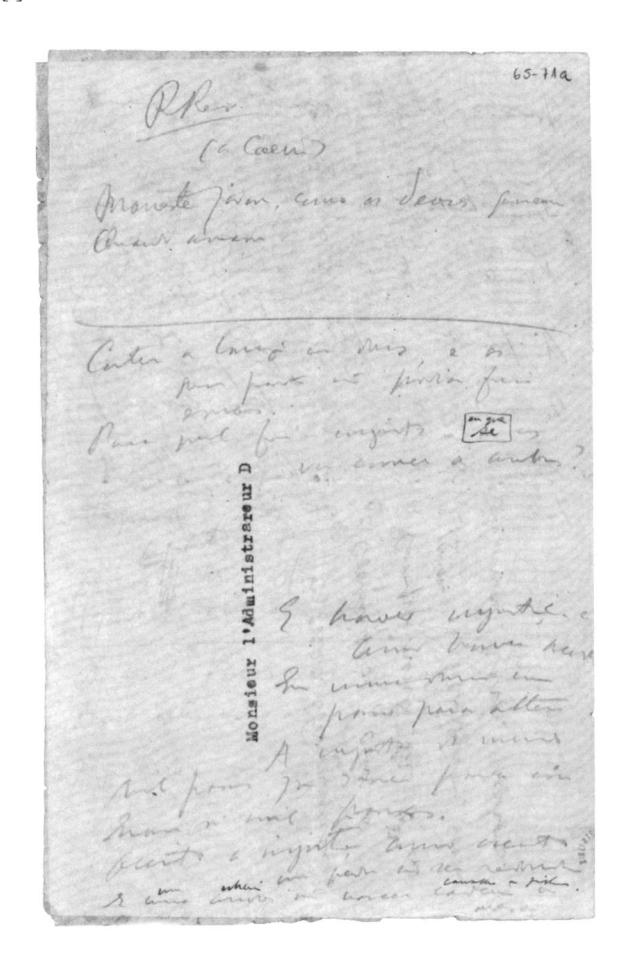

Figura 42. Poema inédito, dedicado «(a Caeiro)», no alto
da página, que partilha com um poema de Alberto Caeiro

---
1   Os dois versos têm ao lado sinal de dubitação.
2   Inédito.

154

Vem Orfeu, uma sombra
Que traz nas mãos um vago filho – a lira.

155

A vida é triste. O céu é sempre o mesmo. A hora
Passa segundo nossa estéril, tímida maneira.
Ah não haver terraços *sobre a Esperança*![1]

156

Quanto[2] sei do Universo é que ele
Está fora de mim.

157

Sempre me leve o breve tempo flui.
Nem dor o faz mais lento.

---

1 Variantes subpostas e dubitadas: «duma aurora!»; «sobre Impossível.».
2 Antes de «Quanto», «E», com sinal de opcional.

158

Nem destino *sabido*[1]
Somos cegos, que vêem só quem tocam.

159

Nós ao igual destino
Iniguais pertencemos

---
[1] Variantes: sobreposta, «sem sperança»: subposta, «que saibamos».

APÊNDICE

PARTE 1
POEMAS VARIANTES

1

Seguro assento na coluna firme
    Dos versos em que fico.
O criador interno movimento
    Por quem fui autor deles
Passa, e eu sobrevivo, já não quem
    Escreveu o que fez.
Chegada a hora, passarei também
    E os versos, que não sentem [,]
Serão a única restança posta
    Nos capitéis do tempo.

A obra imortal excede o autor da obra;
    E é menos dono dela
Quem a fez do que o tempo em que perdura.
    Morremos a obra viva.
Assim os deuses esta nossa regem
    Mortal e imortal vida;
Assim o Fado faz que eles a rejam.
    Mas se assim é, é assim.

Aquele agudo interno movimento
    Por quem fui autor deles
Primeiro passa, e eu, outro já do que era,
    Póstumo substituo-me.
Chegada a hora, também serei menos
    Que os versos permanentes.
E papel, ou papiro escrito e morto
    Tem mais vida que a mente.

Na noite a sombra é mais igual à noite
    Que o corpo que alumia.

    29-01-1921

2

Seguro assento na coluna firme
    Dos versos em que fico.
Aquele agudo interno movimento,
    Por quem *fui autor deles*[1]
Passa, e eu, outro já que o *autor*[2] deles,
    Póstumo substituo-me.

---

1   Variante ao lado: «os fiz pensados».
2   Variante, a seguir, entre parênteses: «factor».

Chegada a hora, *também serei menos*[1]
      Que os versos permanentes.[2]
E papel, ou papiro escrito e morto
      Tem mais vida que a mente.[3]
A obra imortal excede o autor da obra;
      E é menos dono dela
Quem a fez do que o tempo em que perdura.
      Imortais nos morremos.[4]
Durar, sentir, só *os altos deuses unem.*[5]
      Nós não somos inteiros.
Assim os deuses esta nossa regem
      Mortal e imortal vida;
Assim o Fado *faz que eles a*[6] rejam.
      Mas se assim é, é assim.

29-01-1921

3

Este, seu escasso campo ora lavrando,
Ora, cansado, olhando-o com a vista
      De quem a um filho olha
      Passa alegre na vida.
Pouco lhe importa sob que Deus arrasta
A *vida,*[7] calma vontade ou néscia – [8]
      São-lhe à[9] mesma distância
      De todos os seus dias.
Figura eterna longe *de*[10] cidades,
Passa na vida sob a maior graça
      Que os deuses nos concedem –
      Que é não se nos mostrarem
Nas activas presenças encobertos
Com o céu e a terra e o riso das searas
      Quais ricos disfarçados
      Dando aos pobres sem glória... [11]

27-09-1914

---

1   Variante ao lado: «eu próprio serei todo».
2   Variante ao lado: «Menos que essas palavras.».
3   Variante ao lado: «Será mais *eu* que a mente.»; Variante subposta de «a mente»: «eu mesmo».
4   Variantes: «de morremos», a seguir, entre parênteses, «matamos»; subposta para todo o verso: «Morre a obra a vida nossa».
5   Variante sobreposta: «com os deuses unem-se».
6   Variante sobreposta: «quer que assim».
7   Variante sobreposta: «obra».
8   Usei as variantes sobrepostas: na linha, Pessoa deixou um vazio sob «calma»; sob «néscia», palavra ilegível ou incompleta.
9   O acento, dentro de um círculo, é opcional.
10   Variante subposta: «das».
11   Versão definitiva em *Athena*, com o n.º XV.

4

Ad juvenem rosam offerentem

A flor que és, não a que dás, *desejo*.[1]
Porque me negas o que te não peço?
Tão curto tempo é a mais longa vida,
      E a juventude nela!

Flor vives, vã; porque te flor não cumpres?
Se te sorver esquivo o infausto abismo,
Perene velarás, absurda[2] sombra,
      Buscando o que não deste,[3]

Na oculta margem onde os lírios frios
Da ínfera leiva crescem, e a corrente
Monótona,[4] não sabe onde é o dia,
      Sussurro gemebundo.

21-10-1914

5

Não consentem os deuses mais que a vida.
Por isso, Lídia, duradouramente
      Façamos-lhe a vontade
      Ao sol e entre flores.

Camaleões pousados *na Natura*[5]
Tomemos sua calma e alegria
      Por cor da nossa vida
      Por *um jeito*[6] do corpo.

Como vidros às luzes transparentes
E deixando *cair*[7] a chuva triste;
      Só mornos ao sol quente;
      E reflectindo um pouco.[8]

17-07-1914

---

1 Variante sobreposta: «eu quero».
2 Palavra dubitada.
3 Variante subposta: «O que não dou buscando,».
4 Acrescento opcional, entre parênteses, no início do verso: «Monótona».
5 Variante sobreposta: «sobre as cousas».
6 Variante sobreposta: «uma arte».
7 Variante sobreposta: «escorrer».
8 Sinal de redacção provisória de todo o verso.

p. 47 mar campa ode VI 5.1-19

O rhythmo antigo que ha nos pés descalços
Esse rhythmo das nymphas copiado
Quando sob arvoredos
Batem o som da dança —

Pelas praias ás vezes, quando brincam
~~Ante o mar onde o sol se innumerece~~
(Ante Ðnde a Apollo se Neptuno ~~crm~~ allia)
    As creanças maiores,
    Tem semelhanças ~~rapidas~~ (breves)

Com versos já longinquos em que Horacio
Ou mais classicos gregos acceitavam
    A vida por dos deuses
    Sem mais preces que a vida.

Porisso á beira d'este mar, donzellas,
Conduzi vossa dança ao som de risos
    Soberbamente ~~gregas~~ (antigas)
    Pelos pés nús e a dança

Emquanto sobre vós arqueia Apollo
Como um ~~festão~~ (ramo) o azul e a luz da hora
    E ha o rito primi~~ri~~tivo
    Do mar lavando as costas.
                                9-8-1914.

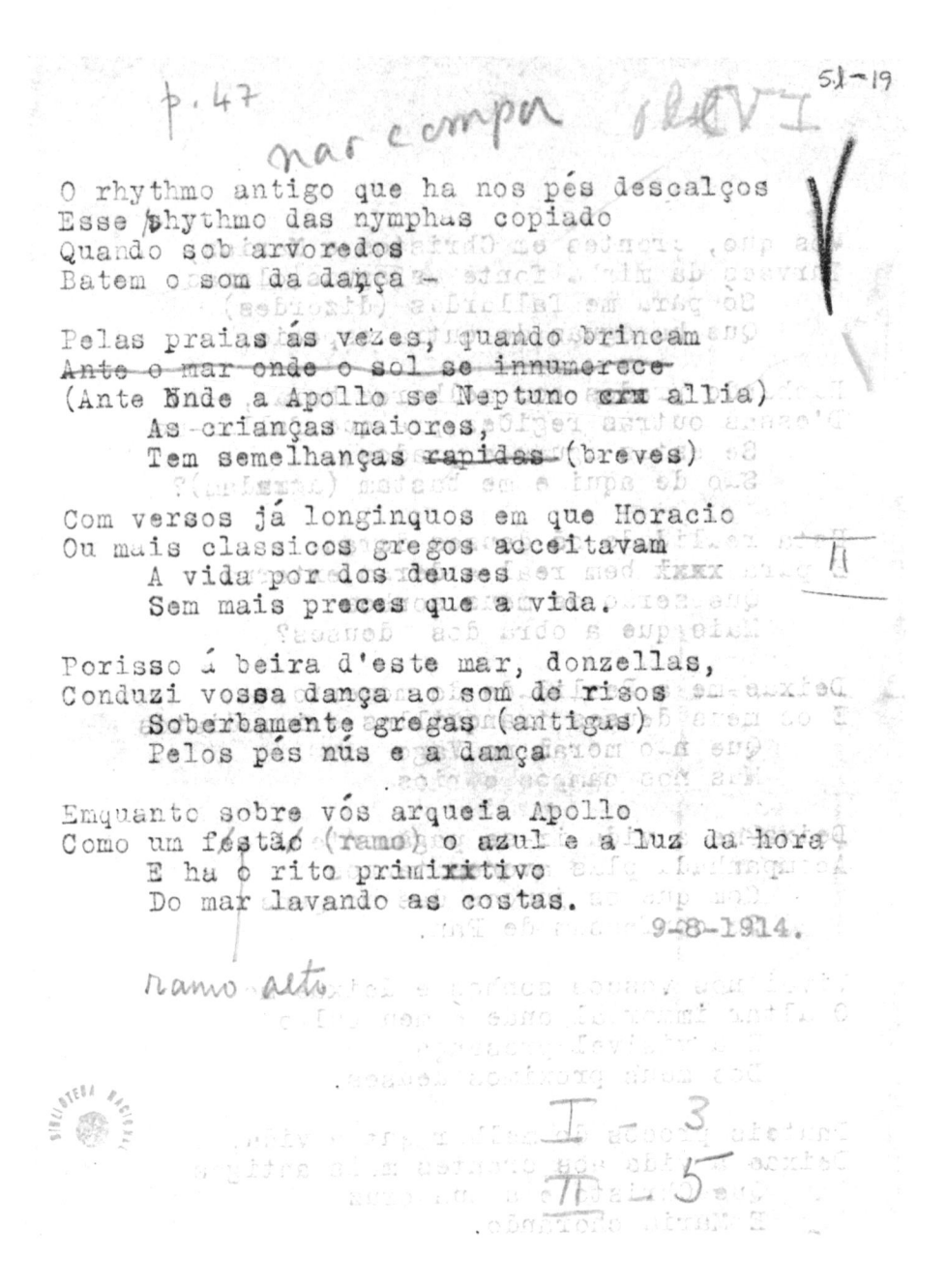

ramo alto

I 3
II 5

Figura 43. Dactiloscrito do poema «O ritmo antigo que há nos pés descalços». Ver, a propósito, notas relativas ao uso da variante, patente nos 6º e 8º versos

6

O ritmo antigo que há nos pés descalços
Esse ritmo das ninfas copiado
      Quando sob arvoredos
      Batem o som da dança –

Pelas praias às vezes, quando brincam
Ante onde a Apolo se Neptuno alia[1]
      As crianças maiores,
      Têm semelhanças breves[2]

Com versos já longínquos em que Horácio
Ou mais clássicos gregos aceitavam
      A vida por dos deuses
      Sem mais preces que a vida.

Por isso à beira deste mar, donzelas,
Conduzi vossa dança ao som de risos
      Soberbamente *gregas*[3]
      Pelos pés nus e a dança

Enquanto sobre vós arqueia Apolo
Como um ramo alto[4] o azul e a luz da hora
      E há o rito primitivo
      Do mar lavando as costas.

                                        09-08-1914

---

1 Pessoa escreveu este verso, primeiro, entre parênteses, como variante ao anterior «Ante o mar onde o sol se inumerece», mas riscou-o numa releitura – procedimento exemplar que devia orientar a EC: quando escolhe a variante, Pessoa risca a expressão anterior.

2 Mesma observação que na nota precedente: a palavra «breves» é primitivamente encarada como variante de «rápidas» mas riscada a lápis numa releitura.

3 Variante, a seguir, entre parênteses: «antigas». Neste caso, como geralmente, Pessoa não riscou a palavra anterior, preferindo-a à variante. Mas a EC procede nos dois casos da mesma forma, permitindo-se uma escolha que Pessoa não fez.

4 Pessoa escreveu, primeiro, «festão», seguido de «ramo», entre parênteses e a vermelho, na linha. Numa releitura, acrescentou, em baixo, «ramo alto», recusando «festão» com dois traços verticais.

7

O mar jaz. Gemem em segredo os ventos
        Em Eolo cativos,
Apenas com as pontas do tridente
        Franze as águas Neptuno,
E a praia é alva e cheia de pequenos
        Brilhos sob o sol claro.
Eu quisera, Neera, que o momento,
        Que ora vemos, tivesse
O sentido preciso de uma frase
        Visível nalgum livro.
Assim verias que certeza a minha
        Quando sem te olhar digo
Que as cousas são o diálogo que os deuses
        Brincam tendo connosco.[1]
Se esta breve ciência te coubesse,
        Nunca mais julgarias
Ou solene ou ligeira a clara vida,
        Mas nem leve nem grave,
Nem falsa ou certa, mas assim, divina
        E plácida, e mais nada.

06-10-1914

8

Cuidas tu, louro Flacco, que apertando[2]
Os teus estéreis,[3] trabalhosos dias
        Em feixes de hirta lenha,
        Cumpres a tua vida?
A tua lenha é só peso que levas
Para onde não tens fogo *a que aquecer-te*[4]
        Nem levam peso *ao colo*[5]
        As sombras que seremos.

---

1   Este verso e o anterior estão dubitados.
2   Ver fac-símile na página 206.
3   Variante sobreposta: «Teus infecundos».
4   Variante sobreposta: «que te aqueça».
5   Variante sobreposta: «aos ombros».

Aprende calma com o céu unido
E com a fonte a ter *contínuo*[1] curso.
    Não sejas a clepsidra
    Que conta as horas de outros.

9

In Flaccum

Cuidas tu, louro Flaco, que cansando
Os teus estéreis trabalhosos dias
    Darás mais sorrisos ao campo
E serão mais altos os peitos de Ceres...[2]
Põe mais vista em notares que tens flores
    No teu jardim ☐

10

Olho os campos, Neera,
Verdes campos, e penso
Em que virá um dia
Em que não mais os olhe.

Isto, se o meditar,
Me toldará os céus
E fará menos verdes
Os verdes campos reais.

Ah! Neera, o futuro
Ao futuro deixemos.
O que não stá presente
Não existe pra nós.

---

[1] Apesar de EC e MPS considerarem «contínuo» variante de «unido», não o é: veja-se (no fac-símile da página 206) que escreveu «contínuo» por cima de «unido», rejeitando esta palavra.

[2] A partir deste manuscrito, bastante incipiente, preferi, muito excepcionalmente, o verso variante, para não repetir «sorrisos»: «A mais sorrisos (variante de "sorrisos": "enfeites") a Ceres antiga... (variante de "antiga": "amiga")».

Hoje não tenho nada
Senão os verdes campos
E o céu azul por cima.
Seja isto *todo o mundo*.[1]

27-01-1917

11

Olho os campos, Neera,
Verdes campos, e sinto
Que um dia virá a hora
Em que não mais os olhe.

Tranquilo, apenas gozo,
Como *brincando*,[2] o orgulho
Da serena tristeza
Filha da visão clara.

06-06-1915

12

Olho os campos, Neera,
Verdes campos, e sinto
Como virá um dia
Em que não mais os veja.

Par de nuvens cobre
O céu aqui sem nuvens
E faz correr mais triste
A viva e alegre linfa.

Mas por um só momento
Fugaz e passageiro
Esta ideia eu emprego
Para o seu uso triste.

---
1 Variante, ao lado, entre parênteses: «a vida».
2 Variante, na margem direita, entre parênteses: «quem brinca».

Cedo me volve a calma
Com que me faço o espelho
Do céu imperturbado
E da fonte insciente.

Deixa o futuro, – porque
Não *chegou*,[1] não é nada;
Só a hora presente
Tem a realidade.[2]

Vive a imperfeita hora
Perfeitissimamente[3]
E sem nada sperares
Dos homens, nem dos deuses.[4]

13

Não queiras, Lídia, *construir*[5] no spaço
Que tu te *crês*[6] futuro, ou prometer-te
Esta ou aquela vida.
Tu-própria és tua vida.
Sonha teus sonhos onde os sonhos criem.

Não te destines. *Não te dês*[7] futura.
Cumpre hoje, e a gestal taça gosta
Ínscia da que se segue
E inda vazia enches.[8]

Quem sabe se entre a taça que tu bebes
E a que queres que siga *não te a*[9] Sorte
Interpõe, sádica,
Toda □[10]

---

1 Variante sobreposta: «stá aqui».
2 Variante subposta: «Só o fugaz presente / Enquanto dura existe.».
3 Variante sobreposta: «Sem olhar além d'ela».
4 No início do poema, a indicação «Ode».
5 Variante sobreposta «edificar».
6 Variante sobreposta: «figuras».
7 Variante sobreposta: «Tu não és».
8 Variante subposta aos dois versos, que estão dubitados: «A que prevês seguinte / Quem sabe se □ (variante deste verso: «Não gozes na que gozas.»).
9 Variante subposta: «a muda».
10 A estrofe, que ficou incompleta e não cuidada, contém um lapso que corrigi: omiti «Não» antes de «Interpõe», nítida redundância.

14

Não tenhas nada nas mãos
Nenhuma memória na alma

Que quando te puserem
Nas mãos o óbolo último

Nada terás deixado
Na terra atrás de ti

Tu serás só tu-próprio
E Minos ou Plutão

Não poderão roubar-te
O que nunca tiveste.

Que trono te querem dar
Que Átropos to não tire?...

Que Coroa que não fane
No arbítrio de Minos?

Que honras[1] que não te tornem
Da estatura da sombra

Que serás quando fores
O fim da tua estrada?

Colhe as flores. Abdica
E sê Rei de ti-próprio...[2]

19-06-1914

15

Não a ti, Cristo, odeio ou te não quero.
Em ti como nos outros creio deuses mais velhos.
Só te tenho por não mais nem menos
Do que eles, mas mais novo apenas.

---

1   EC e MPS leram «horas», mas «honras» é que está de acordo com «coroa», «louros» e «trono», referidos nas duas estrofes anteriores.
2   Variante, à margem, para os versos finais: «Abdica e sê / Rei de ti-próprio.».

Odeio-os sim, e a esses com calma aborreço,
Que te querem acima dos outros teus iguais deuses.
Quero-te onde tu stás, nem mais alto
Nem mais baixo que eles, tu apenas.

Deus triste, preciso talvez porque nenhum havia
Como tu, um a mais no panteão e no culto,
Nada mais, nem mais alto nem mais puro
Porque para tudo havia deuses, menos tu.

Cura tu, idólatra exclusivo de Cristo, que a vida
É múltipla e todos os dias são diferentes dos outros,
E só sendo múltiplos como eles
Staremos com a verdade e sós.

09-10-1916

16

Não a ti, Cristo, odeio ou menos prezo
Que aos outros deuses que te precederam
      Na memória dos homens.
Nem mais nem menos és, mas outro deus.

No Panteão faltavas. Pois que vieste
No Panteão o teu lugar ocupa,
      Mas cuida não procures
Usurpar o que aos outros é devido.

Teu vulto triste e comovido sobre
A stéril dor da humanidade antiga
      Sim, nova pulcritude
Trouxe ao antigo panteão incerto.

Mas que os teus crentes te não ergam sobre
Outros, antigos deuses que dataram
      Por filhos de Saturno
De mais perto da orige'[1] igual das cousas,

E melhores memórias recolheram
Do primitivo caos e da Noite
      Onde os deuses não são
Mais que as estrelas súbditas do Fado.

09-10-1916

---
[1] *Sic*, no testemunho original.

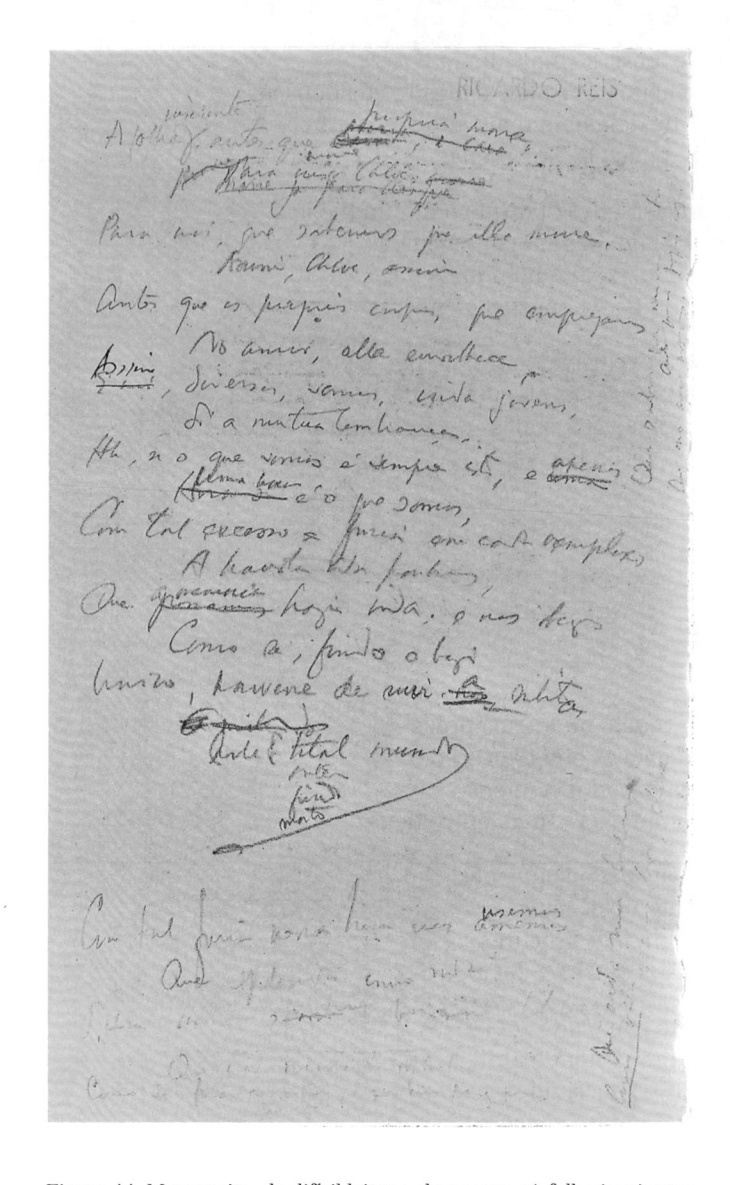

Figura 44. Manuscrito, de difícil leitura, do poema «A folha insciente»

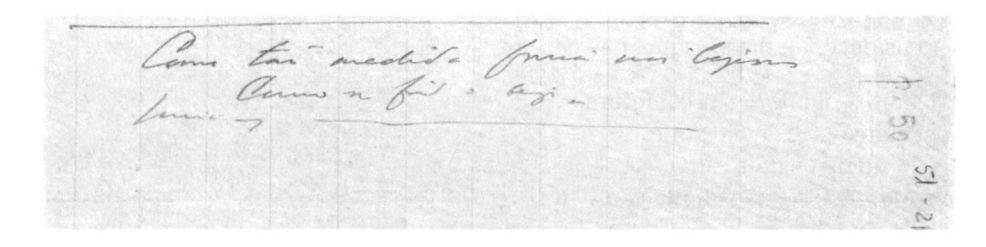

Figura 45. Variante do verso 11 do poema «A folha insciente», ocorrida a Pessoa noutra folha e momento de escrita [51-21r]

17

A folha insciente, antes que própria morra,
      Para nós morre, Cloe,
Para nós, que sabemos que ela morre.
      Assim, Cloe, assim
Antes que os próprios corpos, que empregamos[1]
      No amor, ela envelhece.
Assim, diversos, somos, inda jovens,
      Só a mútua lembrança.
Ah, se o que somos é sempre isto, e apenas
      Uma hora é o que somos,
Com tal excesso e fúria em cada amplexo[2]
      A hausta vida ponhamos,[3]
Que a memória haja vida; e nos beijemos[4]
      Como se, findo o beijo
Único, houvesse de ruir a súbita
      Mole do *total*[5] mundo.

[27-10-1923]

18

Sofro, Lídia, do medo do destino.
Qualquer pequena cousa de onde pode
Brotar uma ordem nova em minha vida,
      Lídia, me aterra.

Qualquer cousa, qual seja, que transforme
Meu plano curso da existência, embora
Para melhores cousas o transforme,
      Por transformar

---

1   Variante, na margem direita, para este verso e os dois anteriores: «Que sabemos que morre. Sim, morre / Antes que os próprios corpos / Que no amor empregamos.».
2   Variante na margem inferior: «Com tal fúria nessa hora nos amemos [variante sobreposta de "amemos": "usemos"].». Noutro momento de escrita e noutra folha, Pessoa lembrou-se de outra variante, que aí [51-21r] registou: «Com tão medida fúria nos beijemos / Como se findo o beijo / único », que a EC considerou um poema fragmentário separado.
3   Variantes: na margem inferior, «Que splenda como vida» e «Que na memória splenda»; na margem direita, «Que arda sua lembrança».
4   Variantes: na margem inferior: «Pela memória, e nos beijemos, Cloe» e «Como se fora a vida, e nos beijemos, Cloe»; na margem direita: «Como vida, e nos beijemos, Cloe».
5   Variantes subpostas: «inteiro», «findo», «morto».

Odeio, e não o quero. Os deuses dessem
Que ininterrupta minha vida fosse
Uma planície sem relevos, indo
      Até ao fim.

A glória embora eu nunca haurisse, ou nunca
Amor ou justa stima dessem-me outros,
Basta que a vida seja só a vida
E que eu a viva.

26-05-1917

19

Não pra mim mas pra ti teço as grinaldas
Que de hera e rosas eu na fronte ponho.
      Para mim tece as tuas
      Que as minhas eu não vejo.

Um para o[1] outro, mancebo, realizemos
A beleza improfícua mas bastante
      De agradar um ao outro
      Pelo prazer dado aos olhos.

O resto é o Fado que nos vai contando
Pelo bater do sangue em nossas frontes
      A vida até que chegue
      A hora do barqueiro.

30-07-1914

20

Isola-te e serás sereno e forte[2]
Mas isola-te mesmo de ti próprio.

---

1   Artigo opcional.
2   Poema inédito.

PARTE 2
POEMAS INCIPIENTES, INCOMPLETOS OU FRAGMENTÁRIOS

1

Quando Neptuno houver alongado[1]
Até quase aos bosques ao cimo da praia
Os seus braços com mãos ruidosas de espuma
      E Eolo houver
Largado por sobre o mar sob o azul
      Onde Apolo aquece
Os cavalos frescos dos ventos leves,
      Eu irei contigo
Passear na altura cheirosa a mar
      Dos ☐ altos
E concluir que esta vida é pouco
      Desde que os deuses
Foram velados e os homens ingratos
Dos altares esquecidos tiraram todos
      Os ex-votos velhos,
Os ex-votos velhos que eram ☐
☐

      Que Cristo e Maria
E *que*[2] antes que a cruz pusesse a nudez
      Da sua secura
De encontro ao céu sempre velho e novo.

                                      16-06-1914

2

Me concedam os deuses lá do alto
Da sua calma que não custa ou serve
      Ter uma vida tal qual eles
      Se fossem homens a teriam.
Dominando desejos e esperanças
Não para ser comprado pelas ínguas
      A maldizer da ☐

                                        25-09-1915

---

1   Ver fac-símile do poema em figura 20.
2   Variante sobreposta: «de».

3

A Caeiro

Jovem morreste, porque regressaste,
Ó deus inconsciente, onde teus pares
      De após Cronos te speram
      Ressuscitador[1] deles.

Antes de ti já era a Natureza,
Mas não a alma de compreendê-la.
      Deu-te o deus o instinto
      Com que sentir as cousas.

Os deuses imortais reconduziste
À humana visão obscurecida
      ☐
      ☐

Sós ficámos, mas não abandonados,
Porque a obra, que deixaste, és tu ainda
      Qual luz de extinta strela
      Póstuma a terra alaga.

Por seu os deuses contam quem ☐
E com teu nome a divindade prestas
      De ser eterna à pátria
      Ulisseia cidade

Igual de ti às sete que contendem,
Cidades por Homero, ou alcaica Lesbos,
Ou Lesbos, onde Safo e Alceu cantaram[2]
      Ou heptápila Tebas
      Ogígia mãe de Píndaro.

[23-11-1918]

---

1   Em EC, «ressuscitados».
2   Palavra dubitada.

4

Pensa quantos, no ardor da jovem ida,
O *Destino*[1] parou; quantos, *lembrando*[2]
      Da meta inesperada

☐

Não speres nem consigas; enche a taça
E abdica: tudo é natural e estranho.
      Nem justos nem injustos
São *o Destino e os Deuses*,[3] senão outros.

O conseguido é dado; tudo é imposto
Prazer ou mágoa, são qual sol ou chuva,
      Dados, ora são desejo
Ora ao ☐

☐
☐ speranças breves;
      Quantos *à obra feita*[4]
A só esperança *antiga antepuseram*.[5]

Tal porque morre cai, tal porque vive,
O que se cumpre nunca se quisera,
      Salvo se a morte é cega
Do pó do ☐

                                            03-01-1928

5

Àquele que, constante, nada spera
Não pode negar Jove; nem para ele
      Murcham as frágeis flores
      Que nunca sperou ver.

---

1   Variante sobreposta: «Um destino».
2   Variante, no final do poema: «obtendo». Sugere ainda um acrescento: «A meta, a dinheiro / antes que a sperança dele [variante subposta a "sperança dele": "o ardor dera (variante subposta de 'dera': 'quisera')"]».
3   Variante, no final, à margem: «os Deuses».
4   Variante sobreposta: «que à meta imposta».
5   Variante subposta: «lembrada antequiseram».

Consiste a força de ânimo em não tê-la
Para os álacres fins da fantasia,
    Mas em saber conter-se
    Nos limites d □

21-03-1929.

6

Prazer, se o há, não há, e neste instante
É só o esforço de vir a tê-lo, e pois
Nenhum prazer □

16-03-1933

7

A noite cala... As árvores são *velhas*.[1]
Toda a floresta não parece árvores.
    E há frio no som vago
    Dos ramos agitados.
O terror dorme seu sossego agora
No bosque absurdo e nos □

8

Não digas: se o momento *for*[2] eterno![3]
É por não ser eterno que ele é belo,
Só porque passa, e porque dói nos grava
    Na alma a beleza.

Eterno seja na beleza o verso
Em que o instante gravas, □

---

1   Poema inédito.
    Variante sobreposta: «negras».
2   Variante sobreposta: «fosse».
3   Poema inédito.

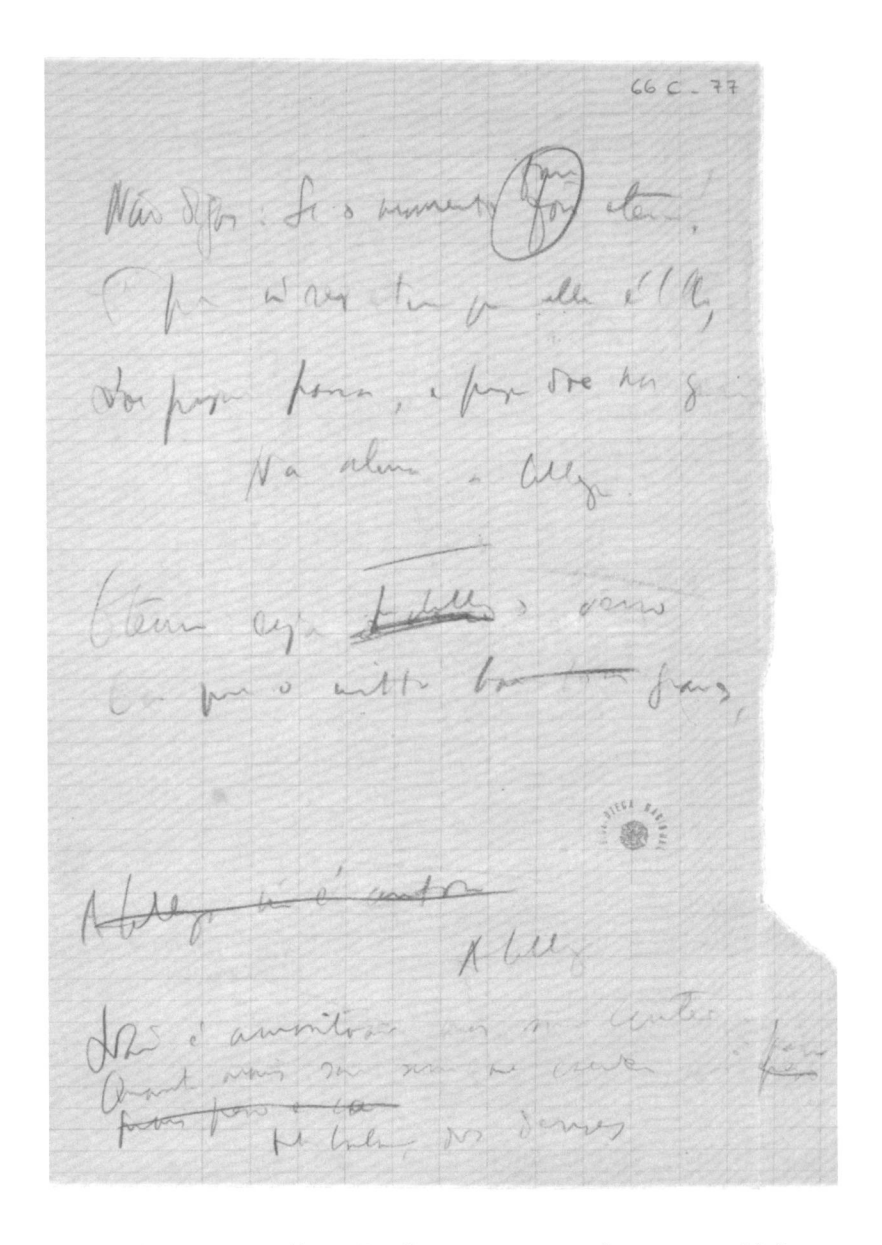

Figura 46. Os poemas inéditos «Não digas: se o momento for eterno» e «A beleza», escritos a lápis, de forma por vezes quase indecifrável

9

   A beleza[1]
Não é aumento que pese nem conte.
Quanto mais sou sem me escrever, mais peso[2]
   Na balança dos deuses.

10

Deixa, ☐ meu, a ambição tua
De entre os homens por *duque*[3] seres tido:
   Deixa luzir p'ra outros
   As lanças e *os gládios*.[4]
De pelo gládio à glória e à ☐ ires...
E a confiança em ☐.

A glória onde te leva
Mais que a onda vã, na glória?

11

Não batas palmas diante da beleza.
Não se sente a beleza demasiado.
   A beleza não passa
   É a sombra dos Deuses.

Mexa-se embora a nossa estéril vida,
Desdobre Eolo sobre nós seus *ventos*[5]
   ☐
   ☐

As estátuas aos deuses representam
Porque as estátuas são calmas e eternas
   Nem lhes fiam seu curto
   E negro linho as Parcas.

---

1 Poema inédito.
2 Pessoa riscou, na linha, «peso», mas tornou a escrever, por cima, a mesma palavra.
3 Variante sobreposta: «chefe».
4 Variante sobreposta: «as espadas».
5 Variante sobreposta: «sopros».

Na chuva de ouro Jove é Jove.
As leis de Diana são a sua calma
   É sempre lento[1] e o mesmo
   O alto curso de Apolo.[2]

O que chamamos leis na acção dos Deuses
São apenas a calma que eles têm[3]
   Não de cima lhes vêm.
   São *seu modo de alma*.[4]

12

Qual, Pirro, aquilo gosta que o amarga,
   Qual aquilo que gosta.
Iguais[5] quem a fados diferentes
   Como rios diversos,
Com curso a leste ou oeste, a sul ou norte,
   Sempre ao mar em que acabam.
Gostemos pois aquilo em que pusemos
   O gosto inaprendido,
Temos as tenras tardes, não □

13

Quantos o imoto Fado à móbil vida
A inútil sprança deu, fugaz e tida
Só pela consequência de a ter nossa,
Mas □

14

No lapso leve da vida me demoro[6]
Olhando o rio, nem □

---

1 Variante sobreposta de «lento»: «calmo»
2 Variante, ao lado, para toda a estrofe: «Segundo calmas (variante de "calmas": "frias") leis Júpiter troa / Em certas noites aparece Diana / E as leis por que aparece / Dão-lhe a divina calma».
3 Usei a variante sobreposta a «sua □ calma», para colmatar a falta de uma palavra.
4 Variante subposta: «a vida que querem».
5 Variante sobreposta: «Pares».
6 Fragmento Inédito.

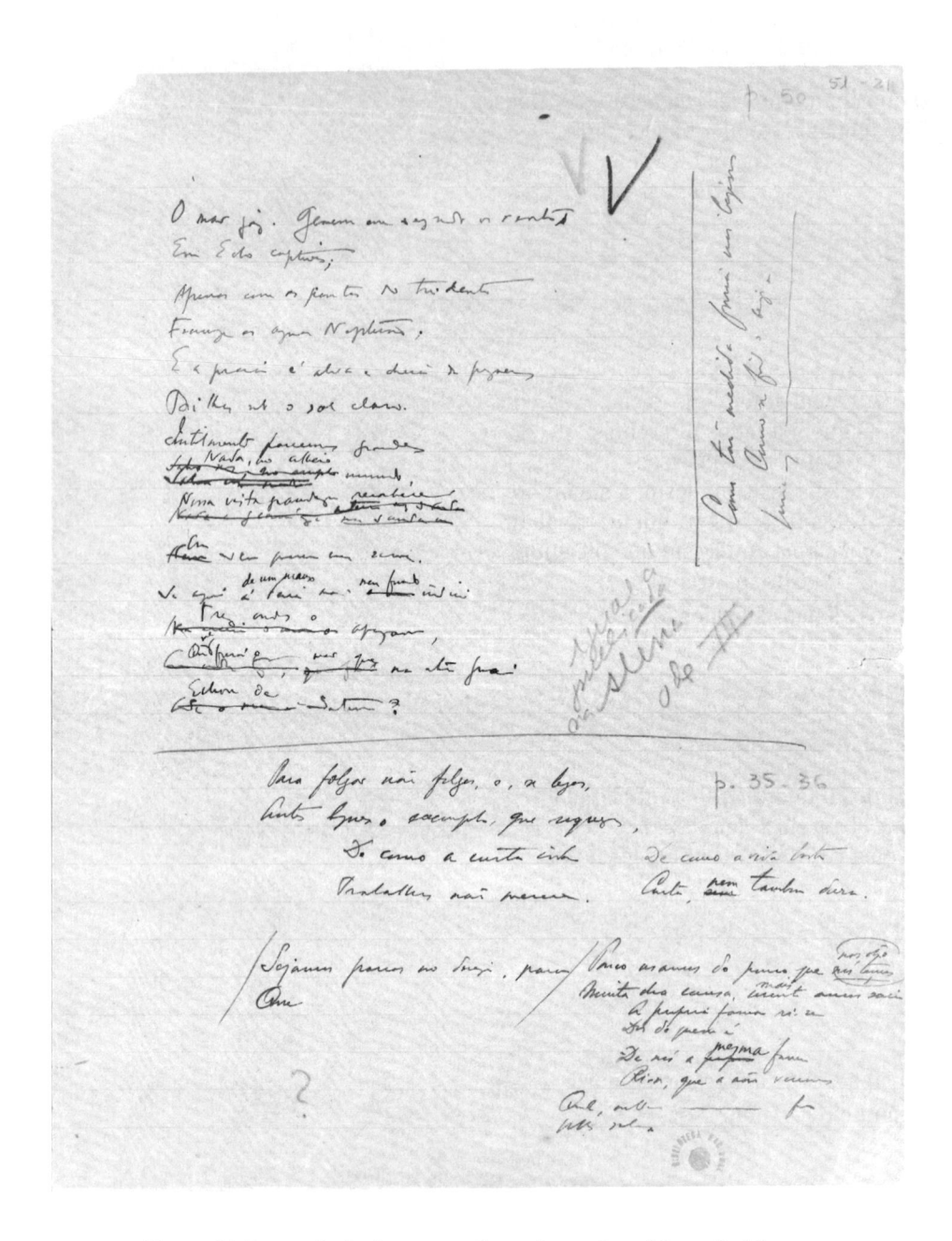

Figura 47. Na sequência do poema «O mar jaz», «Para folgar não folgas;»

15

Para folgar não folgas, e, se legas,
Antes legues o exemplo, que riquezas,
    De como a *curta vida*[1]
    Trabalhos não merece[2]

Pouco usamos do pouco que *nós temos*.[3]
Muita obra cansa, *muito*[4] amor sacia.
    De nós a mesma fama
    Ri-se, que a não veremos.[5]

16

Fazer parar o giro sobre si
Do vácuo pensamento, pôr a roda
Em movimento sobre a terra dura.

Poção que por magia de bebê-la
A dormente vontade em mim disperte
De viver...

---

1   Variante, ao lado: «vida basta».
2   Variante, ao lado: «Curta, nem também dura.».
3   Variante sobreposta: «nos dão».
    Pessoa abandonou, ao lado, a continuação do poema «Sejamos parcos no desejo, para / Que □», retomando-o com este novo verso.
4   Variante sobreposta: «mais».
5   Substituí o esboço incompleto, «A própria fama ri-se / Dos de quem é □», pelos dois versos variantes que o autor seguidamente escreveu. Alguns destes versos foram inseridos no poema n.º XX de *Athena*.

PARTE 3
POEMAS NA FRONTEIRA

1

Um verso repleto,
Uma brisa fresca,
O verão *nos campos*,[1]
E sem gente ao sol
O átrio da alma.[2]

Ou, no inverno, ao longe
Os cimos de neve,
À lareira toadas
Dos contos herdados,
E um verso a dizê-lo.

Os deuses concedem
Poucos mais prazeres
Que estes, que são nada.
Mas também concedem
Não *querer ter*[3] outros.

[29-01-1921]

2

Adónis já morreu, morreu Adónis[4]
Morreu Adónis, e as ninfas choram...
Toda a tristeza pôs a mão na terra
Morreu Adónis, e eis chorando as ninfas.

---

1 Variante subposta: «nas ervas».
2 Variantes subpostas a «da alma»: «entrevisto» e «aberto».
  Variante, ao lado, aos dois últimos versos: «E vazio sempre ao sol / O átrio abandonado».
3 Variante subposta: «querermos».
4 Inédito.

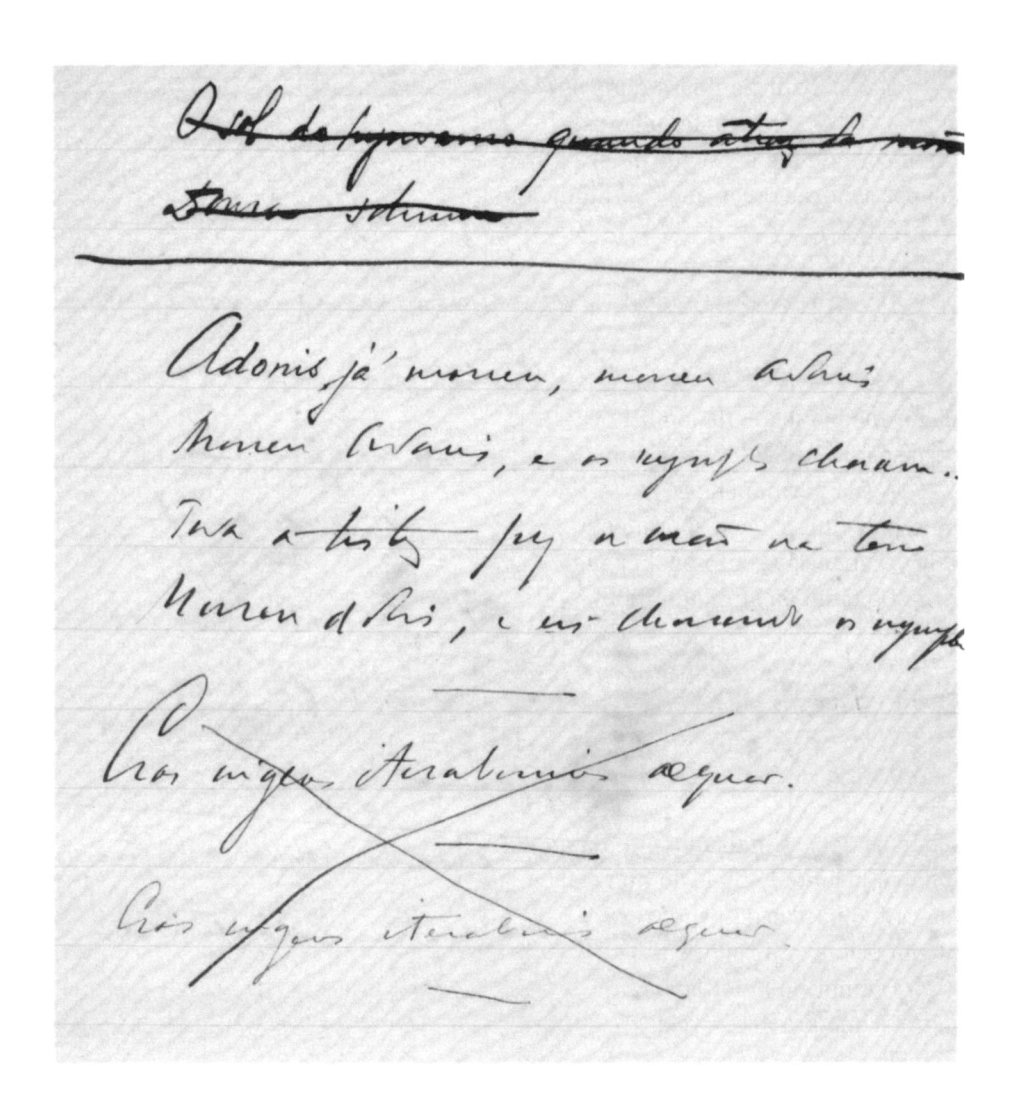

Figura 48. Poema inédito de inspiração neopagã, mas carecendo de elementos que permitam atribuí-lo a Ricardo Reis. Seguem-se frases em latim

3

Há uma cor que me persegue e que eu odeio,
Há uma cor que se insinua no meu medo.
      Porque é que as cores têm força
      De persistir na nossa alma,
           Como fantasmas?
Há uma cor que me persegue e hora a hora
A sua cor se torna a cor que é a minha alma.

4

Uma cor me persegue na lembrança,
E, qual se fora um ente, me submete
      À sua permanência.
Quanto pode um pedaço sobreposto
Pela luz à matéria escura encher-me
      De tédio ao amplo mundo.

5

Não dão os deuses mais que um dia ao dia.[1]
Não dão à juventude mais do que ela.
Passa com o passar da primavera
O que na primavera reflorira.
      O amor do amor se fia,
A beleza a sua ara acesa vela
      E a hora □ reitera.

---

[1] Inédito.

PARTE 4
PROSAS ELUCIDATIVAS DE RICARDO REIS

1

[CARTA DE RICARDO REIS A ALBERTO CAEIRO]

Querido Mestre:[1]

Quando decidimos conjugar os nossos esforços para iniciar uma renascença neo--clássica na Europa, mal sabíamos que a vontade de Júpiter de nascença nos havia fadado[2] para assim nos conjugarmos. Para produzir esse movimento mister era não só que houvesse uma reconstituição da alma antiga, mas, mais, porque se não podia simplesmente transplantar para hoje o sentimento pagão, dar a essa renascença uma base metafísica. Uma renascença clássica queria dizer, para nós, uma continuação da tradição grega. E uma continuação da tradição grega queria dizer um alargamento e renovação da própria tradição grega, feito dentro dos princípios eternos do espírito que presidiu ao helenismo.

Para o papel aparentemente principal de recondutor da alma pagã, sabeis bem que o Fado me fizera nascer. Escuso de vos falar de como eu sou, de meu espontâneo ser, um crente verdadeiro e profundo na existência dos deuses imortais. Sabeis bem como, para mim, Júpiter, Vénus, Apolo e as mais presenças imorredouras que presidem à nossa vida transitória[3] são realidades e existências concretas. Agradeço-vos ainda *o não vos ter custado*[4] a[5] acreditar que [sou] verdadeiramente um crente verdadeiro nos deuses. Seria natural que julgásseis isto uma atitude poética. Estranho parece a um homem de hoje — crente que seja no deus chamado Jesus — [6] que alguém com ele coexista que realmente sinta a existência de Júpiter, de Apolo, das hamadríades, das nereidas, dos faunos e dos silenos.

Separou-nos, no espaço e na duração da vida, aquilo que é superior aos próprios deuses, o Fado [,] mas a vontade sincrética dos deuses segue o seu caminho dentro de nós. Aproximou-nos mais o nosso destino sinérgico. E ao passo que se aperfeiçoava em vós a vossa lúcida e nova visão do universo, completava-se em mim a posse inteira e desterrada dos deuses cuja ideia foi a aspiração da minha *infância*[7] e *a estalagem*[8] da minha idade viril.

Trazíeis vós ao turbulento movimento literário português todo o universo que estava dentro de vós. Mais humilde, eu trazia, Mestre, a re-visão [sic] lúcida dos deuses, a renascida crença antiga, que o turbilhão de falsos deuses cristãos, santos de seu nome, havia sepulto.

---

1 Este vocativo é encimado por duas anotações: «*R.R: Odes*» e «*A Alb. Caeiro*», indicação de que projectava incluir esta carta no livro de Odes de Ricardo Reis.
2 Palavra dubitada.
3 Palavra dubitada.
4 Variante sobreposta: «de que não vos custasse».
5 A preposição está dentro de um círculo, sinal de omissão possível.
6 Para os dois travessões, Pessoa (com as suas maníacas indecisões...) encarou, como variantes subpostas, duas vírgulas.
7 Variante sobreposta: «adolescência».
8 Palavra dubitada com variante sobreposta: «o estádio».

Do nosso unido esforço nascerá decerto o primeiro impulso da Nova Renascença. Nunca tivemos a ilusão da humildade, nem julgámos a nossa arte com um olhar menos nobre e altivo que o que Milton deve ter tido para a pura perfeição do seu *Paraíso Perdido*, para a clássica escultura do seu *Samson Agonistes*. Nunca nos enganaram, a nós, os Corneilles e os Racines do classicismo dos inferiores; a vós os materialistas estéreis e secos da nossa □ civilização.

Sabíamos de sobra o quanto houvera de estéril em querer erguer uma arte clássica sem primeiro varrer de cima dos nossos sentimentos[1] todo o lixo com que o cristianismo os cobriu. Os Corneilles e os Racines nunca nos enganaram. Não confundimos nunca a secura da alma com a calma posse de nós próprios, nem a incapacidade de sentir com a disciplina poderosa e espontânea dos próprios sentimentos. Por instinto vós, e eu pela minha educação, sobreposta a um instinto também, fugimos ao erro de acreditarmos que houvera clássicos e gregos aqui da Grécia *ou talvez*[2] de Roma.

Nesta suja e estéril república longínqua tudo é de jeito a cada vez mais, por uma reacção, me dar paganismo. Os meus pensamentos vão todos para essa paisagem lúcida e calma de Portugal, tão naturalmente predestinada a produzir esses homens que *tomarão*[3] das mãos longínquas dos gregos o facho do sentimento *pagão*.[4]

---

1 Palavras dubitadas: «nossos sentimentos».
2 Variante subposta: «e, quando muito,».
3 Variante sobreposta: «receberão».
4 Variante entre parênteses: «naturalista».

RR

A moderna literatura é uma arte
de masturbadores.
A de Kern era de amores de-
cadentes. A do romantismo para
cá é de masturbações.
Vejamos:
Ha 3 phenomenos sexuaes di-
stintos:
(1) a sexualidade normal.
(2) a homosexualidade
(3) a monosexualidade ou
~~masturbação~~.

(3) ~~Caracter~~ Contem 3 elementos
 (A) O sonho, porque é visionar
     o outro elemento da cópula
 (B) O desdobramento do ser, porque
     o individuo figura com dois no acto
 (C) O requinte, porque o acto sexual
     tem de ser excitado á varios modos
     para ser

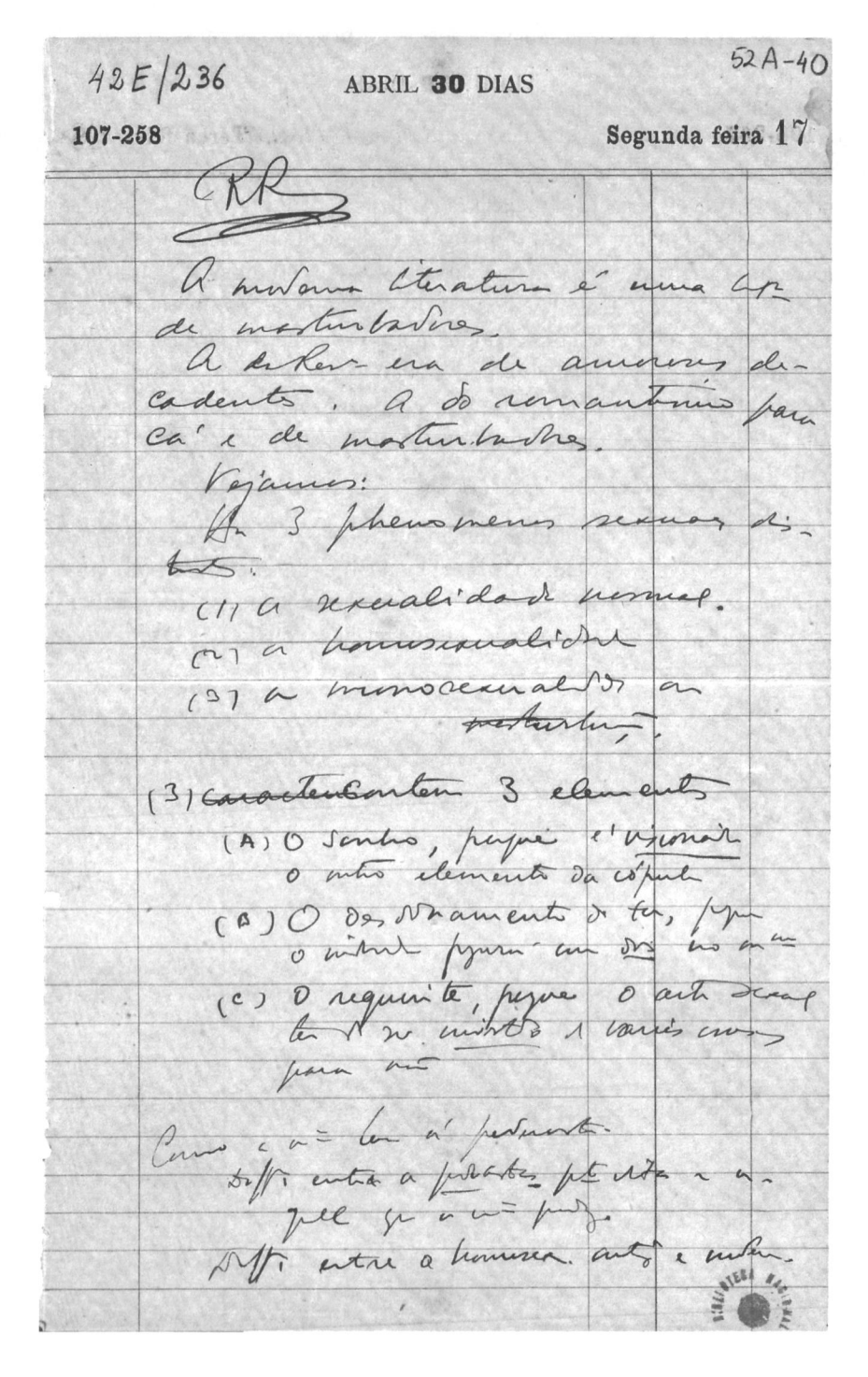

Como a não tem á pedante.
Diff. entre a pederastia pel. d'ed. e a-
      que que a não pode.
Diff. entre a homosex. antiga e moderna.

Figura 49. Texto de Ricardo Reis atacando a «moderna literatura», de que Pessoa e
Álvaro de Campos são cultores

2

[UMA LITERATURA DE MASTURBADORES]

A moderna literatura é uma literatura de masturbadores.

A da Renascença era de amorosos decadentes. A do romantismo para cá é de masturbadores.

Vejamos:

Há 3 fenómenos sexuais distintos:

(1) a sexualidade normal.
(2) a homossexualidade.
(3) a monossexualidade ou masturbação.

(3) contém 3 elementos
(A) O sonho, porque é *visionado* o outro elemento da cópula.
(B) O desdobramento do Eu, porque o indivíduo figurará como *dois* no mesmo.
(C) O requinte, porque o acto sexual tem de ser *investido* de várias cousas para não □.

Como a masturbação leva à pederastia.
Diferença entre a pederastia propriamente dita e aquela que a masturbação produz.
Diferença entre a homossexualidade antiga e moderna.

ANEXOS

PARTE 1
POEMAS EXCLUÍDOS DO CÂNONE RICARDIANO

1

À la manière de A. Caeiro

A mão invisível do vento roça por cima das ervas.
Quando se solta, saltam nos intervalos do verde
Papoulas rubras, amarelos malmequeres juntos,
E outras pequenas flores azuis que se não vêem logo.

Não tenho quem ame, ou vida que queira, ou morte que roube.[1]
Por mim, como pelas ervas um vento que só as dobra
Para as deixar voltar àquilo que foram, passa.
Também por mim um desejo inutilmente bafeja
As hastes das intenções, as flores do que imagino,
E tudo volta ao que era sem nada que acontecesse.

30-01-1921

2

Aqui, neste misérrimo desterro
Onde nem desterrado estou, habito,
Fiel, sem que queira, àquele antigo erro
Pelo qual sou proscrito.

O erro de querer ser igual a alguém –
Feliz, em suma – quanto a sorte deu
A cada coração o único bem
De ele poder ser seu.

06-04-1933

---

[1] As palavras «morte» e «roube» estão interrogadas.

3

Os deuses são felizes.
Vivem a vida calma das raízes.
Seus desejos o Fado não oprime,
Ou, oprimindo, redime
Com a vida imortal
Não há sombras ou outros que os contristem.
E, além *disso*,[1] não existem...[2]

10-07-1920

4

    Quis que comigo vísseis
A sombra essencial, o abstracto fundo
Do inúmero universo. Mas não fostes
Mais que uma luz extinta em noite densa
Um possível seu fruto.[3]
    – Que é pensar
Sem ser? Mestre, o que pensa serve o que é,
E a raiz não medita.

---

1   Variante, entre parênteses: «isto»
2   Este poema passa a limpo, dactilografando-a, uma primeira versão com título, «Epigrama»: «Os deuses são felizes / Vivem a vida calma das raízes / São como elas tudo e causa – / Não há nada que lhes seja ilusão / E não há dores ▫ que os contristem... / E, além disso, não existem.».
3   Palavra dubitada.

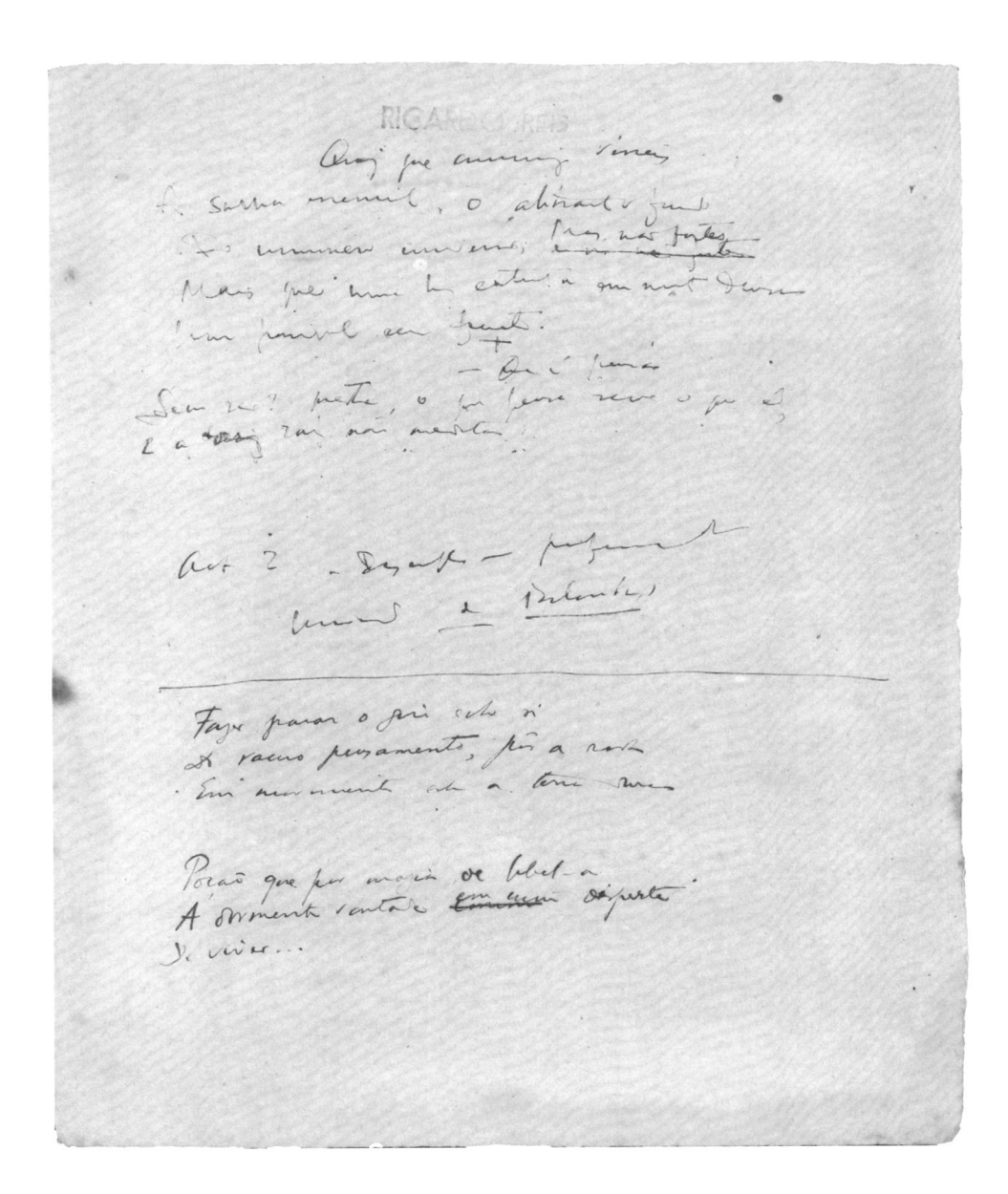

Figura 50. O poema «Quis que comigo vísseis», apesar de atribuído pela EC a Reis, é uma fala de Fausto. O carimbo, no alto da folha contempla o segundo poema, «Fazer parar o giro»

20/2/28. Ricardo Reis.

   Pesa o decreto atroz do fim certeiro
1 Pesa a sentença egual do aziso ignoto
   Em cada cerviz nescia., ñ entrudo e riem,
   Felizes, porque nelles (em elles) pensa e sente
     A vida, que não elles.

   Se a sciencia é vida, sabio é só o nescio.
3 Quam pouco differença existe a mente interna
   Do homem dos brutos? Sús! Deixae
     [Viver] [Brincar] os moribundos!
   De rosas, inda que de falsas, teçam
2 Capellas veres. Breve o vão é o hora
   Que lhes é dado, e por misericordia
     Xxx Breve nem vão sentido.

   Vou dormir, dormir, dormir,
   Vou dormir sem despertar,
   Mas não dormir sem sentir
   Que stou dormindo a sonhar.

   Não a insciencia é a treva,
   Mas tambem strellas a abrir
   Olhos de cujo olhar me eleva,
   Que stou sonhando a dormir.

   Vou dormir, vou despertar
   Para outra vida em redor,

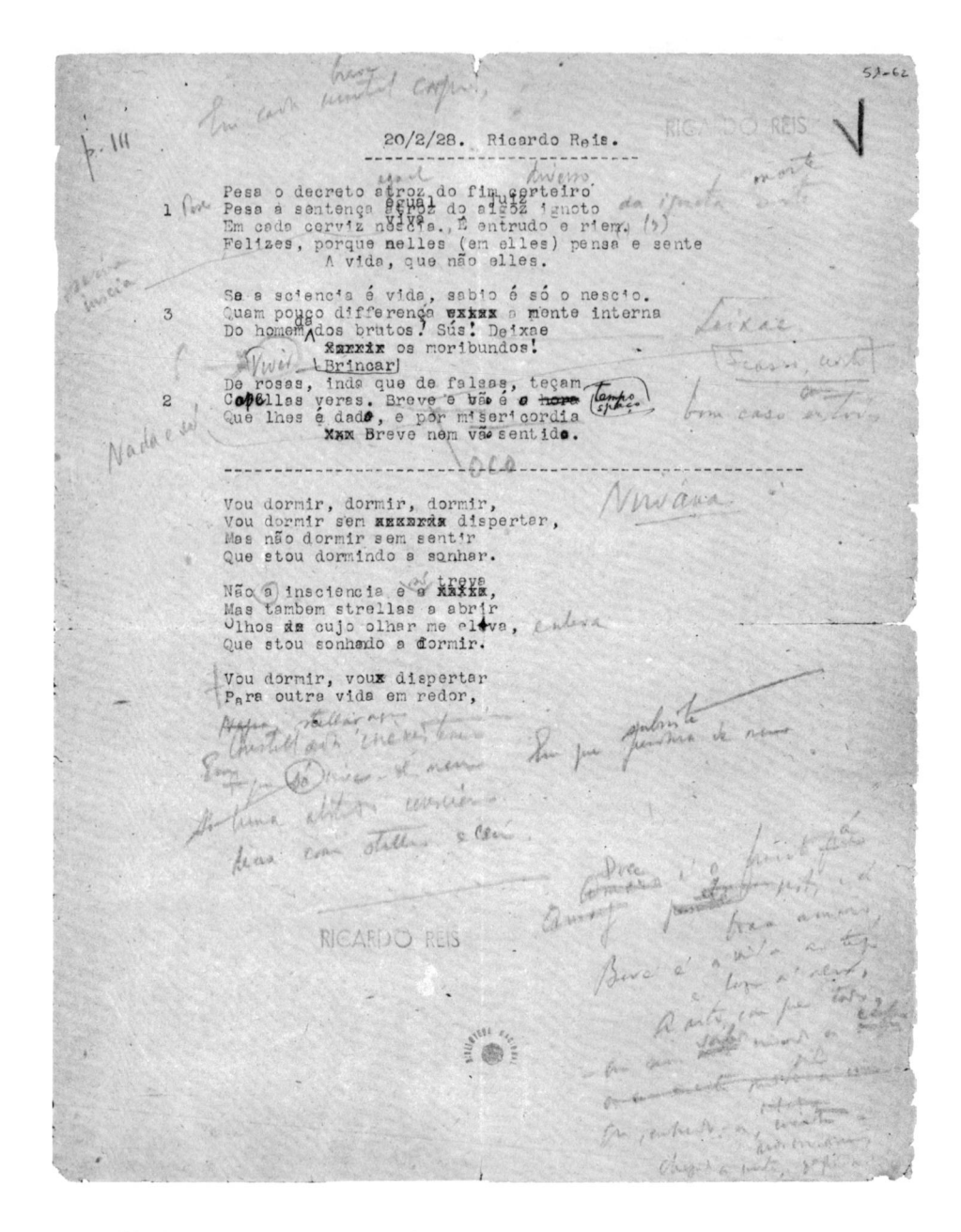

RICARDO REIS

Figura 51. O poema «Nirvana» tem de ser evidentemente excluído do cânone ricardiano. O carimbo aposto contempla o poema ao lado: «Doce é o fruto...»

5

NIRVANA

Vou dormir, dormir, dormir,
Vou dormir sem dispertar,
Mas não dormir sem sentir
Que stou dormindo a sonhar.

Não a[1] insciência e só treva
Mas também strelas a abrir
Olhos cujo olhar me *eleva*,[2]
Que stou sonhando a dormir.

Constelada[3] inexistência
Em que só[4] vive de meu
Uma[5] abstracta insciência
Una com strelas e céu.[6]

20-02-1928

6

Se já não torna a eterna primavera
    Que em sonhos conheci,
O que é que o exausto coração espera
    Do que não tem em si?

Se não há mais florir de árvores feitas
    Só de alguém as sonhar,
Que coisas quer o coração perfeitas,
    Quando, e em que lugar?

Não: contentemo-nos com ter a aragem
    Que, porque existe, vem
Passar a mão sobre o alto da folhagem
    E assim nos faz um bem.

---

1   O artigo «a» está rodeado por um círculo feito a lápis.
2   Variante, ao lado: «enleva».
3   Variantes sobrepostas: «stelar», «negra».
4   «A palavra «só» está envolta num círculo e remetida para o início do verso seguinte que tem, na margem direita, uma variante: «Em que perdura (variante sobreposta:«subsiste») de meu».
5   Variante ao lado: «Só uma».
6   O poeta enjeitou os dois versos com que iniciara a última quadra: «Vou dormir, vou dispertar / Para outra vida em redor,».

PARTE 2
POEMAS ORTÓNIMOS DE IGUAL INSPIRAÇÃO PAGÃ

1

TRADUÇÃO DE POEMAS QUE NÃO *ESTÃO*[1] NA *ANTOLOGIA GREGA*[2]

De Corinto me levaram, escrava, para Siracusa.
Do berço te levam à cova, ó déspota,[3] da mesma maneira.

Mirto, *de*[4] cinco anos de vida, os deuses me mataram.
Não lhes fiz mal a eles, nem a ninguém. Brincava.

Tive a coroa nos jogos melhores, e os beijos nos melhores amores.
Meus olhos estão fechados para os amores e para os jogos.
Os que hoje têm as coroas e os beijos são diferentes de mim.

Lembrar-te-hás, viandante, em meio do amor
Das carícias da que te não amou.

Levantei a mão, saudando os Deuses, num quasi desdém.
Não chegou o verão e estou morta.
Chamava-me Cloe. Era de Siracusa.[5]

19-05-1928

2

APOLO[6]

Sou viril corpo *feminino*[7]
Sou feminil corpo masculino

3

Sua memória chama entre as ramagens[8]
Calipso, Core, Demeter,
E cujos próprios nomes são poesia.
Cujas lendas são sol, flores e aragem.

---

1 Variante, ao lado, entre parênteses: «existem» - o que prova que o texto é do punho de Pessoa.
2 Toda a série destes poemas é inédita.
3 Sinal de redacção provisória.
4 Variante sobreposta: «com».
5 Toda esta estrofe, acrescentada a lápis, é de penosa leitura.
6 Poema inédito.
7 Variante sobreposta: «feminil».
8 Poema inédito.

POSFÁCIO

No romance-drama pessoano, Ricardo Reis aparece-nos como o coadjuvante de Alberto Caeiro, o Cristo solar dessa «Religião Nova – Metafísica Velha» que o Novo Paganismo foi feito ser. Ambos têm a missão de curar o Ocidente adoecido pelo morbo cristista: Caeiro como uma espécie de curandeiro, ou melhor, de xamã; Ricardo Reis, médico encartado, voltando-se sobretudo para as moléstias dessa alma que quer subordinar ao corpo mas que vem constantemente ao de cima.

As *Notas para a Recordação do meu mestre Caeiro,* escritas já nos anos trinta, mostram como esse romance-drama do Neopaganismo continuava a ocupar os projectos de Pessoa.Por isso é que, além dos heterónimos, aí dá lugar e voz ao seu teórico, António Mora – cuja prosa e teorias não se diferenciam quase das de Reis.

Ao lançar esta nova edição *Vida e Obras de Ricardo Reis*, vão decerto perguntar-me: «O que traz de novo?». Vou tentar responder.

Este Ricardo Reis vai até às suas mais longínquas origens: o gigante mitológico Livor, do poema dramático homónimo, escrito em 1911, de que Ricardo Reis se faz eco em alguns poemas.

Assistimos, neste livro, a par e passo, à evolução de Ricardo Reis – que irá sobreviver a Pessoa. E podemos constatar que, nos últimos tempos, finge o que este deveras sente.

Além do título, previsto por Pessoa e nunca usado, e deste entendimento indispensável da «entre-acção» (expressão dele) dos neopagãos Caeiro e Reis no romance-drama, sem esquecer Mora, tentei libertar os poemas de Ricardo Reis de leituras mal feitas pelas edições anteriores ou adulteradas pelo método seguido pela Edição Crítica oficial (as notas de rodapé dão notícia das minhas principais divergências dessas fontes).

Introduzi as emendas e variantes que Pessoa acrescentou aos poemas publicados em *Athena*, no exemplar pessoal desta revista, agora na Casa Pessoa. (Não pude consultar o seu exemplar de *presença,* ausente da biblioteca pessoal do poeta, nessa Casa.)

Em jeito de rápido balanço, esta edição refaz o *corpus* ricardiano, não só corrigindo abundantemente anteriores leituras mas dele excluindo seis dos poemas que aí não têm qualquer cabimento (pp. 255-259) e acrescentando vinte e três inéditos. Recupera, além disso, para esse *corpus*, poemas que a Edição Crítica dele excluiu por considerá-los, erradamente, «cancelados» pelo autor. Segundo ela, perderíamos assim os magníficos poemas «Aos deuses que há ou que fingidos haja / Só liberdade peço» e «Aos deuses peço só que me concedam / O nada lhes pedir» (p. 202).

Os textos aqui apresentados permitiram-me acrescentar mais um nome ao vasto elenco dos desdobramentos heteronímicos: Firmino Lopes, tradutor de «Poemas que não Estão na Antologia Grega» (p. 263).

Liberto de elementos estranhos, espero que o corpo inteiro da poesia ricardiana resplandeça com mais fulgor.

Teresa Rita Lopes

NOTAS E ÍNDICES

ROTEIRO PARA UMA NOVA LEITURA DE RICARDO REIS 13
De Teresa Rita Lopes

PREFÁCIOS DE FERNANDO PESSOA, FREDERICO REIS E RICARDO REIS

Para se entender o título deste livro, apresento, em primeiro lugar, o prefácio em que Pessoa o usa; Frederico Reis, aparentemente irmão de Ricardo, assina o segundo; no terceiro, Ricardo Reis expõe os seus objectivos para «uma reconstrução real do paganismo».

1 *O Dr. Ricardo Reis nasceu* 45
(RICARDO REIS – VIDA E OBRAS)
[21-109] Da autoria de Fernando Pessoa. Ms. 01-02-1914.

2 *Resume-se num epicurismo triste toda a filosofia* 46
[21-110] Ms. Atribuição a «F. Reis» (Frederico Reis, noutro texto, possivelmente, um irmão de Ricardo Reis. Pessoa inventou aos pares algumas das suas «personalidades literárias»). Sem data.

3 *O prefácio, que pus à obra do meu mestre Caeiro,* 47
PREFÁCIO DE RICARDO REIS AO SEU LIVRO *ODES*
[21-111r] Dact. Sem data. Prefácio preparado por Reis para reenviar os leitores para o anterior prefácio «À obra do [seu] mestre Caeiro», publicado no anterior volume desta série, *Vida e Obras de Alberto Caeiro*.

LIVRO PRIMEIRO

O título de «Livro Primeiro» foi atribuído por Fernando Pessoa ao conjunto dos 20 poemas por ele publicados na revista *Athena*, n.º1, Outubro, de 1924, fundada e dirigida com o pintor Rui Vaz, aqui apresentados na Parte 2. Este Livro tem um carácter antológico: os poemas que o constituem foram seleccionados por Pessoa para publicação.

Parte 1

Reproduzo a série de quarenta poemas – a que Pessoa posteriormente acrescentou, sem numerar, uma «última ode» –, organizados com numeração romana, numa lista [48G-21r] feita, aparentemente, depois de 1917, porque inclui poemas com essa data (não em 1914, como os consideram EC e MPS). Decidi não quebrar o conjunto orgânico que constituem. Quando esses poemas foram posteriormente publicados por Pessoa, privilegiei a versão editada, dando notícia da(s) outra(s) em rodapé e/ou em Apêndice, como Poemas Variantes.

I *Mestre, são plácidas* 55
[51-9r] Dact. 12-06-1914. O testemunho 51-9, que continua até 51-13, tem ao cimo a seguinte indicação: «Algumas odes de Ricardo Reis. Do Livro Primeiro. Das "Odes", provavelmente». No testemunho manuscrito 51-1, a ode – a 1ª – surge com a data mencionada e a dedicatória: «A A. Caeiro».

II *Da lâmpada nocturna* 56
[51-18ᵛ] Misto. 02-08-1914.

III *Este, seu scasso campo ora lavrando,* 57
Deste poema, aqui apresentado na versão definitiva publicada por Pessoa em *Athena*, onde aparece com o n.º XV, há uma versão variante [51-45ʳ] datada de 27-09-14, em Apêndice, com o n.º 3.

IV *Não tenhas nada nas mãos* 57
[51-11ʳ] Dact. 19-06-1914.

V *Quero, Neera, que os teus lábios laves* 58
[51-8ᵛ] Ms. Data no lado recto da página, atribuída ao poema 51-8ʳ: 11-07-14.

VI *Ao longe os montes têm neve ao sol,* 59
[51-11ʳ] Dact. 16-06-1914.

VII *O deus Pã não morreu,* 60
[51-10ʳ] Dact. 12-06-1914.

VIII *De Apolo o carro rodou pra fora* 60
[51-10ʳ] Misto. 12-06-1914.

IX *Sábio é o que se contenta com o espectáculo do mundo,* 61
[51-12ʳ e 13ʳ] Dact. 19-06-1914.

X *Os deuses desterrados,* 62
[51-9ʳ e 10ʳ] Dact. 12-06-1914. Existe um manuscrito desta ode [51-1ᵛ], composto neste «dia triunfal» ricardiano, que me abstenho de apresentar em apêndice por ser apenas um rascunho e não outra versão.

XI *Coroai-me de rosas* 63
Publicado por Pessoa, com o n.º IX, na revista *Athena* n.º 1, Outubro, 1924. Existem duas versões variantes [51-10ʳ e 51-3ʳ], datadas de 12-06-1914, aqui em nota de rodapé.

XII *Vem sentar-te comigo, Lídia, à beira do rio* 63
[51-12ʳ] Dact. 12-06-1914.

XIII *Breve o inverno virá com sua branca* 65
[51-14ᵛ] Ms. 17-07-1914.

XIV *Aqui, Neera, longe* 65
[51-18] Misto. 02-08-1914.

XV *A palidez do dia é levemente dourada.* 66
[51-10ʳ] Dact. 19-06-1914.

XVI *De anjos ou deuses, sempre nós tivemos* 67
[51-22ʳ] Misto. 16-10-1914.

XVII *Da nossa semelhança com os deuses* 67
[51-17ᵛ] Dact. 30-07-1914.

XVIII *Cuidas, ínvio, que cumpres, apertando* 68
Publicado por Pessoa, com o n.º XX, na revista *Athena* n.º 1, Outubro, 1924. Existe uma versão variante [51-8a], de 11-07-1914, e um manuscrito inacabado [51-6ᵛ], sem data, apresentados com os n.ᵒˢ 8 e 9 em Apêndice.

XIX *O mar jaz; Gemem em segredo os ventos* 69
Publicado por Pessoa, com o n.º III, na revista *Athena* n.º 1, Outubro, 1924. Em Apêndice, onde figura com o n.º 7, o poema variante 51-21ʳ, datado de 06-10-1914.

XX *Neera, passeemos juntos* 71
[51-1ᵛ] Ms. 12-06-1914.

XXI *Tuas, não minhas, teço estas grinaldas* 72
Publicada em *Athena*, com o n.º XVI. Existe um dactiloscrito, datado de 30-07-1914, com o n.º 19 em Apêndice.

XXII *Vós que, crentes em Cristos e Marias,* 72
[51-19ᵛ] Misto. 09-08-1914.

XXIII *Não como ante donzela ou mulher viva* 74
[52-38] Ms. Data na lista 48G-20ʳ: 11-08-1914. O poema tem no início a indicação «2», devendo faltar a página «1», não encontrada.

XXIV *Só esta liberdade nos concedem* 77
[51-18ʳ] Misto. 30-07-1914.

XXV *O ritmo antigo que há em pés descalços,* 77
Publicado, com o n.º VI, por Pessoa na revista *Athena* n.º 1, Outubro de 1924. Existe uma versão variante [51-19ʳ], datada de 09-08-1914, com o n.º 6, em Apêndice.

XXVI *Não porque os deuses findaram, alva Lídia, choro...* 79
[52-41ᵛ e ʳ] Ms. Escrito numa cinta da revista *A Labareda*, de que sairam dois números em 1914.

XXVII *Passando a vida em ver passar a de outros,* 79
[52-2ʳ] Ms. 11-08-1914.

XXVIII *Deixemos, Lídia, a ciência que não põe* 80
[51-100] Misto. Sem data.

XXIX *Neste dia em que os campos são de Apolo* 81
[52-38ᵛ e 37ʳ] Ms. 11-08-1914. A página 53-37ʳ tem a numeração «3» e corresponde a outro momento de escrita que a anterior. Admito o desaparecimento de algum testemunho, mas não encontrei melhor articulação que a usada por EC e MPS.

XXX *É tão suave a fuga deste dia,* 82
[51-100ᵛ] Misto. Sem data.

XXXI *Acima da verdade estão os deuses.* 83
[51-20ʳ] Misto. 16-10-1914. Por ser um texto dactilografado, mantive a disposição do autor, que não recolheu os terceiros e quartos versos das estrofes.

XXXII *Não consentem os deuses mais que a vida.* 83
Publicado, com o nº IV, em *Athena* n.º 1, Outubro de 1924. Há uma versão variante [51-14ᵛ], datada de 17-07-1914, com o n.º 5, em Apêndice.

XXXIII *As rosas amo dos jardins de Adónis,* 84
Publicado, com o n.º II, na revista *Athena*, nº1, de 1924. O manuscrito original tem no Espólio a cota 51-8ʳ. Data na lista 48G-20ʳ: 11-07-1914.

XXXIV *Antes de nós nos mesmos arvoredos* 84
[51-22ʳ] Dact. 08-10-1914.

XXXV *Cada cousa a seu tempo tem seu tempo.* 85
[51-17ʳ] Misto. 30-07-1914.

XXXVI *Bocas roxas de vinho,* 86
[51-24ʳ] Misto. 29-08-1915. No início, a indicação manuscrita: "Ode".

XXXVII *Tirem-me os deuses* 87
[51-23] Dact. 06-06-1915.

XXXVIII *Feliz aquele a quem a vida grata* 88
[51-29ʳ] Misto. Sem atribuição. 11/12-09-1916. Existe a indicação «Ode», no cimo da folha.

XXXIX *Olho os campos, Neera,* 89
Publicado, com o n.º XIII, na revista *Athena*, n.º 1, Outubro, 1924. Existem três versões variantes [51-51ʳ, datada de 27-01-17; 51-50ʳ, de 06-06-1915, e 52-44ʳ, sem data], em Apêndice, com os n.ᵒˢ 10, 11 e 12.

XL *Deixa passar o vento* 89
[52-4ʳ] Ms. 12-09-1916.

[XLI] *Só o ter flores pela vista fora* 90
[51-13ʳ] Dact. 16-06-1914. É a versão passada a limpo de um anterior poema rascunhado [51-6ʳ] que rejeitou e de que alterou passagens. Por ser um rascunho e não uma nova versão, não figura no Apêndice. É o último poema, precedido pela indicação «última ode», previsto na lista [48G-21ʳ] dos quarenta e um com que aparentemente projectou um «Livro Primeiro», erradamente denominada por EC e MPS «projecto de 1914», já que inclui poemas de 1914 a 17.

Parte 2

Conjunto dos 20 poemas por ele publicados na revista *Athena*, n.º1, Outubro, de 1924. Poemas variantes em Apêndice.

I *Seguro assento na coluna firme* 95
Existem duas versões variantes [52-9ʳ], datadas de 29-01-1921, com os n.ᵒˢ 1 e 2, em Apêndice.

II *As rosas amo dos jardins de Adónis,* 95
Com o nº XXXIII na Lista 48G-21ʳ. O testemunho original [51-8ʳ] tem a data de 11-07-1914.

III *O mar jaz; gemem em segredo os ventos* 95
Com o nº XIX na Lista 48G-21ʳ. Em Apêndice, versão variante, com o n.º 7, datada de 06--10-1914.

IV *Não consentem os deuses mais que a vida.* 96
Com o n.º XXXII na Lista 48G-21ʳ. Há uma versão variante [51-14ᵛ], datada de 17-07-1914, com o n.º 5, em Apêndice.

V *Como si cada beijo* 96
O testemunho original [51-46ʳ] tem a data de 17-11-1923.

VI *O ritmo antigo que há em pés descalços,* 97
Com o nº XXV na Lista 48G-21ʳ. Existe uma versão variante [51-19ʳ], datada de 09-08-1914, com o n.º 6 em Apêndice.

VII *Ponho na activa mente o fixo esforço* 97
A edição de *Athena* é o único testemunho conhecido.

VII *Quão breve tempo é a mais longa vida* 97
O manuscrito original [51-42ʳ] tem a data de 24-10-1923.

IX *Coroai-me de rosas.* 98
Com o n.º XI na Lista 48G-21ʳ, onde se indica a data de 12-06-1914. As variantes [51-10ʳ e 51-3ʳ], datadas de 12-06-1914, encontram-se aqui, em nota de rodapé.

X *Melhor destino que o de conhecer-se* 98
O manuscrito original [51-41ʳ] tem a data de 22-10-1923.

XI *Temo, Lídia, o destino. Nada é certo.* 99
O manuscrito original [51-98ʳ] não tem data.

XII *A flor que és, não a que dás, eu quero.* 99
Em Apêndice, com o n.º 4, encontra-se uma versão variante deste poema [51-40ʳ], datada de 21-10-1923.

XIII *Olho os campos, Neera,* 99
Com o n.º XXXIX na Lista 48G-21ʳ.Existem três versões variantes [51-51ʳ, datada de 27-01--17; 51-50ʳ, de 06-06-1915, e 52-44ʳ, sem data], aqui, em Apêndice, com os n.ᵒˢ 10, 11 e 12.

XIV *De novo traz as aparentes novas* 100
O manuscrito original [51-49^r] tem a data de 25-12-1923.

XV *Este, seu scasso campo ora lavrando,* 101
Com o n.º III na Lista 48G-21^r. Deste poema há uma versão variante [51-45^r], datada de 27-09-14, em Apêndice, com o n.º 3.

XVI *Tuas, não minhas, teço estas grinaldas,* 101
Com o n.º XXI na Lista 48G-21^r. O dactiloscrito 51-17^v, datado de 30-07-1914, figura em Apêndice com o n.º 19.

XVII *Não queiras, Lídia, edificar no spaço* 102
Em Apêndice, com o n.º 13, existe uma versão variante [51-37^r], sem data.

XVIII *Saudoso já deste verão que vejo* 102
No testemunho original [51-99^r], não datado, a epígrafe «*Ad luctum suum*», que não figura em *Athena*.

XIX *Prazer, mas devagar* 102
O testemunho dado para publicação [51-43^r] tem a data de 03-11-1923.

XX *Cuidas, ínvio, que cumpres, apertando* 103
Com o n.º XVIII na Lista 48G-21^r. Com os n.ºs 8 e 9, há duas versões variantes em Apêndice: 51-8a, sem data, e 51-6^v, datável de 16-06-1914.

Parte 3

Conjunto dos 8 poemas publicados por Pessoa na revista *presença* – n.º 6, Coimbra, 18 de Julho de 1927, p. 3 («Três Odes»); nº 10, Coimbra, 15 de Março de 1928, p. 2 (duas odes); n.ºs 31-32, Coimbra, Março-Junho de 1931, p. 10 (duas odes); n.º 37, Coimbra, Fevereiro de 1933 (uma ode). Diferentemente das partes I e II deste Livro Primeiro, a numeração dos poemas é da minha responsabilidade.

[1] *Não só vinho, mas nele o olvido, deito* 107
Primeira das «Três Odes» publicadas na revista *presença*, n.º 6, Coimbra, 18 de Julho de 1927, p. 3. Existem mais dois testemunhos desta ode [51-53^r e 54^r], estando no primeiro datada de 13-06-1926.

[2] *Quanta tristeza e amargura afoga* 107
Segunda das «Três Odes» publicadas na revista *presença*, n.º 6, Coimbra, 18 de Julho de 1927, p. 3. Mesma observação da ode anterior, mas com data de14-06-1926.

[3] *A nada imploram tuas mãos já cousas,* 107
Terceira das «Três Odes» publicadas na revista *presença*, n.º 6, Coimbra, 18 de Julho de 1927, p. 3. Existem mais dois testemunhos desta ode [51-57^r e 54^r], tendo o primeiro a data de Maio de 1927.

[4] *O rastro breve que das ervas moles* 108

Publicada, com o título «Ode», assim como a seguinte, na revista *presença* n.º 10, Coimbra, 15 de Março de 1928, p. 2. Existem mais dois testemunhos desta ode [51-60ʳ e 61ʳ], o primeiro datado 25-01-1928.

[5] *Já sobre a fronte vã se me acinzenta* 108

Publicada, com o título «Ode», assim como a anterior, na revista *presença*, n.º 10, Coimbra, 15 de Março de 1928, p. 2. Existem mais dois testemunhos desta ode [51-53ʳ e 70-33ᵛ], o segundo com data de 13-06-1926.

[6] *Quando, Lídia, vier o nosso outono* 109

Publicada, com o título «Duas Odes», comum à seguinte, na revista *presença*, n.ᵒˢ 31-32, Coimbra, Março-Junho de 1931, p. 10. Data no testemunho 51-67ʳ: 13-06-1930.

[7] *Ténue, como se de Eolo a esquecessem,* 109

Publicada, com o título «Duas Odes», comum à anterior, na revista *presença*, n.ᵒˢ 31-32, Coimbra, Março-Junho de 1931, p. 10. Mesma observação da ode VI.

[8] *Para ser grande, sê inteiro: nada* 109

Publicada, com o título «Ode», na revista *presença*, n.º 37, Coimbra, Fevereiro de 1933, p. 8. Existem dois outros testemunhos [51-89ʳ; 90ʳ], o primeiro com a data de 14-02-1933.

LIVRO SEGUNDO

Poemas ordenados cronologicamente (datados ou datáveis) e, no final, sem data, pretendem dar notícia da evolução de Reis. A numeração dos poemas é da minha responsabilidade.

1 *Diana através dos ramos* 115
[52-1ᵛ] Ms. 16-06-1914 (data no verso da folha, no mesmo momento de escrita dos poemas anteriores).

2 *Pobres de nós que perdemos quanto* 115
[52-1] Ms. 16-06-1914 (data na mesma folha e no mesmo momento de escrita do poema anterior).

3 *Não morreram, Neera, os velhos deuses.* 116
[52-2ᵛ] Ms. 11-08-1914 – data no lado recto da folha.

4 *Aqui, sem outro Apolo do que Apolo,* 116
[52-37ʳ] Ms. 11-08-1914, data na lista 48G-21ʳ.

5 *Em Ceres anoitece.* 116
[57A-57ᵛ] Ms. 17-09-1914.

6 *Felizes, cujos corpos sob as árvores* 117
[51-27ʳ] Ms. 01-06-1916.

7 *Ouvi dizer que outrora, quando a Pérsia* 118
OS JOGADORES DE XADREZ
[51-25 a 26ʳ] Misto. 01-06-1916. Dactilografado para publicação: no cimo da folha, exprime essa escolha, em inglês: «this». Acrescenta: «Ao Serviço dos Deuses (variante: de Apolo) Odes e Poemas neopagãos. de Ricardo Reis.» – para figurar na publicação. A existência de um título explica-se pela circunstância da publicação.

8 *Prefiro rosas, meu amor, à pátria,* 121
[51-26ʳ] Misto. 01-06-1916. Observação idêntica à do poema anterior, tendo sido dactilografado no mesmo dia e no mesmo suporte e aparentemente destinado à mesma publicação.

9 *Segue o teu destino* 121
[51-28ʳ] Misto. 01-07-1916. Ao nível da estrofe 3, Pessoa sugere-se, em inglês, «omit». No final do poema, acrescentou: «*all this is to be corrected but the first two stanzas are not bad*» (tudo isto é para ser corrigido, mas as duas primeiras estrofes não estão más).

10 *O silêncio é dos deuses* 122
[58-12ᵛ] Ms. Sem atribuição. 10-08-1916. Inédito.

11 *Não a ti, mas aos teus, odeio, Cristo.* 124
[51-31ʳ] Misto. 09-10-1916. Esta ode, na sequência de duas outras [51-30ʳ], aqui em Apêndice, com os n.ᵒˢ 15 e 16), aparentemente num mesmo momento de escrita, corresponde à sua mais elaborada versão. Na edição da Ática, retomada pela (Nova) Aguilar, este poema aparece barbaramente desfigurado, ligado à versão variante que figura em Apêndice – «Não a ti, Cristo, odeio ou menos prezo», invertendo mesmo a ordem de um dos versos da estrofe «Não a ti, mas aos teus, odeio, Cristo».

12 *Sofro, Lídia, do medo do destino.* 125
[51-32ʳ] Dact. 26-05-1917 – data da primeira versão (em Apêndice, com o n.º 18) no verso da folha. Este poema parece, de facto, a segunda versão, depurada e melhorada, da que terá inicialmente escrito: por isso, não repetiu a data e abreviou para «L» o vocativo «Lídia».

13 *Sê o dono de ti* 125
[52-5ʳ] Ms. 11-08-1918.

14 *Não sem lei, mas segundo ignota lei* 126
[52-6] Ms. 17-11-1918.

15 *O alcatruz que colheu a água funda* 130
[52-6ᵛ] Ms. 17-11-1918. Embora excluído por EC e MPS, admito que, pela sua inteireza e perfeição, sem indecisões, emendas ou variantes, deva integrar o cânone ricardiano, apesar do traço ondulado, um único, aposto por Pessoa. Não se encontra, contudo, no Espólio, a versão passada a limpo do poema.

16 *Antes de ti era a Mãe Terra scrava* 130
[52-7] Ms. Escrito numa folha do mesmo bloco do poema datado de 17-11-1918, com a indicação «2», é admissível que o tenha sido no mesmo dia.

17 *Uma após uma as ondas apressadas* 131
[51-33ʳ] Ms. 23-11-1918.

18 *Manhã que raias sem olhar a mim,* 132
[51-33ʳ] Ms. 23-11-1918 (data no poema anterior, correspondente a um mesmo momento de escrita).

19 *Cedo vem sempre, Cloe, o inverno, e a dor* 132
[58-81ʳ] Misto. Sem atribuição explícita, mas inegavelmente de Ricardo Reis – o mesmo acontecendo ao poema seguinte, do mesmo momento de escrita, em que apela à amada Lídia. 07--07-1919.

20 *No momento em que vamos pelos prados* 133
[58-81ʳ] Misto. 07-07-1919 (data no poema anterior, correspondente a um mesmo momento de escrita).

21 *Cumpre a lei, seja vil ou vil tu sejas* 134
[52-9ᵛ] Misto. Atribuição a RR e data, 29-01-1921, no recto da folha, num poema anterior, correspondente ao mesmo momento de escrita. No alto da página, o que terá sido o início rejeitado do poema, que retoma, adiante, esta ideia: «Como a um mau servo de meu ser expilo (expulso) / O gesto da justiça;».

22 *Tornar-te-ás só quem tu sempre foste.* 135
[119-8ʳ] Ms. 12-05-1921.

23 *Em vão procuro o bem que me negaram.* 135
[119-8ʳ] Ms. 12-05-1921, data do poema anterior, na mesma página e no mesmo momento de escrita.

24 *Não quero a glória, que comigo a têm* 135
[119-8ʳ] Ms. 12-05-1921.

25 *Pequeno é o espaço que de nós separa* 136
[52-10ʳ] Ms. Escrito num envelope de ACÇÃO, Orgão do Núcleo de Acção Nacional, com carimbo de Ricardo Reis. 31-01-1922.

26 *Cada um cumpre o destino que lhe cumpre,* 138
[51-104ʳ] Dact. 29-07-1923 (a data consta do testemunho 144X-46, que este texto passa a limpo).

27 *Quero versos que durem como jóias* 138
[52-11ʳ] Ms. 05-08-1923.

28 *Sob a leve tutela* 139
[51-106ʳ] Dact. Passa a limpo e sem emendas um rascunho manuscrito na mesma página que o poema «Quero versos que sejam como jóias», com data de 05-08-1923, que deve ser comum a este poema, nitidamente escrito no mesmo momento. No canto superior direito, há um acrescento a lápis, «Livro Primeiro». No início, «ODE» e, no final, a referência geográfica ao seu exílio «Le Havre» (ficcional), posteriormente riscada (talvez por mão alheia), e a atribuição dactilografada a Ricardo Reis. Foi nitidamente, como o seguinte, preparado para publicação.

29 *Meu gesto que destrói* 139
[51-105ʳ] Dact. Escrito no verso de um impresso datado de «Lisboa, primavera de 1922». Há, como no poema anterior, no início, a indicação dactilografada «ODE», «Livro Primeiro» e, no final, «Le Havre» (fictícia referência geográfica ao seu exílio) e a atribuição dactilografada a Ricardo Reis. O poema deve ter sido assim cuidado para publicação. Data conjecturada [05-08-1923] a partir das razões indicadas nos dois poemas anteriores.

30 *Quero, da vida, só não conhecê-la.* 140
[52-12ʳ] Ms. 06-08-1923.

31 *Nada me dizem vossos deuses mortos* 140
[52-12ᵛ] Ms. 06-08-1923. Data no poema anterior, escrito no lado recto da folha, correspondente a um mesmo momento de escrita.

32 *Não quero as oferendas* 141
[51-35ʳ] Misto. 02-09-1923.

33 *Vossa formosa juventude leda,* 141
[51-35ʳ] Dact. 02-09-1923 (data do poema anterior, na mesma página e no mesmo momento de escrita dactilografada).

34 *Não canto a noite porque no meu canto* 142
[51-36ʳ] Dact. 02-09-1923. Rascunho manuscrito em 51-39ᵛ.

35 *Não quero recordar nem conhecer-me.* 142
[51-36ʳ] Dact. 02-09-1923 (data do poema 51-35ʳ, na mesma página e no mesmo momento de escrita). Rascunho manuscrito em 51-37a.

36 *A abelha que, voando, freme sobre* 142
[51-38ʳ] Dact. 02-09-1923. Rascunho manuscrito em 51-39ʳ.

37 *Dia após dia a mesma vida é a mesma.* 143
[51-38ʳ] Dact. 02-09-1923 (data do poema anterior, na mesma página e no mesmo momento de escrita). Rascunho manuscrito em 51-39a.

38 *Pequena vida consciente, sempre* 143
[52-13ʳ] Ms. 22-10-1923.

39 *De uma só vez recolhe* 144
[51-42ʳ] Ms. 24-10-1923.

40 *Folha após folha vemos caem,* 144
[52-14ʳ] Ms. 27-10-1923. Existe uma versão variante [52-14ᵛ] deste poema, de não menos penosa leitura, proveniente do mesmo momento de escrita, em Apêndice, com o n.º 17.

41 *Se em verdade não sabes* 146
[52-31ᵛ] Ms. 29-10-1923. Pessoa escreveu a data, seguida de um traço horizontal, encarando aparentemente, terminar o poema. Acabou, entretanto, por lhe acrescentar uma nova estrofe.

42 *Tão cedo passa tudo quanto passa!* 146
[51-43ʳ] Dact. 03-11-1923.

43 *Não inquiro do anónimo futuro* 147
[52-15ʳ] Ms. 04-11-1923. Rascunho ainda hesitante entre diferentes versos alternativos registados.

44 *Hora a hora se torna a face antiga* 148
[52-16ʳ] Ms. 16-11-1923. Mesma observação que para o poema precedente: ambos em estado de rascunho.

45 *Não torna atrás a negregada prole* 148
[52-16ᵛ] Ms. 16-11-1923. Mesma observação que para os dois poemas precedentes.

46 *Se hás-de ser o que choras.* 148
[51-49ᵛ] Ms. Atribuição e data [25-12-1923] no recto da folha, no mesmo momento de escrita.

47 *Com que vida encherei os poucos breves* 149
[52-17ʳ e 17a] Ms. 05-05-1925. Como nos três casos anteriores, este rascunho apresenta, à boa maneira pessoana, várias alternativas que, contrariamente às edições Crítica e de MPS, separo claramente do corpo inicial do poema.

48 *Não perscrutes o anónimo futuro* 149
[30A-18aᵛ] Ms. Ode não publicada na EC, apenas por MPS, inédita até então. A atribuição a Ricardo Reis, apesar de não explícita, é incontestável. 13-06-1925.

49 *No ciclo eterno das mudáveis cousas* 150
[51-52ʳ] Dact. 24-11-1925.

50 *Não torna ao ramo a folha que o deixou,* 150
[52-18ʳ] Ms. 28-09-1926.

51 *Nem vã esperança nem, não menos vã,* 150
[52-18ʳ] Ms. 28-09-1926 (data do poema anterior, no mesmo suporte, correspondente ao mesmo momento de escrita).

52 *Crer é errar. Não crer de nada serve.* 152
[52-18ʳ] Ms. 28-09-1926 (data dos dois poemas anteriores, no mesmo suporte, correspondente ao mesmo momento de escrita).

53 *Frutos, dão-os as árvores que vivem,* 152
[51-55ʳ] Misto. Sem atribuição. 06-12-1926.

54 *Gozo sonhado é gozo, inda que em sonho.* 152
[51-56ʳ] Ms. 30-01-1927.

55 *O relógio de sol partido marca* 153
[51-56ʳ] Ms. 30-01-1927.

56 *Nem relógio parado, nem a falta* 153
[51-56ʳ] Ms. Atribuição e data, 30-01-1927, no início do poema escrito na mesma página, «Gozo sonhado é gozo», correspondente a um mesmo momento de escrita.

57 *O acaso, sombra que projecta o Fado,* 153
[51-56ʳ] Ms. A mesma informação que para o poema anterior.

58 *Solene passa sobre a fértil terra* 153
[51-57ʳ] Dact. 31-05-1927.

59 *Atrás não torna, nem, como Orfeu, volve* 154
[51-57ʳ] Dact. 31-05-1927.

60 *Enquanto eu vir o sol doirar as folhas.* 154
[51-54ʳ] Manuscrito, em várias direcções, à margem de «TRÊS ODES» dactilografadas para a revista *presença*, n.º 6. 16-06-1927.

61 *Aqui, dizeis, na cova a que me abeiro,* 156
[51-58ʳ] Ms. 06-07-1927.

62 *Lenta, descansa a onda que a maré deixa.* 156
[51-58ʳ] Ms. 06-07-1927 (data do poema anterior, escrito na mesma página e na mesma altura).

63 *Quantos gozam o gozo de gozar* 157
[52-19ʳ] Ms. 09-10-1927.

64 *Floresce em ti, ó magna terra, em cores* 157
[52-19ʳ] Ms. 09-10-1927 (data do poema anterior na mesma página e no mesmo momento de escrita).

65 *Toda visão da crença se acompanha,* 158
[60-11ʳ] Ms. Sem atribuição. 19-10-1927.

66 *O sono é bom pois despertamos dele* 158
[51-59ʳ] Dact. 19-11-1927.

67 *Pesa a sentença atroz do algoz ignoto* 158
[51-62ʳ] Misto. Atribuição através do carimbo, que se refere a este e não ao poema «Nirvana» (em Anexo, Poemas excluídos), erradamente atribuído a Reis por EC e MPS. 20-02-1928, data do poema referido, na mesma página e, aparentemente, no mesmo momento de escrita.

68 *Doce é o fruto à vista, e à boca amaro,* 159
[51-62ʳ] Ms. 20-02-1928. Data na mesma página do poema «Pesa a sentença atroz do algoz ignoto».

69 *Dois é o prazer: gozar e o gozá-lo.* 159
[51-62ᵛ] Ms. 21-02-1928.

70 *Concentra-te, e serás sereno e forte;* 160
[60-24ʳ] Ms. No verso de uma folha de papel timbrado de *Athena*. Sem atribuição. 10-04-
-1928. O poema inédito «Isola-te e serás sereno e forte;» [66B-67ʳ] poderá ser considerado uma versão variante deste poema. Em Apêndice, com o n.º 20.

71 *Inglória é a vida, e inglório o conhecê-la.* 160
[51-63ʳ] Ms. 26-04-1928.

72 *Nos altos ramos de árvores frondosas* 160
[51-63ʳ] Ms. 26-04-1928 (data do poema anterior na mesma página e no mesmo momento de escrita).

73 *O anel dado ao mendigo é injúria, e a sorte* 161
[51-63ʳ] Ms. 26-04-1928 (data do 1º poema na mesma página e no mesmo momento de escrita).

74 *Tudo que cessa é morte, e a morte é nossa* 161
[51-64ʳ] Ms. 07-06-1928.

75 *Tarda o verão. No campo tributário* 161
[51-64ʳ] Ms. 07-06-1928 (data do poema anterior, na mesma página e no mesmo momento de escrita).

76 *A cada qual, como a statura, é dada* 162
[51-65ʳ] Dact. 20-11-1928.

77 *Nem da erva humilde se o Destino esquece.* 162
[51-65ʳ] Dact. 20-11-1928 (data do poema anterior, na mesma página e no mesmo momento de escrita).

78 *Quem diz ao dia, Dura! e à treva, Acaba!* 163
[51-65ʳ] Misto. 21-11-1928.

79 *Negue-me tudo a sorte, menos vê-la,* 163
[51-65ʳ] Dact. 21-11-1928 (data do poema anterior, na mesma página e no mesmo momento de escrita).

80 *Sê lanterna, dá luz com vidro à roda.* 163
[52-21ʳ] Ms. 03-03-1929.

81 *Se recordo quem fui, outrem me vejo,* 164
[51-66ʳ] Ms. 26-05-1930.

82 *No breve número de doze meses* 164
[51-68ʳ] Dact. 18-06-1930 (data do rascunho do poema manuscrito na mesma página: oito versos abandonados, bastante diferentes dos do poema passado a limpo).

83 *Não sei de quem memoro meu passado* 166
[51-69ʳ] Ms. 02-07-1930.

84 *Quem fui é externo a mim. Se lembro, vejo;* 166
[51-69ʳ] Ms. 02-07-1930 (data do poema anterior, na mesma página).

85 *O que sentimos, não o que é sentido,* 167
[51-70ʳ] Ms. 08-07-1930.

86 *Débil no vício, débil na virtude* 167
[52-23ʳ] Ms. 09-07-1930.

87 *De nada dono, cúmplice de nada*..169
[60A-20ʳ] Ms. Sem atribuição.19-07-30. Inédito.

88 *O grande dia mostra o grande oceano.* 169
[60A-20r] Ms. Sem atribuição. 19-07-1930 (data comum, na página, ao poema anterior). Inédito.

89 *Não sei se é amor que tens, ou amor que finges,* 170
[51-73ʳ] Misto. 12-09-1930.

90 *Quer pouco: terás tudo.* 171
[51-71ʳ] Dact. 01-11-1930 (data comum ao poema seguinte).

91 *Não só quem nos odeia ou nos inveja* 171
[51-71ʳ] Dact. 01-11-1930. Existe outro testemunho dactilografado [51-72ʳ], com ortografia actualizada, aparentemente para publicação em alguma revista. A EC admite «não ser autógrafo», a meu ver, erradamente.

92 *Não quero, Cloe, teu amor, que oprime* 171
[51-71ʳ] Dact. 01-11-30 (data no poema anterior, na mesma página).

93 *Nunca a alheia vontade, inda que grata,* 172
[51-74ʳ] Dact. 19-11-1930. Este poema, assim como o seguinte, é encimado pela designação «DUAS ODES», ambos, aparentemente, preparados e assinados para publicação, como o que foi referido na penúltima nota: «Não só quem nos odeia ou nos inveja».

94 *No mundo, só comigo, me deixaram* 172
[51-74ʳ] Dact. 19-11-1930. Ver nota anterior.

95 *Os deuses e os messias que são deuses* 172
[51-75ʳ] Ms. 08-02-1931.

96 *Do que quero renego, si o querê-lo* 173
[51-76ʳ] Dact. 14-03-1931.

97 *Quem és, não o serás, que o tempo e a sorte* 173
[52-29r] Ms. 22-09-1931.

98 *Breve o dia, breve o ano, breve tudo.* 173
[51-78r] Dact. 27-09-1931.

99 *Domina ou cala. Não te percas, dando* 174
[51-78r] Dact. 27-09-1931 (data do poema anterior, na mesma página).

100 *Tudo, desde ermos astros afastados* 174
[51-79r] Ms. 10-12-1931.

101 *Ninguém, na vasta selva religiosa,* 174
[51-79r] Ms. 10-12-1931 (data do poema anterior, na mesma página).

102 *Outros com liras ou com harpas narram* 175
[51-79v] Ms. 10-12-31 (data no recto da página, aparentemente no mesmo momento de escrita).

103 *Se a cada coisa que há um deus compete* 175
[51-80r] Ms. Dezembro de 1931. Sem atribuição, embora claramente de Ricardo Reis.

104 *Azuis os montes que estão longe param.* 175
[51-82r] Misto. 31-03-1932. Sem atribuição, embora claramente de Ricardo Reis.

105 *Lídia, ignoramos. Somos estrangeiros* 176
[51-83r] Dact. 09-06-1932.

106 *Severo narro. Quanto sinto penso* 176
[51-84r] Ms. 16-06-1932.

107 *Flores amo e não busco. Se aparecem* 177
[52-24r] Ms. 16-06-1932.

180 *Sereno aguarda o fim que pouco tarda.* 177
[51-85r] Ms. 31-07-1932.

109 *Ninguém a outro ama, senão que ama* 177
[51-86r] Dact. 10-08-1932.

110 *Já a beleza vejo com a mente* 179
[61A-16a] Ms. Sem atribuição.13-08-1932. Inédito.

111 *Para quê complicar inutilmente* 179
[52-25r] Ms. 03-09-1932.

112 *Vive sem horas. Quanto mede pesa,* 179
[51-87r] Ms. 08-09-1932.

113 *Nada fica de nada. Nada somos.* 180
[51-88ʳ] Dact. 28-09-1932. O poema é precedido por um rascunho dactilografado, riscado.

114 *Que mais que um ludo ou jogo é a extensa vida,* 180
[52-26ʳ] Misto. 27-10-1932.

115 *Quanto faças, supremamente faze* 181
[51-81ʳ] Dact. 27-02-1933.

116 *Rasteja mole pelos campos ermos* 181
[51-81ʳ] Dact. 27-02-1933.

117 *Quero ignorado, e calmo* 181
[51-81ʳ] Dact. 02-03-1933.

118 *Cada dia sem gozo não foi teu* 182
[51-91ʳ] Dact. 14-03-1933.

119 *Pois que nada que dure, ou que, durando,* 182
[51-92ʳ] Dact. 16-03-1933.

120 *Estás só. Ninguém o sabe. Cala e finge.* 183
[51-93ʳ] Ms. 06-04-1933.

121 *Uns, com os olhos postos no passado,* 183
[51-94r] Dact. 28-08-1933.

122 *Súbdito inútil de astros dominantes,* 184
[51-95ʳ] Ms. 19-11-1933.

123 *Coroa ou tiara* 184
[52-27ʳ] Ms. 19-11-1933.

124 *Aguardo, equânime, o que não conheço* 185
[51-96ʳ] Ms. 13-12-1933.

125 *Amo o que vejo porque deixarei* 185
[52-28ʳ] Ms. 11-10-1934.

126 *Fazer da ignorância uma ciência* 186
[52-28ʳ] Ms. 11-10-1934. Apesar de não ter sido incluído no *corpus* ricardiano por EC e por MPS, parece-me que tem aí o seu lugar: está acabado e perfeito, embora com os dois traços em cruz que Pessoa costuma aplicar quando passa a limpo. Não foi encontrada no Espólio uma nova versão.

127 *Vivem em nós inúmeros* 186
[51-97ʳ] Ms. 13-11-1935.

128 *Amanhã estas linhas que te escrevo* 189
[52-34ʳ] Ms. Sem data. Escrito no verso da cópia de uma carta de 19 de Maio de 1917.

129 *Como este infante que alourado dorme* 189
[52-34ʳ] Ms. Sem data. Escrito no verso da cópia de uma carta de 19 de Maio de 1917.

130 *Para os deuses as cousas são mais cousas.* 189
[51-101ʳ] Ms. Sem data. Escrito durante a Grande Guerra de 1914-18: no verso, fragmento de «A Guerra, estudo sociológico».

131 *Ó nau que voltas do nocturno vasto* 190
[58-81ᵛ] Ms. Sem atribuição. Sem data. Na mesma página, cálculos cabalísticos para a previsão de um tremor de terra para 1920-1923, por isso, o poema será anterior a esta data e posterior a 07-07-1919, data do poema no recto da folha: «Cedo vem sempre, Cloe». Inédito.

132 *Eu nunca fui dos que a um sexo o outro* 191
[52-33ʳ] Ms. Sem data, posterior contudo a 1923, porque escrito no verso do panfleto em que Pessoa denuncia o «dos estudantes de Lisboa», com essa data, contra Raul Leal e o seu livro *Sodoma Divinizada*. O poema, aliás, com seu recado anti-homofóbico, foi por ele desencadeado.

133 *Cada momento que a um prazer não voto* 192
[52-35ʳ] Ms. Sem data.

134 *Cada um é um mundo; e como em cada fonte* 193
[52-35ʳ] Ms. Sem data.

135 *Sob estas árvores ou aquelas árvores* 193
[51-8aʳ] Ms. Sem atribuição. A atribuição a Reis não é absolutamente segura: não é de excluir que o poema pertença a algum dos de inspiração pagã a que Pessoa se dedicou, por exemplo, «Auto das Bacantes». O poema está escrito a tinta nas entrelinhas de outro, «Ininterrupto e fluido guia o teu curso», o que naturalmente dificulta a leitura. Sem data.

136 *Inda que desta vida eu nada faça* 195
[64-19ʳ] Ms. Sem atribuição. Sem data. Inédito.

137 *Cantos, risos e flores alumiem* 195
[52-36ʳ] Ms. Sem data. Na mesma página, um longo apontamento sobre o Fausto, continuado no verso, em que esboça mesmo uma passagem desse drama.

138 *Flores que colho, ou deixo* 195
[51-37ʳ] Ms. Sem data.

139 *Não mais pensada que a dos mudos brutos* 196
[52-39ʳ] Ms. Sem data.

140 *No grande espaço de não haver nada.* 196
[52-24ᵛ] Ms. Sem data.

141 *No magno dia até os sons são claros.* 196
[51-102ʳ] Misto. Sem atribuição. Sem data.

142 *Quatro vezes mudou a estação falsa* 196
A atribuição a Álvaro de Campos pelas Edições Ática (onde o testemunho autógrafo deve ter-se extraviado) foi posteriormente contestada: a autoria de Ricardo Reis é, de facto, flagrante. Sem data.

143 *Quero dos deuses só que me não lembrem.* 197
[51-103ʳ] Ms. Sem data.

144 *Sem clepsidra ou sem relógio o tempo escorre* 197
[55J-37ᵛ] Ms. Sem atribuição. Sem data.

145 *Ignora e spera. Quantos, por saberem,* 198
[61A-16r] Ms. Sem atribuição. Sem data. Inédito.

146 *Maior é quem a passo e passo avança* 201
[51-101ʳ] Ms. Sem atribuição. Sem data. Escrito provavelmente entre 1914-1918. Este poema coincide, na mesma página, com dois outros poemas de Reis, sendo admissível, mas não certo, que o poema lacunar «deixa, □ meu» (em Apêndice) seja sua continuação. Optei por considerá-lo um poema completo, com o que o *corpus* ricardiano só tem a ganhar, atendendo à sua qualidade.

147 *Enquanto ao longe os bárbaros perturbam* 201
[51-101]Ms. Sem atribuição. Sem data. Escrito provavelmente entre 1914-1918. Na página, dobrada em quatro, além de outro poema ricardiano, «Maior é quem a passo e passo...», encontram-se notas dactilografadas e manuscritas para um «Estudo Sociológico». O poema está escrito, separadamente, em dois quartos da folha: «Sob o jugo essencial» inicia a segunda parte, encimada pelo algarismo «2» (EC ignora-o, constituindo um segundo poema).

148 *Aos deuses que há ou que fingidos haja* 202
[51-103ᵛ] Ms. Sem data. EC e MPS excluem-no do cânone ricardiano. De facto, Pessoa riscou-o com vários traços. Tê-lo-á passado a limpo? Não há vestígio disso. Mas, como a estrofe é perfeita, não apenas rascunho, sem indecisões, nem variantes, nem emendas, afigura-se-me dever incluí-lo nesse cânone. Poderá considerar-se uma versão variante, com completa independência, do poema seguinte, «Aos deuses peço só que me concedam»?

149 *Aos deuses peço só que me concedam* 202
[51-103ᵛ] Ms. Sem data. EC e MPS excluem-no do cânone ricardiano, onde a Ática, acertadamente, o inclui. O traço único transversal sobre o poema deve ser sinal de ter sido passado a limpo, embora esta versão se não encontre no Espólio.

150 *Se a ciência não pode consolar,* 204
[66-61ʳ] Ms. Sem atribuição. Sem data. Inédito.

151 *Ininterrupto e fluido que o teu curso* 205
[51-8aʳ] Ms. Sem data.

152 *Quer com amor, que sem amor, senesces* 207
[74-16ʳ] Ms. Sem data.

153 *Morreste jovem, como os deuses querem* 207
[65-71a] Ms. Inédito.

154 *Vem Orfeu, uma sombra* 208
[47-36r] Ms. Sem atribuição. Sem data.

155 *A vida é triste. O céu é sempre o mesmo. A hora* 208
[51-101b] Ms. Sem atribuição. Sem data. Deve ter sido escrito entre 1914 e 1918, porque, no lado recto da folha, Pessoa escreveu sete linhas de um «Estudo Sociológico» sobre «A Guerra». Poderia ser excluído do cânone ricardiano, por essa atribuição não ser evidente – provavelmente, nem sequer para Pessoa!

156 *Quanto sei do Universo é que ele* 208
[51-101v] Ms. Sem atribuição. Sem data. Mesma observação que para o poema anterior.

157 *Sempre me leve o breve tempo flui.* 208
[52-32r] Ms. Sem data.

158 *Nem destino sabido* 209
[51-34a] Ms. Sem atribuição. Sem data.

159 *Nós ao igual destino* 209
[52-30r] Ms. Sem data.

APÊNDICE

Aqui se reúnem as odes variantes (outro poema, embora em situação e de tema semelhantes), poemas incipientes e incompletos.

Parte 1 – Poemas variantes

1 *Seguro assento na coluna firme* 215
[52-9r] Dact. 29-01-1921. Pessoa cuidou longamente deste poema, que deu origem a mais duas versões: a que se segue e a publicada em *Athena* (Ode I).

2 *Seguro assento na coluna firme* 215
[52-9r] Misto. 29-01-1921. Ver nota ao poema anterior.

3 *Este, seu escasso campo ora lavrando,* 216
[51-45r] Ms. 27-09-1914. Versão variante do n.º III da Lista 48G-21r, n.º XV em *Athena*.

4 *A flor que és, não a que dás, desejo.* 217
[51-40] Misto. 21-10-1914. Foram acrescentados, posteriormente, à mão, alguns versos da versão publicada em *Athena* (Ode n.º XII).

5 *Não consentem os deuses mais que a vida.* 217
[51-14ᵛ] Ms. 17-07-1914. Versão variante do n.º XXXII da lista 48G-21ʳ, com o n.º IV em *Athena*.

6 *O ritmo antigo que há nos pés descalços* 219
[51-19ʳ] Misto. 09-08-1914. Versão variante do n.º XXV da lista 48G-21ʳ, com o n.º VI em *Athena*.

7 *O mar jaz. Gemem em segredo os ventos* 220
[51-20ʳ] Dact. 06-10-1914. Versão variante do n.º XIX da lista 48G-21ʳ, com o n.º III em *Athena*. Apesar de ser uma versão cuidada e dactilografada, Pessoa preferiu, para publicar em *Athena*, com ligeiríssimas diferenças, a versão manuscrita 51-21ʳ.

8 *Cuidas tu, louro Flacco, que apertando* 220
[51-8a] Ms. Sem atribuição. Sem data. Versão variante do n.º XVIII da lista 48G-21ʳ, com o n.º XX em *Athena*.

9 *Cuidas tu, louro Flacco, que cansando* 221
[51-6ᵛ]. Ms. Sem atribuição. Sem data. Versão variante do n.º XVIII da lista 48G-21ʳ, com o n.º XX em *Athena*.

10 *Olho os campos, Neera,* 221
[51-51ʳ] Dact. 27-01-1917. Versão variante do n.º XXXIX da lista 48G-21ʳ, com o n.º XIII em *Athena*.

11 *Olho os campos, Neera,* 222
[51-50ʳ] Dact. Sem atribuição. 06-06-1915. Ver nota ao poema anterior.

12 *Olho os campos, Neera* 222
[52-44ʳ] Ms. Sem data. Mesma observação que para as duas versões anteriores.

13 *Não queiras, Lídia, construir no spaço* 223
[51-37ʳ] Ms. Sem data. Versão variante da Ode XVII de *Athena*.

14 *Não tenhas nada nas mãos* 224
[51-6ᵛ e 6aᵛ] Ms. 19-06-1914. Versão variante da Ode n.º IV da lista 48G-21ʳ.

15 *Não a ti, Cristo, odeio ou te não quero.* 224
[51-30ʳ] Dact. 09-10-1916. Versão variante da Ode «Não a ti, mas aos teus, odeio, Cristo», aqui o n.º 11 do Livro Segundo.

16 *Não a ti, Cristo, odeio ou menos prezo* 225
[51-30ʳ] Dact. 09-10-1916. [51-30ʳ] Misto. 09-10-1916. Escrito na mesma página que o poema anterior, do qual parece um versão passada a limpo, mas com algumas ideias diferentes.

17 *A folha insciente, antes que própria morra,* 227
[52-14ᵛ] Ms. 09-10-1916, no lado recto da folha. Versão variante do poema «Folha após folha vemos caem,», n.º 40 do Livro Segundo.

18 *Sofro, Lídia, do medo do destino.* 227
[51-32ᵛ] Dact. Sem atribuição. 26-05-1917. Versão variante do poema n.º 13 do Livro Segundo.

19 *Não pra mim mas pra ti teço as grinaldas* 228
[51-17ᵛ] Dact. 30-07-1914. Versão variante do poema XXI da lista 48G-21ʳ, n.º XVI de *Athena*.

20 *Isola-te e serás sereno e forte* 228
[66b-67ʳ] Ms. Sem atribuição. Sem data. Na mesma página, separada por um traço, a nota: «Prefácio de *A Feira das Ilusões*». Poderá considerar-se uma versão variante do poema «Concentra-te, e serás sereno e forte;» em Livro Segundo, com o n.º 70. Inédito.

Parte 2 – Poemas incipientes, incompletos ou fragmentários

1 *Quando Neptuno houver alongado* 231
[52-1ʳ] Ms. 16-06-1914.

2 *Me concedam os deuses lá do alto* 231
[52-3ʳ] Ms. 25-09-1915.

3 *Jovem morreste, porque regressaste,* 232
[51-33ᵛ] Ms. Data do poema, no recto da folha: 23-08-1918.

4 *Pensa quantos, no ardor da jovem ida,* 233
[52-20ʳ] Ms. 03-01-1928.

5 *Àquele que constante nada spera* 233
[52-22ʳ] Dact.

6 *Prazer, se o há, não há, e neste instante* 234
[51-92ʳ] Dact. Sem atribuição. 16-03-1933.

7 *A noite cala... As árvores são velhas.* 234
[94-86aᵛ] Ms. Sem atribuição. Sem data. Inédito.

8 *Não digas: se o momento for eterno!* 234
[66C-77ʳ] Ms. Sem atribuição. Sem data. Inédito.

9 *A beleza* 236
[66C-67ʳ]Ms. Sem atribuição. Sem data. Poema inédito.

10 *Deixa, □ meu, a ambição tua* 236
[51-101ʳ] Ms. Sem atribuição. Sem data. Deve ter sido escrito entre 1914 e 1918, porque, na mesma página, Pessoa escreveu sete linhas de um «Estudo Sociológico» sobre «A Guerra». Como já referi na nota final do poema «Maior é quem a passo e passo», este poema coincide, na mesma página, com dois outros poemas de Reis, sendo admissível, mas não certo, que seja sua continuação. Prefiro, contudo, considerá-lo à parte.

11 *Não batas palmas diante da beleza.* 236
[51-14r] Ms. Sem atribuição. Sem data.

12 *Qual, Pirro, aquilo gosta que o amarga,* 237
[74-16ʳ] Ms. A atribuição a Ricardo Reis é feita no poema «Quer com amor, que sem amor, senesces», na mesma página e no mesmo momento de escrita: a lápis, diferentemente dos poemas anteriores, traduções da *Antologia Grega*. Sem data. Não figura em MPS.

13 *Quantos o imoto Fado à móbil vida* 237
[46-47ʳ] Dact. Sem data.

14 *No lapso leve da vida me demoro* 237
[51-106ʳ] Ms. Sem data. Inédito.

15 *Para folgar não folgas; e, se legas,* 239
[51-21ʳ] Este fragmento ocorre na sequência do poema «O mar jaz», e vê-se que Pessoa decide integrá-lo na versão final do poema n.º XX de *Athena*, «Cuidas, ínvio, que cumpres, apertando»,indicando a passagem em que terá lugar: «Quando, acabados pelas Parcas formos / vultos solenes».

16 *Fazer parar o giro sobre si* 239
[52-36ᵛ] Ms. Sem data. Poema incompleto.

Parte 3 – Poemas na fronteira

Poemas sem atribuição, a quem talvez o próprio Pessoa não tenha reconhecido a paternidade, na fronteira de duas autorias.

1 *Um verso repleto,* 242
[52-9ʳ] Ms. [29-01-1921]. Não atribuído. O poema ocorre, a lápis, à margem, numa folha dactilografada, vizinho de um poema de Ricardo Reis, datado de 29-01-1921: «Seguro assento na coluna firme». Apesar do tema ser de Reis, não tem o ritmo nem a estrutura mais correntes nos poemas ricardianos. EC e MPS integraram-no, a meu ver, erradamente, nesse cânone.

2 *Adónis já morreu, morreu Adónis* 242
[94-86ᵛ] Ms. Sem atribuição. Sem data. Aparentemente, contemporâneo de um dos primeiros textos do *Livro(s) do Desassossego*, escrito no recto da folha («convivas serenos da inutilidade das cousas» é, desse texto, uma frase solta). Pode pertencer a um texto poético destes tempos, de inspiração neopagã. Inédito.

3 *Há uma cor que me persegue e que eu odeio,* 244
Citado por João Gaspar Simões em *Novos Temas*. Lisboa, Editorial Inquérito, 1938, p. 191--192. Não se encontra no Espólio qualquer testemunho deste poema, que pode ter sido inventado para argumentar com João Gaspar Simões.

4 *Uma cor me persegue na lembrança,* 244
Mesma observação do poema anterior, de que este é variante.

5 *Não dão os deuses mais que um dia ao dia.* 244
[65-76ʳ] Ms. Sem atribuição. Sem data. No cimo da página, numerada «(3)», a indicação «Str. 2.», o que parece indicar que pertence a um conjunto impossível de identificar. Inédito.

Parte 4 – Prosas elucidativas de Ricardo Reis

1 *Querido Mestre:* 246
[52A-17ʳ a 18ʳ] Ms. Este texto, publicado pela primeira vez em PPC, vol. II, pp. 403 a 404, é claro indício da interacção de Pessoa e seus «outros», não só em verso como em prosa: é uma peça de um verdadeiro «romance-drama em gente»!

2 *A moderna literatura é* 249
[UMA LITERATURA DE MASTURBADORES]
[52A-40ʳ] Ms. Sem data.

ANEXOS

Parte 1 – Poemas excluídos do *corpus* ricardiano

1 *A mão invisível do vento roça por cima das ervas.* 255
[59-20ʳ] Misto. 30-01-1921. Não atribuído. Tanto a EC como a de MPS o integram no *corpus* ricardiano, em que não pode ter lugar. A indicação preliminar «À la manière de A. Caeiro» explicita que pertence à família do verso livre em que este poema se integra e de que Caeiro foi, a par de Campos, introdutor e praticante. O verso classicizante de Ricardo Reis não pode ser confundido com o destes «modernos»: bem que Ricardo Reis admoestou Caeiro pelas suas liberdades rítmicas!

2 *Aqui, neste misérrimo desterro* 255
[51-93ʳ] Ms. Sem atribuição. 06-04-1933. Em EC e MPS, integra o cânone ricardiano. Apesar de produzido no mesmo momento de escrita de um poema assinado RR e datado, de que está separado por um traço, este não lhe é atribuível. A coexistência, na mesma página e até no mesmo momento de escrita, de poemas devidos a diferentes «autores» ocorre outras vezes. Reis rejeita a rima, e este é um poema rimado. Veja-se, no Preâmbulo deste livro, a recusa do verso rimado expressa por A. Mora, teórico do Novo Paganismo.

3 *Os deuses são felizes* 256
[119-4ʳ]. Dact. Sem atribuição. 10-07-1920, data na mesma página e no mesmo momento de escrita do poema «Cansado até dos deuses que o não são». EC integra este poema, à semelhança, que refere, de Bélkior, que, por sua vez, baseia a atribuição em Maria Helena da Rocha Pereira *Circum-navegando Fernando Pessoa,* Coimbra, Faculdade de Letras, 1986, p. 54. Tal como os an-

teriores, participando embora das ideias e ritmos de Ricardo Reis, é um poema rimado. Além disso, a pirueta final não é de Ricardo Reis.

4 *Quis que comigo vísseis* 256
[52-36ᵛ] Ms. Sem atribuição. Sem data. Apesar de EC o ter integrado no cânone ricardiano, tem que daí ser excluído: é uma fala de Fausto. Pessoa acrescenta mesmo a indicação «acto 2». É nitidamente um diálogo, como mostra o vocativo «Mestre», no 6º verso. Faz, no recto da folha, o plano desse drama, a que se aplicou ao longo da vida. Na mesma página, há um poema atribuído a RR, «Cantos, risos e flores alumiem» (n.º 137, Livro Segundo). De facto, apõe o carimbo de Ricardo Reis no final da página, assim como no início da outra, mas contemplando, não a fala de Fausto, mas o poema ricardiano que vem a seguir: «Fazer parar o giro sobre si» (n.º 16 de Apêndice, Parte 2). Repare-se como a fala de RR desencadeou a de Fausto e esta, seguidamente, a de Ricardo Reis.

5 *Vou dormir, dormir, dormir* 259
(NIRVANA)
[51-62ʳ] Misto. Sem atribuição. A atribuição a RR é um erro semelhante ao indicado na nota ao poema anterior. Tanto EC como MPS incluíram, incrivelmente, este poema no *corpus* ricardiano: é rimado, disposto em quadras, tem título, e jamais RR escreveria versos como os dois primeiros: «Vou dormir, dormir, dormir, / Vou dormir sem dispertar». O carimbo aplica-se ao poema ao lado, «Doce é o fruto à vista, e à boca amaro».

6 *Se já não torna a eterna primavera* 259
Aceite no cânone ricardiano pela EC, de acordo com sugestão de Maria Helena da Rocha Pereira (ed. cit., p. 54) e Silva Bélkior (ed. cit., 1988, p. 210). Sem testemunho no Espólio, citado por Adolfo Casais Monteiro, *Fernando Pessoa, o Insincero Verídico*. Lisboa, Editorial Inquérito, 1954, p. 25). Como já dito em notas anteriores, Ricardo Reis repudia o verso rimado.

Parte 2 – Poemas ortónimos de igual inspiração pagã

1 *De Corinto me levaram, escrava, para Siracusa* 263
TRADUÇÃO DE POEMAS QUE NÃO *ESTÃO* NA *ANTOLOGIA GREGA*
[60-27ʳ] Misto. Sem atribuição. 19-05-1928. Claramente do punho de Pessoa, com acrescentos, emendas e variantes à mão, esta série de cinco poemas traz ao alto a assinatura a lápis de Firmino Lopes. Pseudónimo? «Personalidade literária» nunca referida? Seja quem for, é animado pela mesma inspiração pagã de Ricardo Reis. Série Inédita.

2 *Sou viril corpo feminino* 263
APOLO
[58-76ʳ] Ms. Sem atribuição. Sem data. Sem rima. Integrado, certamente, nas numerosas composições de inspiração pagã. Inédito.

3 *Sua memória chama entre as ramagens* 263
[58-76ʳ] Ms. Sem atribuição. Sem data. Sem título, este poderia ser um esboço de poema ricardiano. Mesma observação que para o poema precedente. Inédito.

POSFÁCIO 267
De Teresa Rita Lopes

ÍNDICE DE TEXTOS POR ORDEM DE APARECIMENTO

ROTEIRO PARA UMA NOVA LEITURA DE RICARDO REIS 13
O Dr. Ricardo Reis nasceu 45
PREFÁCIO DE FERNANDO PESSOA 45
PREFÁCIO DE FREDERICO REIS 46
Resume-se num epicurismo triste toda a filosofia 46
PREFÁCIO DE RICARDO REIS AO SEU LIVRO ODES 47
O prefácio, que pus à obra do meu mestre Caeiro...47
Mestre, são plácidas..55
Da lâmpada nocturna 56
Este, seu scasso campo ora lavrando,..57
Não tenhas nada nas mãos 57
Quero, Neera, que os teus lábios laves 58
Ao longe os montes têm neve ao sol,...59
De Apolo o carro rodou pra fora 60
O deus Pã não morreu,...60
Sábio é o que se contenta com o espectáculo do mundo, ...61
Os deuses desterrados, ...62
Coroai-me de rosas, ...63
Vem sentar-te comigo, Lídia, à beira do rio. 63
Aqui, Neera, longe 65
Breve o inverno virá com sua branca 65
A palidez do dia é levemente dourada. 66
Da nossa semelhança com os deuses 67
De anjos ou deuses, sempre nós tivemos, ...67
Cuidas, ínvio, que cumpres, apertando 68
O mar jaz; gemem em segredo os ventos 69
Neera, passeemos juntos...71
Tuas, não minhas, teço estas grinaldas,...72
Vós que, crentes em Cristos e Marias,..72
Não como ante donzela ou mulher viva 74
O ritmo antigo que há em pés descalços, ...77
Só esta liberdade nos concedem 77
Não porque os deuses findaram, alva Lídia, choro...79
Passando a vida em ver passar a de outros, ...79
Deixemos, Lídia, a ciência que não põe 80
Neste dia em que os campos são de Apolo 81
É tão suave a fuga deste dia, ...82
Acima da verdade estão os deuses. 83
Não consentem os deuses mais que a vida 83
Antes de nós nos mesmos arvoredos 84

As rosas amo dos jardins de Adónis, ... 84
Cada cousa a seu tempo tem seu tempo 85
Bocas roxas de vinho, ... 86
Tirem-me os deuses 87
Feliz aquele a quem a vida grata 88
Deixa passar o vento 89
Olho os campos, Neera, ... 89
Só o ter flores pela vista fora 90
As rosas amo dos jardins de Adónis, ... 95
O mar jaz; gemem em segredo os ventos 95
Seguro assento na coluna firme 95
Como si cada beijo 96
Não consentem os deuses mais que a vida 96
O ritmo antigo que há em pés descalços, ... 97
Ponho na activa mente o fixo esforço 97
Quão breve tempo é a mais longa vida 97
Coroai-me de rosas. 98
Melhor destino que o de conhecer-se 98
A flor que és, não a que dás, eu quero. 99
Olho os campos, Neera, ... 99
Temo, Lídia, o destino. Nada é certo. 99
De novo traz as aparentes novas 100
Este, seu scasso campo ora lavrando, ... 101
Tuas, não minhas, teço estas grinaldas, ... 101
Não queiras, Lídia, edificar no spaço 102
Prazer, mas devagar, ... 102
Saudoso já deste verão que vejo, ... 102
Cuidas, ínvio, que cumpres, apertando 103
A nada imploram tuas mãos já cousas, ... 107
Não só vinho, mas nele o olvido, deito 107
Quanta tristeza e amargura afoga 107
Já sobre a fronte vã se me acinzenta 108
O rastro breve que das ervas moles 108
Para ser grande, sê inteiro: nada 109
Quando, Lídia, vier o nosso outono 109
Ténue, como se de Eolo a esquecessem, ... 109
Diana através dos ramos 115
Pobres de nós que perdemos quanto 115
Aqui, sem outro Apolo do que Apolo, ... 116
Em Ceres anoitece. 116
Não morreram, Neera, os velhos deuses 116
Felizes, cujos corpos sob as árvores 117

OS JOGADORES DE XADREZ 118
Ouvi dizer que outrora, quando a Pérsia 118
Prefiro rosas, meu amor, à pátria, ... 121
Segue o teu destino, ... 121
O silêncio é dos deuses. 122
Não a ti, mas aos teus, odeio, Cristo. 124
Sê o dono de ti 125
Sofro, Lídia, do medo do destino. 125
Não sem lei, mas segundo ignota lei 126
Antes de ti era a Mãe Terra scrava 130
O alcatruz que colheu a água funda 130
Uma após uma as ondas apressadas 131
Cedo vem sempre, Cloe, o inverno, e a dor. 132
Manhã que raias sem olhar a mim, ... 132
No momento em que vamos pelos prados 133
Cumpre a lei, seja vil ou vil tu sejas. 134
Em vão procuro o bem que me negaram. 135
Não quero a glória, que comigo a têm. 135
Tornar-te-ás só quem tu sempre foste. 135
Pequeno é o espaço que de nós separa 136
Cada um cumpre o destino que lhe cumpre, ... 138
Quero versos que durem como jóias 138
Meu gesto que destrói 139
Sob a leve tutela 139
Nada me dizem vossos deuses mortos 140
Quero, da vida, só não conhecê-la. 140
Não quero as oferendas 141
Vossa formosa juventude leda, ... 141
A abelha que, voando, freme sobre 142
Não canto a noite porque no meu canto 142
Não quero recordar nem conhecer-me. 142
Dia após dia a mesma vida é a mesma. 143
Pequena vida consciente, sempre 143
De uma só vez recolhe 144
Folha após folha vemos caem, ... 144
Se em verdade não sabes (nem sustentas 146
Tão cedo passa tudo quanto passa! 146
Não inquiro do anónimo futuro 147
Hora a hora se torna a face antiga 148
Não torna atrás a negregada prole 148
Se hás-de ser o que choras 148
Com que vida encherei os poucos breves 149

Não perscrutes o anónimo futuro,	149
Não torna ao ramo a folha que o deixou,	150
Nem vã sperança nem, não menos vã,	150
No ciclo eterno das mudáveis cousas	150
Crer é errar. Não crer de nada serve.	152
Frutos, dão-os as árvores que vivem,	152
Gozo sonhado é gozo, inda que em sonho.	152
Nem relógio parado, nem a falta	153
O acaso, sombra que projecta o Fado,	153
O relógio de sol partido marca	153
Solene passa sobre a fértil terra	153
Atrás não torna, nem, como Orfeu, volve	154
Enquanto eu vir o sol doirar as folhas	154
Aqui, dizeis, na cova a que me abeiro,	156
Lenta, descansa a onda que a maré deixa.	156
Floresce em ti, ó magna terra, em cores	157
Quantos gozam o gozo de gozar	157
O sono é bom pois despertamos dele	158
Pesa a sentença atroz do algoz ignoto	158
Toda visão da crença se acompanha,	158
Doce é o fruto à vista, e à boca amaro,	159
Dois é o prazer: gozar e o gozá-lo.	159
Concentra-te, e serás sereno e forte;	160
Inglória é a vida, e inglório o conhecê-la.	160
Nos altos ramos de árvores frondosas	160
O anel dado ao mendigo é injúria, e a sorte	161
Tarda o verão. No campo tributário	161
Tudo que cessa é morte, e a morte é nossa	161
A cada qual, como a statura, é dada	162
Nem da erva humilde se o Destino esquece.	162
Negue-me tudo a sorte, menos vê-la,	163
Quem diz ao dia, Dura! e à treva, Acaba!	163
Sê lanterna, dá luz com vidro à roda.	163
No breve número de doze meses	164
Se recordo quem fui, outrem me vejo,	164
Não sei de quem memoro meu passado	166
Quem fui é externo a mim. Se lembro, vejo;	166
Débil no vício, débil na virtude	167
O que sentimos, não o que é sentido,	167
De nada dono, cúmplice de nada,	169
O grande dia mostra o grande oceano.	169
Não sei se é amor que tens, ou amor que finges,	170

Não quero, Cloe, teu amor, que oprime 171
Não só quem nos odeia ou nos inveja 171
Quer pouco: terás tudo. 171
No mundo, só comigo, me deixaram 172
Nunca a alheia vontade, inda que grata, ... 172
Os deuses e os messias que são deuses 172
Breve o dia, breve o ano, breve tudo 173
Do que quero renego, si o querê-lo 173
Quem és, não o serás, que o tempo e a sorte 173
Domina ou cala. Não te percas, dando 174
Ninguém, na vasta selva religiosa, ... 174
Tudo, desde ermos astros afastados 174
Azuis os montes que estão longe param. 175
Outros com liras ou com harpas narram, ... 175
Se a cada coisa que há um deus compete, ... 175
Lídia, ignoramos. Somos estrangeiros 176
Severo narro. Quanto sinto penso. 176
Flores amo e não busco. Se aparecem 177
Ninguém a outro ama, senão que ama 177
Sereno aguarda o fim que pouco tarda. 177
Já a beleza vejo com a mente 179
Para quê complicar inutilmente, ... 179
Vive sem horas. Quanto mede pesa, ... 179
Nada fica de nada. Nada somos. 180
Que mais que um ludo ou jogo é a extensa vida, ... 180
Quanto faças, supremamente faze. 181
Quero ignorado, e calmo 181
Rasteja mole pelos campos ermos 181
Cada dia sem gozo não foi teu: 182
Pois que nada que dure, ou que, durando, ... 182
Estás só. Ninguém o sabe. Cala e finge. 183
Uns, com os olhos postos no passado, ... 183
Coroa ou tiara 184
Súbdito inútil de astros dominantes, ... 184
Aguardo, equânime, o que não conheço 185
Amo o que vejo porque deixarei 185
Fazer da ignorância uma ciência 186
Vivem em nós inúmeros; 186
Amanhã estas linhas que te escrevo 189
Como este infante que alourado dorme. 189
Para os deuses as cousas são mais cousas. 189
Ó nau que voltas do nocturno vasto 190

Eu nunca fui dos que a um sexo o outro 191
Cada momento que a um prazer não voto 192
Cada um é um mundo; e como em cada fonte 193
Sob estas árvores ou aquelas árvores 193
Cantos, risos e flores alumiem 195
Flores que colho, ou deixo, ...195
Inda que desta vida eu nada faça...195
Não mais pensada que a dos mudos brutos 196
No grande espaço de não haver nada 196
No magno dia até os sons são claros...196
Quatro vezes mudou a estação falsa 196
Quero dos deuses só que me não lembrem. 197
Sem clepsidra ou sem relógio o tempo escorre 197
Ignora e spera. Quantos, por saberem, ...198
Enquanto ao longe os bárbaros perturbam..201
Maior é quem a passo e passo avança 201
Aos deuses peço só que me concedam 202
Aos deuses que há ou que fingidos haja...202
Se a ciência não pode consolar,...204
Ininterrupto e fluido que o teu curso..205
Morreste jovem, como os deuses querem..207
Quer com amor, que sem amor, senesces...207
A vida é triste. O céu é sempre o mesmo. A hora..208
Quanto sei do Universo é que ele 208
Sempre me leve o breve tempo flui. 208
Vem Orfeu, uma sombra 208
Nem destino sabido..209
Nós ao igual destino 209
Seguro assento na coluna firme 215
Seguro assento na coluna firme 215
Este, seu escasso campo ora lavrando, ...216
A flor que és, não a que dás, desejo. 217
Não consentem os deuses mais que a vida...217
O ritmo antigo que há nos pés descalços...219
Cuidas tu, louro Flacco, que apertando 220
O mar jaz. Gemem em segredo os ventos...220
Cuidas tu, louro Flaco, que cansando..221
Olho os campos, Neera,...221
Olho os campos, Neera,...222
Olho os campos, Neera,...222
Não queiras, Lídia, construir no spaço...223
Não a ti, Cristo, odeio ou te não quero. 224
Não tenhas nada nas mãos 224
Não a ti, Cristo, odeio ou menos prezo..225

A folha insciente, antes que própria morra,	227
Sofro, Lídia, do medo do destino	227
Isola-te e serás sereno e forte	228
Não pra mim mas pra ti teço as grinaldas	228
Me concedam os deuses lá do alto	231
Quando Neptuno houver alongado	231
Jovem morreste, porque regressaste,	232
Àquele que, constante, nada spera	233
Pensa quantos, no ardor da jovem ida,	233
A noite cala… As árvores são velhas	234
Não digas: se o momento for eterno!	234
Prazer, se o há, não há, e neste instante	234
A beleza	236
Deixa, □ meu, a ambição tua	236
Não batas palmas diante da beleza.	236
No lapso leve da vida me demoro	237
Qual, Pirro, aquilo gosta que o amarga,	237
Quantos o imoto Fado à móbil vida	237
Fazer parar o giro sobre si	239
Para folgar não folgas; e, se legas,	239
Adónis já morreu, morreu Adónis	242
Um verso repleto,	242
Há uma cor que me persegue e que eu odeio,	244
Não dão os deuses mais que um dia ao dia	244
Uma cor me persegue na lembrança,	244
[CARTA DE RICARDO REIS A ALBERTO CAEIRO]	246
Querido mestre:	246
A moderna literatura	249
[UMA LITERATURA DE MASTURBADORES]	249
A mão invisível do vento roça por cima das ervas.	255
Aqui, neste misérrimo desterro	255
Os deuses são felizes.	256
Quis que comigo vísseis.	256
NIRVANA	259
Vou dormir, dormir, dormir,	259
Se já não torna a eterna primavera	259
APOLO	263
Sou viril corpo feminino	263
De Corinto me levaram, escrava, para Siracusa	263
Sua memória chama entre as ramagens	263
TRADUÇÃO DE POEMAS QUE NÃO ESTÃO NA ANTOLOGIA GREGA	263
POSFÁCIO	267

ÍNDICE ALFABÉTICO DE INCIPIT E TÍTULOS DOS TEXTOS

A abelha que, voando, freme sobre 142
A beleza 236
A cada qual, como a statura, é dada 162
A flor que és, não a que dás, desejo. 217
A flor que és, não a que dás, eu quero. 99
A folha insciente, antes que própria morra, ... 227
A mão invisível do vento roça por cima das ervas. 255
A moderna literatura 249
A nada imploram tuas mãos já cousas, ... 107
A noite cala… As árvores são velhas. 234
A palidez do dia é levemente dourada. 66
A vida é triste. O céu é sempre o mesmo. A hora 208
Acima da verdade estão os deuses. 83
Adónis já morreu, morreu Adónis 242
Aguardo, equânime, o que não conheço 185
Amanhã estas linhas que te escrevo 189
Amo o que vejo porque deixarei 185
Antes de nós nos mesmos arvoredos 84
Antes de ti era a Mãe Terra scrava 130
Ao longe os montes têm neve ao sol, ... 59
Aos deuses peço só que me concedam 202
Aos deuses que há ou que fingidos haja 202
APOLO 263
Àquele que, constante, nada spera 233
Aqui, dizeis, na cova a que me abeiro, ... 156
Aqui, Neera, longe 65
Aqui, neste misérrimo desterro 255
Aqui, sem outro Apolo do que Apolo, ... 116
As rosas amo dos jardins de Adónis, ... 84
As rosas amo dos jardins de Adónis, ... 95
Atrás não torna, nem, como Orfeu, volve 154
Azuis os montes que estão longe param. 175
Bocas roxas de vinho, ... 86
Breve o dia, breve o ano, breve tudo 173
Breve o inverno virá com sua branca 65
Cada cousa a seu tempo tem seu tempo 85
Cada dia sem gozo não foi teu: 182
Cada momento que a um prazer não voto 192
Cada um cumpre o destino que lhe cumpre, ... 138
Cada um é um mundo; e como em cada fonte 193

Cantos, risos e flores alumiem	195
[CARTA DE RICARDO REIS A ALBERTO CAEIRO]	246
Cedo vem sempre, Cloe, o inverno, e a dor.	132
Com que vida encherei os poucos breves	149
Como este infante que alourado dorme	189
Como si cada beijo	96
Concentra-te, e serás sereno e forte;	160
Coroa ou tiara	184
Coroai-me de rosas,	63
Coroai-me de rosas.	98
Crer é errar. Não crer de nada serve	152
Cuidas tu, louro Flacco, que apertando	220
Cuidas tu, louro Flaco, que cansando	221
Cuidas, ínvio, que cumpres, apertando	103
Cuidas, ínvio, que cumpres, apertando	68
Cumpre a lei, seja vil ou vil tu sejas.	134
Da lâmpada nocturna	56
Da nossa semelhança com os deuses	67
De anjos ou deuses, sempre nós tivemos,	67
De Apolo o carro rodou pra fora	60
Deixa, □ meu, a ambição tua	236
Deixa passar o vento	89
Deixemos, Lídia, a ciência que não põe	80
De Corinto me levam, escrava, para Siracusa.	263
De nada dono, cúmplice de nada,	169
De novo traz as aparentes novas	100
De uma só vez recolhe	144
Dia após dia a mesma vida é a mesma.	143
Diana através dos ramos	115
Doce é o fruto à vista, e à boca amaro,	159
Dois é o prazer: gozar e o gozá-lo.	159
Domina ou cala. Não te percas, dando	174
Do que quero renego, si o querê-lo	173
Débil no vício, débil na virtude	167
É tão suave a fuga deste dia,	82
Em Ceres anoitece.	116
Em vão procuro o bem que me negaram.	135
Enquanto ao longe os bárbaros perturbam	201
Enquanto eu vir o sol doirar as folhas	154
Estás só. Ninguém o sabe. Cala e finge.	183
Este, seu escasso campo ora lavrando,	216
Este, seu scasso campo ora lavrando,	101

Este, seu scasso campo ora lavrando, ... 57
Eu nunca fui dos que a um sexo o outro 191
Fazer da ignorância uma ciência 186
Fazer parar o giro sobre si 239
Feliz aquele a quem a vida grata 88
Felizes, cujos corpos sob as árvores 117
Flores amo e não busco. Se aparecem 177
Flores que colho, ou deixo, ... 195
Floresce em ti, ó magna terra, em cores 157
Folha após folha vemos caem, ... 144
Frutos, dão-os as árvores que vivem, ... 152
Gozo sonhado é gozo, inda que em sonho. 152
Há uma cor que me persegue e que eu odeio, ... 244
Hora a hora se torna a face antiga 148
Ignora e spera. Quantos, por saberem, ... 198
Inda que desta vida eu nada faça 195
Inglória é a vida, e inglório o conhecê-la. 160
Ininterrupto e fluido que o teu curso 205
Isola-te e serás sereno e forte 228
Já a beleza vejo com a mente 179
Já sobre a fronte vã se me acinzenta 108
Jovem morreste, porque regressaste, ... 232
Lenta, descansa a onda que a maré deixa. 156
Lídia, ignoramos. Somos estrangeiros 176
Maior é quem a passo e passo avança 201
Manhã que raias sem olhar a mim, ... 132
Me concedam os deuses lá do alto 231
Melhor destino que o de conhecer-se 98
Mestre, são plácidas 55
Meu gesto que destrói 139
Morreste jovem, como os deuses querem 207
Nada fica de nada. Nada somos. 180
Nada me dizem vossos deuses mortos 140
Não a ti, Cristo, odeio ou menos prezo 225
Não a ti, Cristo, odeio ou te não quero. 224
Não a ti, mas aos teus, odeio,Cristo. 124
Não batas palmas diante da beleza. 236
Não canto a noite porque no meu canto 142
Não como ante donzela ou mulher viva 74
Não consentem os deuses mais que a vida. 217
Não consentem os deuses mais que a vida. 83
Não consentem os deuses mais que a vida. 96

Não dão os deuses mais que um dia ao dia	244
Não digas: se o momento for eterno!	234
Não inquiro do anónimo futuro	147
Não mais pensada que a dos mudos brutos	196
Não morreram, Neera, os velhos deuses	116
Não perscrutes o anónimo futuro,	149
Não porque os deuses findaram, alva Lídia, choro...	79
Não pra mim mas pra ti teço as grinaldas	228
Não queiras, Lídia, construir no spaço	223
Não queiras, Lídia, edificar no spaço	102
Não quero a glória, que comigo a têm	135
Não quero as oferendas	141
Não quero recordar nem conhecer-me	142
Não quero, Cloe, teu amor, que oprime	171
Não sei de quem memoro meu passado	166
Não sei se é amor que tens, ou amor que finges,	170
Não sem lei, mas segundo ignota lei	126
Não só quem nos odeia ou nos inveja	171
Não só vinho, mas nele o olvido, deito	107
Não tenhas nada nas mãos	224
Não tenhas nada nas mãos	57
Não torna ao ramo a folha que o deixou,	150
Não torna atrás a negregada prole	148
Neera, passeemos juntos	71
Negue-me tudo a sorte, menos vê-la,	163
Nem da erva humilde se o Destino esquece.	162
Nem destino sabido	209
Nem relógio parado, nem a falta	153
Nem vã sperança nem, não menos vã,	150
Neste dia em que os campos são de Apolo	81
Ninguém, na vasta selva religiosa,	174
Ninguém a outro ama, senão que ama	177
NIRVANA	259
No breve número de doze meses	164
No ciclo eterno das mudáveis cousas	150
No grande espaço de não haver nada	196
No lapso leve da vida me demoro	237
No magno dia até os sons são claros	196
No momento em que vamos pelos prados	133
No mundo, só comigo, me deixaram	172
Nos altos ramos de árvores frondosas	160
Nós ao igual destino	209

Nunca a alheia vontade, inda que grata,	172
O acaso, sombra que projecta o Fado,	153
O alcatruz que colheu a água funda	130
O anel dado ao mendigo é injúria, e a sorte	161
O deus Pã não morreu,	60
O Dr. Ricardo Reis nasceu	45
O grande dia mostra o grande oceano.	169
O mar jaz. Gemem em segredo os ventos	220
O mar jaz; gemem em segredo os ventos	69
O mar jaz; gemem em segredo os ventos	95
Ó nau que voltas do nocturno vasto	190
O prefácio, que pus à obra do meu mestre Caeiro	47
O que sentimos, não o que é sentido,	167
O rastro breve que das ervas moles	108
O relógio de sol partido marca	153
O ritmo antigo que há em pés descalços,	77
O ritmo antigo que há em pés descalços,	97
O ritmo antigo que há nos pés descalços	219
O silêncio é dos deuses.	122
O sono é bom pois despertamos dele	158
Olho os campos, Neera,	221
Olho os campos, Neera,	222
Olho os campos, Neera,	222
Olho os campos, Neera,	89
Olho os campos, Neera,	99
Os deuses desterrados,	62
Os deuses e os messias que são deuses	172
Os deuses são felizes.	256
OS JOGADORES DE XADREZ	118
Ouvi dizer que outrora, quando a Pérsia	118
Outros com liras ou com harpas narram,	175
Para folgar não folgas; e, se legas,	239
Para os deuses as cousas são mais cousas.	189
Para quê complicar inutilmente,	179
Para ser grande, sê inteiro: nada	109
Passando a vida em ver passar a de outros,	79
Pensa quantos, no ardor da jovem ida,	233
Pequena vida consciente, sempre	143
Pequeno é o espaço que de nós separa	136
Pesa a sentença atroz do algoz ignoto	158
Pobres de nós que perdemos quanto	115
Pois que nada que dure, ou que, durando,	182

Ponho na activa mente o fixo esforço	97
Posfácio	267
Prazer, mas devagar,	102
Prazer, se o há, não há, e neste instante	234
PREFÁCIO DE FERNANDO PESSOA	45
PREFÁCIO DE FREDERICO REIS	46
PREFÁCIO DE RICARDO REIS AO SEU LIVRO ODES	47
Prefiro rosas, meu amor, à pátria,	121
Qual, Pirro, aquilo gosta que o amarga,	237
Quando, Lídia, vier o nosso outono	109
Quando Neptuno houver alongado	231
Quanta tristeza e amargura afoga	107
Quanto faças, supremamente faze.	181
Quanto sei do Universo é que ele	208
Quantos gozam o gozo de gozar	157
Quantos o imoto Fado à móbil vida	237
Quão breve tempo é a mais longa vida	97
Quatro vezes mudou a estação falsa	196
Que mais que um ludo ou jogo é a extensa vida,	180
Quem diz ao dia, Dura! e à treva, Acaba!	163
Quem és, não o serás, que o tempo e a sorte	173
Quem fui é externo a mim. Se lembro, vejo;	166
Quer com amor, que sem amor, senesces.	207
Quer pouco: terás tudo.	171
Querido mestre:	246
Quero, da vida, só não conhecê-la.	140
Quero dos deuses só que me não lembrem.	197
Quero ignorado, e calmo	181
Quero, Neera, que os teus lábios laves	58
Quero versos que durem como jóias	138
Quis que comigo vísseis	256
Rasteja mole pelos campos ermos.	181
Resume-se num epicurismo triste toda a filosofia	46
RICARDO REIS – VIDA E OBRA	45
Roteiro para uma nova leitura de Ricardo Reis	13
Sábio é o que se contenta com o espectáculo do mundo,	61
Saudoso já deste verão que vejo,	102
Se a cada coisa que há um deus compete,	175
Se a ciência não pode consolar,	204
Se em verdade não sabes (nem sustentas	146
Se hás-de ser o que choras	148
Se já não torna a eterna primavera	259

Sê lanterna, dá luz com vidro à roda.	163
Sê o dono de ti	125
Se recordo quem fui, outrem me vejo,	164
Segue o teu destino,	121
Seguro assento na coluna firme	215
Seguro assento na coluna firme	215
Seguro assento na coluna firme	95
Sem clepsidra ou sem relógio o tempo escorre	197
Sempre me leve o breve tempo flui.	208
Sereno aguarda o fim que pouco tarda.	177
Severo narro. Quanto sinto penso.	176
Só esta liberdade nos concedem	77
Só o ter flores pela vista fora	90
Sob a leve tutela	139
Sob estas árvores ou aquelas árvores	193
Sofro, Lídia, do medo do destino.	125
Sofro, Lídia, do medo do destino.	227
Solene passa sobre a fértil terra	153
Sou viril corpo feminino	263
Sua memória chama entre as ramagens	263
Súbdito inútil de astros dominantes,	184
Tão cedo passa tudo quanto passa!	146
Tarda o verão. No campo tributário	161
Temo, Lídia, o destino. Nada é certo.	99
Ténue, como se de Eolo a esquecessem,	109
Tirem-me os deuses	87
Toda visão da crença se acompanha,	158
Tornar-te-ás só quem tu sempre foste.	135
TRADUÇÃO DE POEMAS QUE NÃO ESTÃO NA ANTOLOGIA GREGA	263
Tuas, não minhas, teço estas grinaldas,	101
Tuas, não minhas, teço estas grinaldas,	72
Tudo, desde ermos astros afastados	174
Tudo que cessa é morte, e a morte é nossa	161
Um verso repleto,	242
Uma após uma as ondas apressadas	131
(UMA LITERATURA DE MASTURBADORES)	249
Uma cor me persegue na lembrança,	244
Uns, com os olhos postos no passado,	183
Vem Orfeu, uma sombra	208
Vem sentar-te comigo, Lídia, à beira do rio.	63
Vive sem horas. Quanto mede pesa,	179
Vivem em nós inúmeros;	186
Vós que, crentes em Cristos e Marias,	72
Vossa formosa juventude leda,	141
Vou dormir, dormir, dormir,	259

ÍNDICE ICONOGRÁFICO

Figura 1. Pessoa surpreendido na Baixa por um fotógrafo ambulante..........................32
Figura 2. Ricardo Reis visto por Mário Botas..33
Figura 3. Missal da Primeira Comunhão..34
Figura 4. Durban High School, onde fez es estudos secundários 35
Figura 5. Boletim do aproveitamento escolar e diploma do primeiro exame 36
Figura 6. Tradução de uma ode de Horácio feita por Pessoa durante os estudos secundários.......37
Figura 7. Horóscopo de Ricardo Reis feito por Pessoa..38
Figura 8. Nome completo e endereço de exílio..39
Figura 9. Plano das obras do Novo Paganismo Português 40
Figura 10. Prefácio de Fernando Pessoa a «Vida e Obras» de Ricardo Reis......................43
Figura 11. Verso da folha, com a continuação da página anterior 44
Figura 12. Lista de poemas [48G-20r], em Livro Primeiro, Parte 1 50
Figura 13. Segunda lista [48G-21r], acrescentada, no mesmo Livro 51
Figura 14. Fac-símile dos poemas XX, «Neera, passeemos juntos» e X, «Os deuses desterrados»...70
Figura 15. Fac-símile do poema XXIII 75
Figura 16. Fac-símile do poema XXIII, verso da folha 76
Figura 17. Fac-símile de um poema numa cinta da revista «A Labareda» (1914) 78
Figura 18. Capa do primeiro número da revista *Athena*..91
Figura 19. Capa da revista presença, n.º 20 de 1928..104
Figura 20. Fac-símile dos poemas «Diana através dos ramos», «Pobres de nós» e
    «Quando Neptuno houver alongado»..114
Figura 21. Fac-símile com o poema inédito «O silêncio é dos deuses» 123
Figura 22. Fac-símile do poema «Não sem lei, mas segundo ignota lei» 127
Figura 23. No verso da folha, o poema «O alcatruz que colheu a água funda» 129
Figura 24. Fac-símile do poema «Pequeno é o espaço que de nós separa»,
    escrito num envelope de ACÇÃO 137
Figura 25. Fac-símile do poema «Folha após folha vemos caem» 145
Figura 26. Fac-símile do poema «Não inquiro do anónimo futuro»...............................147
Figura 27. Fac-símile com os poemas «Não torna ao ramo a folha» e «Nem vã esperança».........151
Figura 28. «Enquanto eu vir o sol», manuscrito na margem de «TRÊS ODES» 155
Figura 29. Rascunho e poema «No breve número», passado a limpo...............................165
Figura 30. Dois poemas inéditos: «De nada dono,» e «O grande dia mostra» 168
Figura 31. Fac-símile do poema «Não sei se é amor que tens,»
    Pessoa dactilografou de novo um poema 170
Figura 32. Fac-símile do poema inédito «Já a beleza vejo».......................................178
Figura 33. Fac-símile dos poemas «Amanhã estas linhas» e «Como este infante» 188
Figura 34. Fac-símile do poema inédito «Ó nau que voltas do nocturno vasto»....................190
Figura 35. Os poemas «Cada momento que a um prazer não voto» e «Cada um é um mundo»..192
Figura 36. Fac-símile com o poema inédito «Inda que desta vida eu nada faça».................194
Figura 37. Fac-símile do poema inédito «Ignora e spera» 199

Figura 38. Os poemas «Maior é quem a passo e passo avança» e «Enquanto ao longe os bárbaros»....200
Figura 39. Os poemas «Aos deuses que há» e «Aos deuses peço só»..203
Figura 40. O poema inédito «Se a ciência não pode consolar» 204
Figura 41. Os poemas «Ininterrupto e fluido», «Sob estas árvores», e «Cuidas tu, louro Flacco»...206
Figura 42. Poema inédito, dedicado «(a Caeiro)»..207
Figura 43. Dactiloscrito do poema «O ritmo antigo que há nos pés descalços» 218
Figura 44. Manuscrito do poema «A folha insciente» 226
Figura 45. Variante do verso 11 do poema «A folha insciente» 226
Figura 46. Os poemas inéditos «Não digas: se o momento for eterno» e «□ a beleza» 235
Figura 47. Na sequência do poema «O mar jaz», «Para folgar não folgas;».................................238
Figura 48. Poema inédito de inspiração neopagã 243
Figura 49. Texto de Ricardo Reis atacando a «moderna literatura» 248
Figura 50. «Quis que comigo vísseis», uma fala de Fausto, e «Fazer parar o giro», poema de Ricardo Reis..257
Figura 51. O poema «Nirvana», excluído do cânone ricardiano 258

Copyright de organização e edição de texto © Teresa Rita Lopes, 2017.
1ª Edição, Global Editora, São Paulo 2018

Jefferson L. Alves – diretor editorial
Jiro Takahashi – edição executiva
Luiz Maria Veiga e Maria Clara Seabra – revisão
Eduardo Okuno – execução da capa
Tathiana A. Inocêncio – diagramação
Homem de Melo & Troia Design – projeto de miolo e capa
(sobre manuscrito de Fernando Pessoa)

Obra atualizada conforme o
NOVO ACORDO ORTOGRÁFICO DA LÍNGUA PORTUGUESA.

REPÚBLICA PORTUGUESA
CULTURA
DIREÇÃO-GERAL DO LIVRO, DOS ARQUIVOS E DAS BIBLIOTECAS

Edição apoiada pela Direção-Geral do Livro, dos Arquivos e das Bibliotecas / Portugal

---

CIP-BRASIL. CATALOGAÇÃO NA PUBLICAÇÃO
SINDICATO NACIONAL DOS EDITORES DE LIVROS, RJ

P567v

    Pessoa, Fernando, 1888-1935
    Vida e obras de Ricardo Reis / Fernando Pessoa; edição Teresa Rita Lopes. – 1. ed. – São Paulo: Global, 2018.

    ISBN 978-85-260-2404-5

    1. Poesia portuguesa. I. Lopes, Teresa Rita. II. Título.

18-47348   CDD:869.1
                             CDU:821.134.3-1

---

global editora
Direitos Reservados

global editora e distribuidora ltda.
Rua Pirapitingui, 111 – Liberdade
CEP 01508-020 – São Paulo – SP
Tel.: (11) 3277-7999 – Fax: (11) 3277-8141
e-mail: global@globaleditora.com.br
www.globaleditora.com.br

ABDR
EDITORA AFILIADA

Colabore com a produção científica e cultural.
Proibida a reprodução total ou parcial desta obra
sem a autorização do editor.

Nº de Catálogo: **4016**